Naturalíssima

Tatiana Cardoso

Naturalíssima
A premiada culinária da chef do restaurante Moinho de Pedra

fotos de Felipe Senatore

A maior qualidade da gastronomia vegetariana consiste na sua proximidade com a natureza, seu respeito ao meio ambiente e a promoção da saúde do homem – isto faz dela a mais contemporânea entre todas.

Dedico este livro aos meus pais, pelo amor e apoio incondicionais.

Sumário

Introdução	9
As 10 leis do bom alimento	12
O que manter na despensa e na geladeira	14
Receitas básicas	16
Brunch	21
Saladas	37
Sopas	49
Massas	64
Grãos	86
Risotos	100
Tortas	111
Pratos completos	123
Sobremesas	144
Bolos e biscoitinhos	161
Sem glúten	171
Sucos	181
Índice alfabético das receitas	188

Introdução

Tatiana Cardoso comanda o restaurante Moinho de Pedra, em São Paulo, há quase vinte anos. Naturalista, a chef formada nos Estados Unidos emprega em sua culinária de autor todos os elementos essenciais para uma boa alimentação de forma inovadora e criativa, fazendo uma fusão das tradições brasileiras com influências italianas, indianas e árabes, sem nunca perder de vista o sabor.

O que faz o Moinho de Pedra ser um restaurante tão apreciado pelos seus clientes?

A grande maioria de nossos clientes não vem ao Moinho de Pedra por ele ser um restaurante vegetariano, e sim porque gosta da nossa comida. Acho que eles sabem que os pratos que servimos, além de saborosos, também trazem benefícios para a saúde por serem equilibrados. Minha mãe e eu estamos sempre presentes no restaurante, nossa equipe é excelente e alguns dos nossos colaboradores estão conosco há muitos anos. Nossa felicidade de estar ali se reflete no espírito de todos e isso também atrai a clientela.

A cozinha do Moinho de Pedra é uma cozinha de autor. Qual é o conceito principal dessa culinária?

Buscar a união entre sabor, saúde, beleza, divertimento e paladar. Nosso objetivo é conquistar o paladar de todo tipo de cliente: pessoas que torcem o nariz para comida vegetariana, quem necessita mudar radicalmente a dieta por problemas sérios de saúde, aqueles que têm preconceito em relação à comida saudável, os amantes de carne. Buscamos o que cada cultura tem de melhor em sua tradição culinária e traduzimos isso em pratos vegetarianos e saudáveis. Por exemplo, da culinária árabe trazemos o quibe, a lentilha, os cozidos, o grão-de-bico, o tahine, as castanhas e as especiarias. Da culinária italiana temos as massas integrais, as verduras, as berinjelas, as abobrinhas e até algumas leguminosas, como o feijão-branco e as favas, que vão bem com saladas e massas.

Da culinária indiana temos os dahls – que são os cozidos com grãos e vegetais –, o curry, o açafrão-da-terra, as samosas assadas, os chutneys, o iogurte e as frutas secas.

Dessa mistura étnica resulta uma culinária com sabores e combinações exóticas, completa para vegetarianos e que enriquece a dieta de quem não é.

Qual o seu grande diferencial como chef?

Tenho um talento nato para cozinhar de modo saudável. Gosto de criar saladas, preparar grãos e combinar vegetais de forma a torná-los especiais. Para muitos chefs, a proteína é sempre o ator principal de um prato e os vegetais, apenas os coadjuvantes. Para mim, os grãos e os vegetais são os atores principais. Meus coadjuvantes são as sementes, as castanhas e as ervas. Nesse cenário, meu pano de fundo é o equilíbrio e o bem-estar.

Outra particularidade é que, desde os 12 anos, sou uma ávida leitora dos rótulos dos alimentos. Intuitivamente sabia que se não entendesse o que um ingrediente significava, não deveria colocá-lo para dentro do meu corpo. Para ser sincera, nunca consegui dissociar saúde de gastronomia. Cozinhar para mim sempre foi e sempre será o meio mais inteligente de se manter saudável.

Também tenho necessidade de dividir minhas criações culinárias. É um desejo natural e genu-

> *"Tão importante quanto adicionar um bom alimento à sua dieta é retirar um que lhe faz mal."*

íno. Gosto de passar meu conhecimento adiante e de saber que as pessoas ficarão felizes e mais saudáveis cozinhando e experimentando os meus pratos. Através de minhas aulas semanais no Moinho de Pedra, estendo minhas criações a milhares de cozinheiras e mães de família, e isto é extremamente gratificante.

Sou uma defensora do caminho do meio, do equilíbrio. Ou seja, explorar as maravilhosas enzimas e crocâncias da culinária viva, a sabedoria da cozinha macrobiótica, o ecletismo da culinária vegana, o exotismo e a qualidade terapêutica dos pratos aiurvédicos, as incríveis tortas feitas com ovos de galinha feliz e queijo de cabra. Acredito que todas as vertentes culinárias possuem qualidades maravilhosas. Tendo isso como inspiração, crio pratos vegetarianos que agradam a um número cada vez maior de pessoas.

> *"Para melhorar a alimentação, passe a comprar menos em redes de supermercados e mais em feiras orgânicas e lojas de produtos naturais."*

Sua cozinha é muito criativa e existem sempre novos pratos no seu cardápio diário. Onde você busca inspiração?

Busco inspiração no contato direto com a natureza. Como possuo horta em casa, vejo o que já está maduro e faço daquilo um prato novo. Sempre falo para as minhas alunas que uma das melhores forças impulsoras da criatividade é tentar utilizar o que está disponível na geladeira de casa. Geladeira muito cheia não ajuda a criar. É na escassez que nasce a melhor ideia, não no excesso.

Qual a importância dos orgânicos na sua cozinha?

A máxima, uma vez que levamos saúde para as pessoas. Essa importância alcança a minha responsabilidade sobre a saúde das terras, dos mananciais, da classe trabalhadora no campo e da população.

Como o mercado de orgânicos mudou nesses dezoito anos do Moinho de Pedra?

Quando inauguramos o Moinho de Pedra, tínhamos apenas um pequeno produtor de verduras e framboesas orgânicas, cultivadas em sua pequena propriedade em Itapecerica da Serra, em São Paulo.

Hoje temos uma carta de fornecedores relativamente grande, o que nos permite utilizar orgânicos extensivamente em nosso cardápio. A indústria de alimentos também acordou para esse mercado e a gama de produtos orgânicos continua crescendo muito. Já existem café, sucos, açúcares, farinhas, grãos, bebidas, molhos, geleias, chás e até refrigerantes orgânicos.

Você é vegetariana?

No início da minha vida profissional, tornei-me vegetariana por questões ideológicas, e essa foi minha opção alimentar por doze anos. Com o passar do tempo, aprendi a entender o que o meu corpo queria e hoje, quando sinto necessidade de proteína animal, escolho uma de boa qualidade, de preferência orgânica, e me alimento dela com parcimônia. Assim, voltei a incluir na minha dieta a proteína do peixe e do frango caipira, e, mais esporadicamente, a de carne vermelha orgânica.

Sou bastante criteriosa para me alimentar. Evito totalmente alimentos processados. Tomo café da manhã e almoço todos os dias, há quase vinte anos, no Moinho de Pedra. Em casa, consumo apenas orgânicos. Quando viajo, levo comigo uma cesta de alimentos.

Acredito que as pessoas deveriam aprender a ouvir o próprio corpo e a ser mais criteriosas na escolha dos alimentos, principalmente ao se alimentar fora de casa. Elas acabam cedendo aos vícios modernos do açúcar e das gorduras e ingerem proteína em excesso – em geral, de má qualidade.

Os alimentos altamente processados mascaram o paladar e nos fazem perder a sábia comunicação interna entre o corpo e a mente, desconectando-nos da nossa natureza.

Temos visto um grande aumento da intolerância ao glúten. Como você explica isso, tendo em vista que há muito tempo a humanidade se alimenta do trigo?

O que vemos hoje é uma epidemia cuja raiz está na própria ação do homem sobre a natureza. Acredito que o problema tenha origem na transformação que a semente do trigo sofreu nos últimos cinquenta anos. Há meio século, o grão do trigo era totalmente diferente do grão que existe hoje: a haste era muito mais alta, a porção glutinosa dentro da semente era bem menor.

O que ocorreu ao longo de décadas é que a indústria alimentícia, compradora de farinhas, passou a demandar um volume muito grande de trigo. Por essa razão, a semente passou a ser manipulada para proporcionar duas colheitas por ano, quando o natural é apenas uma colheita. Modificou-se geneticamente a semente para reduzir a altura da haste e facilitar a colheita mecânica da planta. Além disso, o grão tornou-se mais glutinoso, para que as farinhas obtidas dele tivessem volume e elasticidade muito maior e rendessem bolos e pães mais fofinhos e atraentes para o mercado consumidor.

Além disso, o consumo direto de trigo refinado aumentou. Massas, bolos, pizzas, biscoitos e sanduíches são parte da alimentação diária da população, sem contar o trigo refinado adicionado à composição de inúmeros alimentos que originalmente não o continham, como shoyu, iogurtes, sorvetes, bebidas e chocolates.

Como resultado desse excesso de glúten, considerado agressivo para a digestão, nosso organismo passou a rejeitá-lo.

Quais serão seus próximos passos?

Educação. Essa é a palavra-chave para levar meu trabalho a um número cada vez maior de pessoas. Desejo levar o conceito de saúde à mesa de todo mundo: a crianças e adolescentes através de programas alimentares nas escolas, a empresários e profissionais de cozinha que desejam ingressar neste ramo de negócio e a mães e cozinheiras que desejam alimentar a família. Isso será feito através de cursos, consultorias, treinamentos, programas de internet e de televisão e também dos livros que continuarei publicando.

Já plantei a primeira dessas sementes quando inaugurei minha nova casa, o Natural com Arte, uma verdadeira experiência de gastronomia natural (www.naturalcomarte.com.br). Trata-se de um restaurante modelo para receber todos esses públicos e ser um difusor das minhas ideias de como melhorar a qualidade de vida das pessoas. É um lugar especial porque estamos no meio da natureza, temos água de mina própria, horta orgânica, ovos de galinhas felizes. E o mais importante: meu marido e eu estamos juntos na criação e no preparo das refeições com a melhor das energias.

Que conselhos você daria para um jovem que deseja se tornar um chef naturalista?

Esteja inteiro no seu trabalho. Faça do ato de alimentar o próximo a sua bandeira. Jamais se esqueça da ideologia que o levou a optar pela profissão. Trabalhe duro e seja humilde, sabendo que sempre aprendemos com o outro. Seja fiel aos seus valores. Não deixe que a ambição comercial os atropele.

Tenha postura profissional e ética, lembrando-se sempre de manter o bom humor com todos à sua volta. Coloque amor em tudo o que você fizer na cozinha e isso será um exemplo natural para seus funcionários. Traga sempre um sorriso verdadeiro nos lábios e transmita o seu amor às pessoas que trabalham com você e a seus clientes.

Seja gentil com o cliente e honre o dinheiro dele oferecendo o melhor que você puder. Coloque menos sal e gordura na comida e, sempre que puder, diminua o açúcar das sobremesas. Respeite as intolerâncias, as preferências e as ideologias alimentares dos seus clientes, por mais que possam parecer diferentes das suas. Encoraje-os a pedir uma quantidade de comida que seja razoável. Menos é mais.

As 10 leis do bom alimento

Uma boa conduta alimentar se faz pela escolha de bons alimentos. De acordo com o que aprendi em minha escola de formação, a Natural Gourmet Cookery School, existem dez leis do bom alimento que devemos observar.

1) Integral

É o alimento inteiro, com todas as suas partes – fibras, farelos e polpas –, mais próximo de sua origem natural. É mais perecível, mas possui mais nutrientes e energia vital. O processo de refino foi criado para aumentar a durabilidade dos alimentos nas prateleiras dos supermercados, e nesse processo muitos nutrientes são perdidos. Depois do refino, a indústria acrescenta vitaminas, ferro e sais minerais sintetizados, mas isso não traz de volta o que foi retirado. Pior: por serem artificiais, essas substâncias não são absorvidas pelo organismo como seriam se fossem naturais. A ideia, então, é ingerir os alimentos na forma em que são oferecidos pela natureza. Ou seja, vegetais e frutas no lugar de sucos e pílulas de vitaminas.

2) Real

Alimentos reais são aqueles cuja origem está na natureza. Tomemos o caso da manteiga. Durante muito tempo a manteiga foi considerada uma vilã da saúde, mas sabemos hoje que ela não faz mal. Quando decompomos a manteiga, reconhecemos imediatamente os seus componentes. Sua origem é simples e natural, e ela pode ser feita em casa.

Do outro lado, temos a margarina, um produto totalmente sintetizado. Não sabemos sua composição exata e tampouco os processos que envolvem sua fabricação. Sabemos apenas que sua composição molecular se assemelha muito à de matéria plástica.

Recomendo evitar alimentos como margarinas, mortadela, salsicha, maionese, sobremesas e caldos industrializados, refrigerantes, embutidos, macarrão instantâneo, sopas de pacote e biscoitos recheados. E também alimentos em embalagens Tetra Pak, enlatados, congelados industrializados e alimentos com aditivos, corantes e conservantes.

3) Local

Alimentos cultivados e criados em nosso entorno. Ao consumirmos alimentos da região onde vivemos, estabelecemos uma conexão saudável e energizada com o meio ambiente e o clima do lugar. Além disso, o alimento local é mais barato e nutritivo, uma vez que é colhido mais maduro e não perde nutrientes em longas viagens.

Com a globalização, fica cada vez mais difícil saber de onde veio o alimento que está à mesa. Nada contra consumir peixes amazônicos, por exemplo, mas se a pessoa mora no sul do país, a distância que a separa deles faz da pescada branca e do linguado opções muito melhores.

4) Sazonal

Ao escolher frutas, legumes e verduras da estação, consumimos o alimento em sua melhor fase. Alimentar-se de acordo com as estações significa guiar-se pela sabedoria da natureza. Significa também usar o dinheiro com inteligência, já que os alimentos da estação são mais baratos.

5) Fresco

Para manter uma dieta equilibrada, recomenda-se ingerir no mínimo 30% de alimentos crus e frescos diariamente, que conservam sua energia, suas enzimas, suas vitaminas e seus minerais como nenhum outro. Há também a clorofila, essencial para a vitalidade do organismo. O resultado desse consumo se mostra na cor da pele, no brilho dos cabelos, na força das unhas, no viço dos olhos e até mesmo no bom humor. Nosso organismo fica mais fortalecido e nosso sistema imunológico atento para evitar a entrada de bactérias, vírus e doenças oportunistas.

6) Livre de modificações genéticas

Todo ou qualquer alimento geneticamente modificado pode gerar consequências negativas para a saúde humana. Ainda não houve tempo para a ciência mensurar esses efeitos para o homem e o meio ambiente.

7) Em harmonia com a tradição

Devemos procurar nos alimentar de acordo com as tradições culinárias do lugar onde vivemos. Isso está ligado ao conceito de ancestralidade, muito importante e em geral muito ignorado. Temos em nosso DNA o conhecimento intrínseco de quais são os melhores alimentos para nós. Por exemplo, o leite é inadequado para os japoneses, criados com a cultura da soja e de seus derivados, e não com o costume dos queijos de origem animal, como os europeus. Para um brasileiro, a soja não é um bom alimento, pois ela não era cultivada nem consumida pelos nossos antepassados. É melhor consumir carboidratos como mandioca, cará, inhame ou abóbora.

8) Sustentável

Alimento sustentável é aquele que faz bem ao produtor, ao vendedor e ao consumidor. É aquele em cuja produção não existe desperdício de energia e de água, sofrimento de animais, desmatamento de florestas e um prejuízo descomunal ao meio ambiente.

9) Equilibrado

Apresenta todas as partes em proporções corretas, como planejado pela natureza. Alimento desequilibrado é aquele cujas partes foram substituídas por artificiais, como os produtos diet e light. Quando a gordura, por exemplo, é retirada e substituída por espessantes, adoçantes, gomas e outros produtos artificiais, o resultado é um alimento sem nutrientes e sem sabor. Quem quer controlar o peso deve consumir quantidades menores de produtos integrais. Ficará mais alimentado e terá mais prazer à mesa.

> "É melhor consumir sua sobremesa predileta uma vez por semana do que comer todos os dias uma sobremesa diet, ou seja, é melhor ser inteiramente feliz uma vez por semana do que um pouco infeliz todos os dias."

Os diabéticos devem evitar sobremesas que contenham ciclamato e aspartame, optando por sobremesas adoçadas com açúcar da própria fruta ou com xarope de agave ou mel.

10) Orgânico

É todo alimento não modificado geneticamente, produzido sem agrotóxicos, sem adubo químico, sem antibióticos e sem hormônios. O alimento orgânico também não é irradiado. Ou seja, ele preserva a vitalidade da natureza. É bom para o homem e para o planeta.

O que manter na despensa e na geladeira

Para garantir uma alimentação saborosa, nutritiva, criativa e integral, tenha sempre em casa os seguintes ingredientes:

Grãos e sementes

Arroz: basmati integral, cateto integral biodinâmico, negro, vermelho

Aveia e amaranto em flocos

Farinha de mandioca

Farinha de trigo integral e farinha comum

Fubá italiano para polenta (*pode ser encontrado em lojas de produtos naturais*)

Leguminosas: lentilha libanesa, lentilha rosa, feijão-branco, feijão-carioca, grão-de-bico

Massas de grano duro

Quinoa em grão e em flocos

Gorduras e temperos

Azeite de oliva extra virgem

Cacau orgânico em pó e nibs

Chocolate amargo em barra

Especiarias: açafrão-da-terra, canela, cominho, curry, páprica, sementes de mostarda

Extrato de tomate orgânico

Manteiga clarificada

Óleo de coco

Picles artesanal orgânico

Pimenta rosa

Sal marinho

Shoyu Daimaru (*molho de fermentação natural, sem glúten e sem adição de glutamato monossódico, conservantes e açúcar, encontrado em casas especializadas em produtos japoneses ou macrobióticos*)

Adoçantes naturais

Açúcar: cristal, demerara, mascavo

Mel

Melado

Xarope de agave

Na geladeira

Frutas orgânicas: além das típicas da estação, tenha sempre limão e laranja-lima, excelentes para sucos

Legumes da estação lavados e secos, guardados em recipientes fechados forrados com papel toalha

Yacon (*raiz originária dos Andes; pode ser consumido cru*)

Folhas orgânicas lavadas, higienizadas e secas, guardadas em recipientes fechados e forrados com papel toalha. Quando orgânicas, duram até uma semana na geladeira.

Ervas frescas lavadas e secas, guardadas em recipientes forrados com papel toalha: escolha sempre dois tipos de ervas de cada vez para deixar à mão na geladeira. Use extensivamente na finalização e no preparo dos pratos.

Ovos caipiras

Castanhas e sementes: guarde na geladeira em pote fechado para elas durarem mais. Leve em conta que estamos em país tropical; altas temperaturas e umidade aceleram a oxidação desses ingredientes.

Receitas básicas

Caldo de legumes

Rendimento: 2 litros

Ingredientes

3 colheres (sopa) de azeite de oliva extra virgem
1 xícara (chá) de cebola grosseiramente picada
1 dente de alho cortado ao meio
1 xícara (chá) de cenoura grosseiramente picada
1 xícara (chá) de salsão grosseiramente picado
1 tomate cortado em quartos
2 folhas de louro
2 xícaras (chá) cheias de talos, folhas e cascas de legumes residuais do preparo de suas receitas
3 litros de água filtrada

Preparo

Em uma panela grande, coloque o azeite de oliva, a cebola, o alho, a cenoura e o salsão. Doure por 10 minutos.
Adicione o tomate e o louro e doure por mais 10 minutos, misturando sempre com uma colher de pau.
Despeje a água e espere ferver. Abaixe o fogo, conte 30 minutos de cozimento e desligue. Coe o caldo.
Guarde em recipiente fechado na geladeira por 7 dias ou no freezer por 3 meses.

Manteiga clarificada

Rendimento: 3,5 litros

Ingredientes

5 kg de manteiga fresca sem sal

Preparo

Coloque a manteiga em uma panela de fundo grosso. Leve-a ao fogo bem baixo para derreter, mas sem deixar ferver.
Com uma escumadeira, retire aos poucos a espuma que se formar na superfície. Tome o cuidado de não mexer no fundo da panela para não misturar os depósitos que forem se queimando.
À medida que a espuma parar de emergir na superfície, a manteiga estará se clarificando. Ao final do processo, não haverá mais espuma e a manteiga ficará límpida, com um tom amarelo-claro.
Deixe esfriar um pouco e, com o auxílio de uma concha e um funil, passe para um recipiente de vidro.
Mantenha tampado e fora da geladeira por tempo indeterminado.

Molho de tomate

Rendimento: 3 xícaras (chá) ou 750 ml

Ingredientes

¼ de xícara (chá) de azeite de oliva extra virgem
1 xícara (chá) de cebola grosseiramente picada
2 dentes de alho finamente laminados
12 tomates cortados em cubos com casca e sem sementes
4 xícaras (chá) de caldo de legumes
1 colher (chá) de sal marinho
1 colher (sopa) de açúcar demerara ou mel
1 colher (sopa) de folhas de manjericão

Preparo

Numa panela, coloque metade do azeite, a cebola e o alho e doure por 5 minutos mexendo sempre com uma colher de pau. Adicione o tomate e continue dourando, mexendo por mais 5 minutos.
Adicione o caldo e leve para ferver. Abaixe o fogo e cozinhe por 20 minutos.

Desligue a chama, deixe esfriar um pouco e bata no liquidificador. Peneire e leve de volta à panela. Quando ferver, abaixe o fogo e cozinhe por mais 25 minutos.

Retire do fogo e acrescente o restante do azeite, o sal, o mel (se necessário, para retirar a acidez) e o manjericão, misturando até os ingredientes se combinarem por completo.

Guarde em recipiente fechado na geladeira por 5 dias ou no freezer por 3 meses.

Molho branco

Rendimento: 3 xícaras (chá) ou 750 ml

Ingredientes

2 xícaras (chá) de leite fresco

2 colheres (sopa) de farinha de trigo comum

1 xícara (chá) de creme de leite fresco

1 colher (chá) de sal marinho

½ colher (chá) de noz-moscada moída na hora

Preparo

Coloque o leite em uma panela média e leve ao fogo. Deixe ferver e desligue.

Espere esfriar e bata no liquidificador com a farinha. Ponha de volta na panela, acrescente o creme de leite, o sal e deixe ferver de novo, mexendo constantemente com uma colher de pau para não empelotar.

Após 10 minutos, desligue o fogo, acrescente a noz-moscada, tempere com o sal e reserve.

Leite de coco natural

Rendimento: 600 ml

Material

1 pedaço de voile (tecido fino e transparente de estrutura telada)

Ingredientes

500 ml de água filtrada

250 g de coco fresco ralado

Preparo

Leve a água ao fogo e, assim que levantar fervura, desligue. Acrescente o coco fresco ralado e deixe descansar, tampado, por 20 minutos.

Transfira para o liquidificador e bata até o coco moer por completo.

Cubra a boca de uma tigela grande com um pedaço de voile e, aos poucos, vá despejando o conteúdo do liquidificador. Após todo o líquido ter sido coado, junte as pontas do tecido e torça, espremendo bem para extrair todo o leite do coco (descarte a polpa).

Utilize-o imediatamente, pois azeda com facilidade, ou congele-o para usos futuros.

Leite de amêndoas

Rendimento: 400 ml

Material

1 pedaço de voile (tecido fino e transparente de estrutura telada)

1 peneira

Ingredientes

1 xícara (chá) de amêndoas inteiras com a pele

2 xícaras (chá) de água filtrada fervente

1 ½ xícara (chá) de água filtrada em temperatura ambiente

Preparo

Coloque as amêndoas em um recipiente e cubra-as com a água fervente. Deixe de molho por 30 minutos. Escorra a água em que as amêndoas ficaram de molho e descarte-a. Coloque as amêndoas e 1 xícara de água fria no copo do liquidificador e bata até obter um creme espesso. Balance com cuidado o liquidificador para ajudar a misturar. Acrescente o restante da água e bata mais um pouco, até obter uma mistura homogênea.

Cubra a peneira com o voile e coloque-a sobre um caldeirão ou panela pequena. Despeje metade do conteúdo do liquidificador sobre o voile. Segure as pontas do tecido com as mãos e torça-as, espremendo delicadamente com as mãos. Separe a polpa e reserve-a.

Repita o processo com o restante do conteúdo do liquidificador, espremendo bem para retirar todo o leite. Reserve novamente a polpa e guarde-a na geladeira por até 3 dias em recipiente fechado.

Sal de ervas

Rendimento: 2 xícaras (chá)

Ingredientes

2 xícaras (chá) de sal marinho

2 colheres (sopa) de folhas de manjericão lavadas e secas

2 colheres (sopa) de folhas de alecrim lavadas e secas

2 colheres (sopa) de folhas de sálvia lavadas e secas

2 colheres (sopa) de cebolinha lavada e seca

2 colheres (sopa) de folhas de endro (dill) lavadas e secas

2 colheres (sopa) de folhas de salsinha lavadas e secas

Preparo

Preaqueça o forno em temperatura baixa (150 °C).

Em uma assadeira, espalhe todas as ervas; em outra, o sal marinho. Leve as duas assadeiras ao forno por 10 minutos, para secar os ingredientes.

Coloque pequenas quantidades do sal e das ervas no liquidificador e pressione o botão de pulsar algumas vezes, até as ervas triturarem por completo. Repita o procedimento até terminar a mistura.

Guarde em um recipiente seco fechado com tampa.

Massa fresca semi-integral

Rendimento: 1,5 kg

Material

máquina de fazer macarrão caseira

Ingredientes

750 g de farinha de trigo comum, mais um pouco para polvilhar as assadeiras

250 g de farinha de trigo integral

6 ovos caipiras passados pela peneira

2 colheres (sopa) de azeite de oliva extra virgem

125 ml de água filtrada

1 colher (chá) de sal marinho

Preparo

Sobre uma superfície de trabalho lisa, peneire as duas farinhas e misture-as. Em uma tigela média, coloque os ovos, o azeite, a água e o sal e bata levemente com um garfo.

Forme um monte com a mistura de farinha e faça uma cavidade no centro. Despeje o conteúdo da tigela aos poucos. Com os dedos, misture delicadamente a farinha aos ingredientes líquidos até incorporar. Passe a misturar com as mão até formar uma bola de massa.

Sove durante 10 minutos, esticando a massa com a parte de baixo da palma das mãos e pressionando-a contra a superfície de trabalho. Se a massa estiver seca, adicione um pouco de água para facilitar o manuseio.

Divida a massa em pedaços pequenos. Passe um de cada vez pela máquina, repassando o mesmo pedaço pelo rolo até obter uma massa fina e fácil de manusear, mas que não se quebre facilmente.

Coloque os pedaços de massa aberta lado a lado, sem sobrepor, em uma assadeira polvilhada com farinha de trigo. Cubra-as com filme de PVC e coloque outra camada de massa. Repita o processo até ter passado toda a massa pelo rolo da máquina.

Conserve na geladeira por 3 dias ou até utilizar na receita.

Brunch

Mingau de aveia com maçã, pera e leite de castanhas-do-pará 22

Panquecas integrais de banana com óleo de coco 24

Granola com amêndoas, raspas de laranja e gengibre 27

Pão integral com sementes 28

Grigliata de legumes ao molho de alcaparras 31

Frittata de batata e espinafre acompanhada de salada de tomate ao molho de alecrim e mel 32

Salada morna de berinjela e banana-da-terra grelhadas com molho oriental e pimenta biquinho 35

Mingau de aveia com maçã, pera e leite de castanhas-do-pará

Rendimento: 2 porções grandes

INGREDIENTES

Mingau

4 xícaras (chá) de água filtrada
1 xícara (chá) de maçã desidratada
1 xícara (chá) de aveia em flocos
¼ de colher (chá) de sal marinho
1 xícara (chá) de pera sem casca cortada em cubos de 1 cm
frutas vermelhas frescas (morango, amora e mirtilo), para guarnecer
hortelã fresca a gosto
mel de laranjeira a gosto
canela em pó a gosto

Leite de castanhas-do-pará

½ xícara (chá) de castanhas-do-pará de molho por 6 horas em água fria
1 xícara (chá) de água filtrada
1 pedaço de fava de baunilha com 3 cm de comprimento

PREPARO

Mingau

Em uma panela, coloque a água e a maçã desidratada e leve ao fogo alto. Assim que levantar fervura, abaixe o fogo e cozinhe por 10 minutos. Desligue o fogo e mantenha esse chá abafado por 5 minutos.

Coe, descarte a maçã e coloque o chá em uma panela junto com a aveia. Leve ao fogo. Assim que levantar fervura, mexa a mistura constantemente por cerca de 5 minutos. Se necessário, acrescente mais água para que o mingau não fique muito espesso.

Desligue o fogo e adicione a pera cortada. Mantenha tampado por 5 minutos.

Leite de castanhas-do-pará

Escorra as castanhas e descarte a água. Bata no liquidificador com metade da água mineral e a fava de baunilha. Vá acrescentando o restante da água mineral aos poucos, até obter um creme sedoso e homogêneo. Peneire num chinois ou num coador de malha fina e reserve.

Finalização

Coloque o mingau em um prato fundo, despeje o leite de castanhas-do-pará por cima delicadamente, guarneça com as frutas vermelhas e a hortelã fresca picada, acrescente um generoso fio de mel e canela em pó a gosto. Sirva imediatamente.

Panquecas integrais de banana com óleo de coco

Rendimento: 15 a 20 panquecas pequenas

MATERIAL

1 frigideira antiaderente de 12 cm de diâmetro

INGREDIENTES

2 xícaras (chá) de farinha de trigo integral
2 colheres (sopa) de farinha de milho flocada
1 colher (chá) de sal marinho
1 colher (chá) de canela em pó
1½ colher (chá) de bicarbonato de sódio
2 ovos caipiras (claras e gemas separadas)
1 xícara (chá) de iogurte natural integral
1 xícara (chá) de água filtrada
3 colheres (sopa) de óleo de coco extra virgem
1½ xícara (chá) de banana-nanica madura cortada em rodelas (cerca de 3 bananas)
xarope de agave, para servir

PREPARO

Misture a farinha de trigo, a farinha de milho, o sal, a canela e o bicarbonato em uma tigela. Reserve.

Bata no liquidificador as gemas, o iogurte, água, o óleo de coco e ½ xícara (chá) da banana. Separadamente, bata as claras em neve.

Junte o conteúdo do liquidificador aos ingredientes secos misturados. Por fim, acrescente as claras em neve e misture com uma espátula. Reserve.

Coloque um fio de óleo de coco no fundo da frigideira e leve-a ao fogo. Quando estiver quente, acrescente uma concha da massa e deixe-a espalhar naturalmente. Coloque 4 rodelas de banana sobre cada panqueca e doure por 1 minuto. Vire do outro lado e doure por mais 1 minuto.

Repita o procedimento até finalizar toda a massa. Sirva com um fio generoso de xarope de agave por cima.

Granola com amêndoas, raspas de laranja e gengibre

Rendimento: cerca de 600 g

INGREDIENTES

4 xícaras (chá) de aveia prensada
1 xícara (chá) de amêndoas cruas laminadas
¼ de xícara (chá) de mel de laranjeira
½ xícara (chá) de óleo de girassol
2 colheres (sopa) de gengibre finamente picado
1 colher (sopa) de sementes de linhaça dourada
1 colher (sopa) de sementes de chia
1½ colher (sopa) de raspas de laranja

PREPARO

Preaqueça o forno em temperatura baixa (150 °C).

Em uma tigela, misture a aveia com as amêndoas. Coloque o restante dos ingredientes em outra tigela e misture. A seguir, misture o conteúdo das duas tigelas, mexendo bem com uma espátula, e disponha-o em uma assadeira. Leve ao forno por 30 minutos.

Depois, retire a assadeira do forno e, com uma espátula de inox, raspe a granola do fundo, revolvendo-a. Transfira para outra assadeira e deixe esfriar.

Guarde a granola em um recipiente seco com tampa por no máximo 30 dias.

Pão integral com sementes

Rendimento: 10 a 12 fatias

MATERIAL

1 fôrma para pão retangular de 26 cm de comprimento x 13 cm de largura x 5 cm de altura

INGREDIENTES

1 colher (sopa) de manteiga
1½ xícara (chá) de água filtrada morna
1 colher (sopa) de açúcar demerara
1 colher (chá) de sal marinho
1 colher (sopa) de azeite de oliva extra virgem
2 colheres (sopa) de sementes de linhaça dourada moídas
2 colheres (sopa) de gergelim natural
¼ de xícara (chá) de sementes de girassol cruas
1 colher (sopa) de farinha de trigo comum
1 envelope de fermento biológico seco instantâneo para pão (15 g)
2 xícaras (chá) de farinha de trigo integral
1½ xícara (chá) de farinha de trigo comum, mais um pouco para polvilhar

PREPARO

Preaqueça o forno em temperatura baixa (150 ºC).

Em uma tigela grande, derreta a manteiga na água morna. Acrescente o açúcar, o sal, o azeite, as sementes de linhaça, o gergelim, as sementes de girassol, a colher de farinha e o fermento. Por fim, adicione a farinha integral e a comum e amasse tudo delicadamente com as mãos em uma superfície lisa polvilhada com farinha. Não é preciso sovar a massa.

Coloque a massa na fôrma untada e enfarinhada e leve para descansar em um local morno, coberta com um pano, até ela dobrar de volume (cerca de 30 minutos).

Leve ao forno e deixe assar por 40 minutos.

Grigliata de legumes ao molho de alcaparras

Rendimento: 4 porções

INGREDIENTES

Legumes

½ xícara (chá) de pimentão picado
½ xícara (chá) de berinjela japonesa picada
½ xícara (chá) de ervilha-torta picada
½ xícara (chá) de cenoura picada
½ xícara (chá) de vagem picada
½ xícara (chá) de salsão picado

Molho

½ xícara (chá) de azeite de oliva extra virgem
2 colheres (sopa) de vinagre de champanhe
½ colher (chá) de sal marinho
½ colher (chá) de sementes de mostarda
½ colher (chá) de endro (dill) seco
2 colheres (chá) de minialcaparras
2 colheres (chá) de ciboulette finamente picada

PREPARO

Legumes

Corte todos os legumes na diagonal, com 3 cm de espessura, e reserve.

Leve uma frigideira grande ao fogo e ponha os legumes para grelhar em fogo alto, virando-os continuamente com o auxílio de uma espátula até que fiquem tostados.

Desligue o fogo, transfira os legumes para um prato raso grande e regue-os com o molho. Sirva quente ou frio.

Molho

Em uma tigela, coloque o azeite, o vinagre, o sal, as sementes de mostarda e o endro. Bata vigorosamente com um fouet (batedor de arame) até que o molho fique bem emulsificado. Acrescente as minialcaparras e a ciboulette e apenas misture. Reserve.

Frittata de batata e espinafre acompanhada de salada de tomate ao molho de alecrim e mel

Rendimento: 2 porções

INGREDIENTES

Frittata

3 ovos caipiras
uma pitada de sal marinho
pimenta rosa moída na hora a gosto
1 colher (chá) de cebolinha finamente picada
½ xícara (chá) de espinafre (ou outra folha verde-escura) finamente picado
3 batatas pequenas cozidas em água e sal, cortadas em fatias finas de 0,5 cm de espessura

Salada

½ xícara (chá) de azeite de oliva extra virgem
3 colheres (sopa) de suco de limão
½ colher (chá) de sal marinho
1 colher (sopa) de mel
¼ de colher (chá) de alho picado
1 colher (sopa) de folhas de alecrim fresco finamente picado
1 xícara (chá) de tomate com casca e sem sementes cortado em tiras finas

PREPARO

Frittata

Em uma tigela, bata os ovos com uma pitada de sal e outra de pimenta rosa. Adicione a cebolinha e o espinafre e misture. Reserve.

Cubra o fundo de uma frigideira antiaderente com um fio de azeite e as fatias de batata cozidas. Leve ao fogo médio e espalhe por cima os ovos com o espinafre. Deixe cozinhar, em fogo baixo, até que os ovos e o espinafre estejam bem ligados.

Vire, utilizando um prato de apoio, e doure do outro lado, de modo que a frittata fique cozida e dourada por igual.

Transfira-a para um prato e sirva acompanhada da salada.

Salada

Bata o azeite, o suco de limão, o sal, o mel e o alho até obter um molho bem emulsificado. Adicione o alecrim, misture e sirva com as tiras de tomate.

Salada morna de berinjela e banana-da-terra grelhadas com molho oriental e pimenta biquinho

Rendimento: 4 porções

INGREDIENTES

2 berinjelas cortadas em fatias na diagonal
2 bananas-da-terra maduras, cortadas em rodelas na diagonal
pimenta biquinho a gosto, para servir

Molho oriental

½ xícara (chá) de azeite de oliva extra virgem
2 colheres (sopa) de shoyu Daimaru
¼ de xícara (chá) de vinagre de arroz
¼ de xícara (chá) de mirin (saquê culinário)
1½ colher (sopa) de gengibre finamente picado
2 colheres (sopa) de cebolinha (parte verde) cortada na diagonal

PREPARO

Em uma frigideira antiaderente, grelhe as fatias de berinjela em um fio de azeite. Reserve.

Na mesma frigideira, grelhe as rodelas de banana-da-terra em um fio de azeite. Reserve.

Disponha as fatias de berinjela e de banana-da-terra grelhadas em uma travessa, regue com o molho oriental e deixe marinar por cerca de 1 hora.

Sirva com pimenta biquinho.

Molho oriental

Em uma tigela, coloque o azeite, o shoyu, o vinagre, o mirin e o gengibre. Bata vigorosamente com um fouet (batedor de arame) até que fique um molho bem emulsificado. Adicione a cebolinha picada e apenas misture.

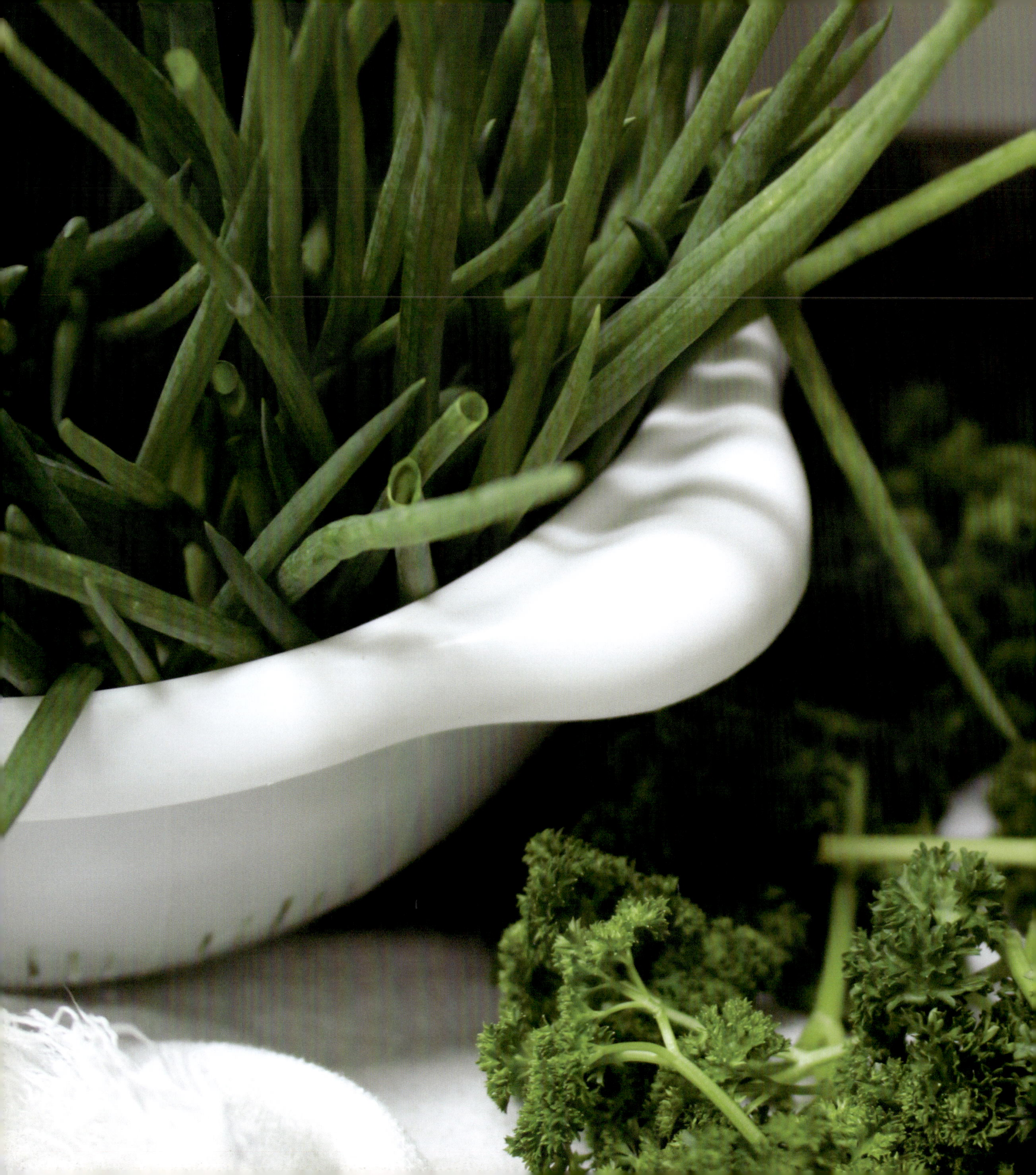

Saladas

Mix de folhas com vegetais marinados, manga, sementes tostadas e
molho cremoso de manjericão   38

Rúcula, queijo chancliche, hortelã e grão-de-bico tostado aos dois molhos   41

Mix de folhas com legumes, broto de alfafa e molho de cogumelos marinados   42

Salada rápida de avocado, tomate, queijo de cabra e manjericão   45

Charutinho de folha de uva recheado de abobrinha e molho cítrico de laranja   46

Mix de folhas com vegetais marinados, manga, sementes tostadas e molho cremoso de manjericão

Rendimento: 1 salada grande

INGREDIENTES

Salada

½ xícara (chá) de brócolis cortados em floretes de 2 cm
½ xícara (chá) de couve-de-bruxelas cortadas ao meio cozidas por 10 minutos
2 colheres (sopa) de azeite verde
uma pitada de sal marinho
1 prato com folhas orgânicas variadas, rasgadas (alface americana, alface vermelha, rúcula, agrião)
¼ de xícara (chá) de alho-poró (parte branca) cortado em rodelas finas
¼ de xícara (chá) de manga cortadas em cubos de 0,5 cm
½ xícara (chá) de talos de salsinha, para servir

Azeite verde

1 xícara (chá) de azeite de oliva extra virgem
4 colheres (sopa) de ervas frescas à escolha grosseiramente picadas

Molho

¼ de xícara (chá) de azeite de oliva extra virgem
3 colheres (sopa) de vinagre de limão
¼ de colher (chá) de alho finamente picado
1 colher (sopa) de mel de laranjeira
½ colher (chá) de sal marinho
1 colher (sopa) cheia de manjericão picado
3 colheres (sopa) de tofu

Sementes

1 colher (chá) de gergelim sem pele
1 colher (chá) de sementes de chia
1 colher (chá) de sementes de linhaça dourada

PREPARO

Salada

Em uma tigela média, coloque os brócolis, as couves-de-bruxelas, o azeite verde e o sal marinho e deixe marinando por 1 hora.

Arrume as folhas em um prato. Disponha os vegetais marinados sobre as folhas. Depois, arrume por cima as rodelas de alho-poró e as laranjinhas kinkan.

Regue com o molho cremoso de manjericão, polvilhe as sementes tostadas e espalhe os ramos de salsinha.

Azeite verde

Bata todos os ingredientes no liquidificador até obter uma mistura emulsificada. Pode ser armazenado na geladeira por até 2 semanas.

Molho

Coloque todos os ingredientes no liquidificador e bata até obter um creme homogêneo. Guarde na geladeira até o momento de servir.

Sementes

Em uma frigideira antiaderente, coloque todas as sementes. Leve ao fogo alto e toste-as por 2 minutos. Retire-as do fogo e espere esfriar. Reserve.

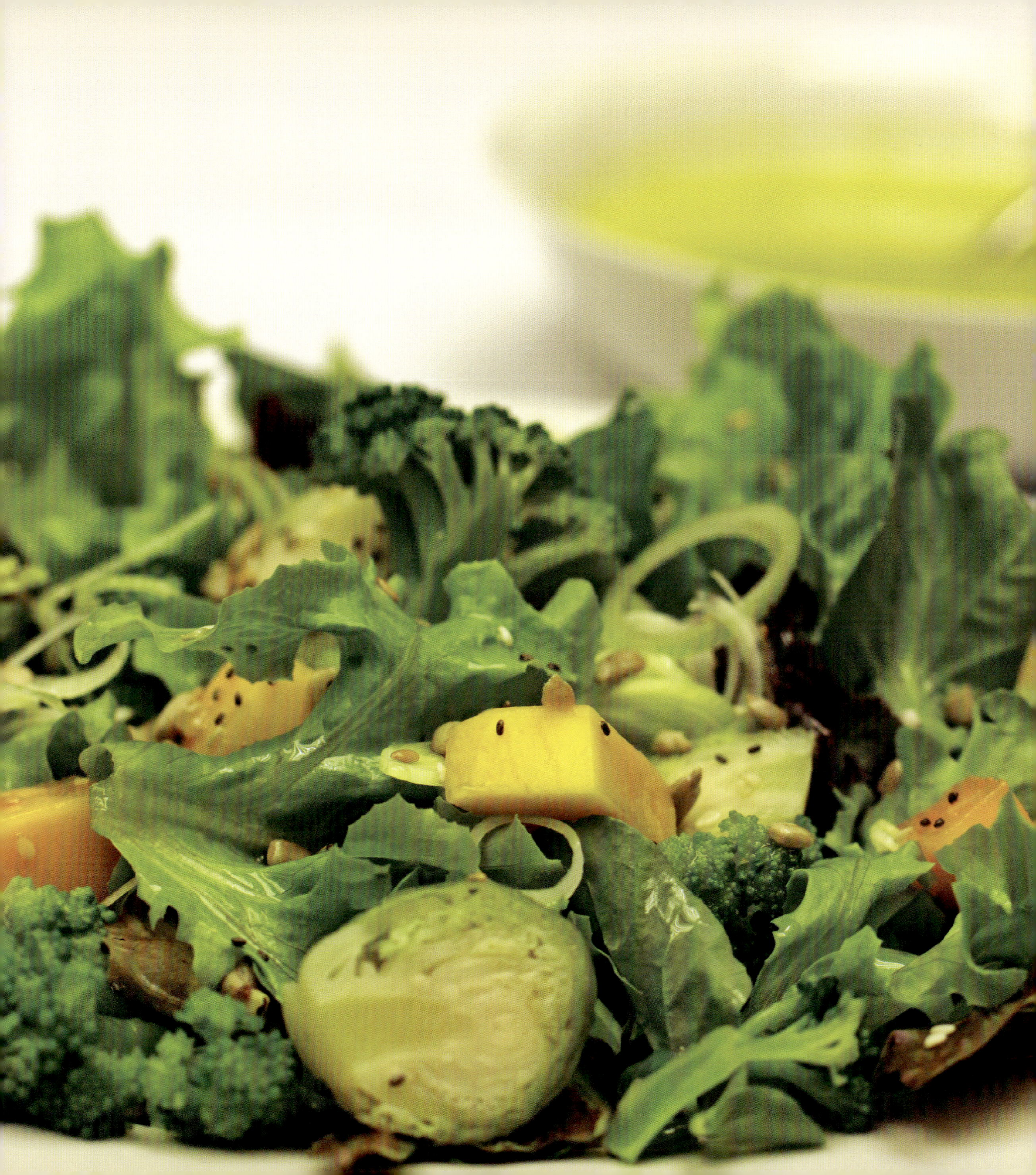

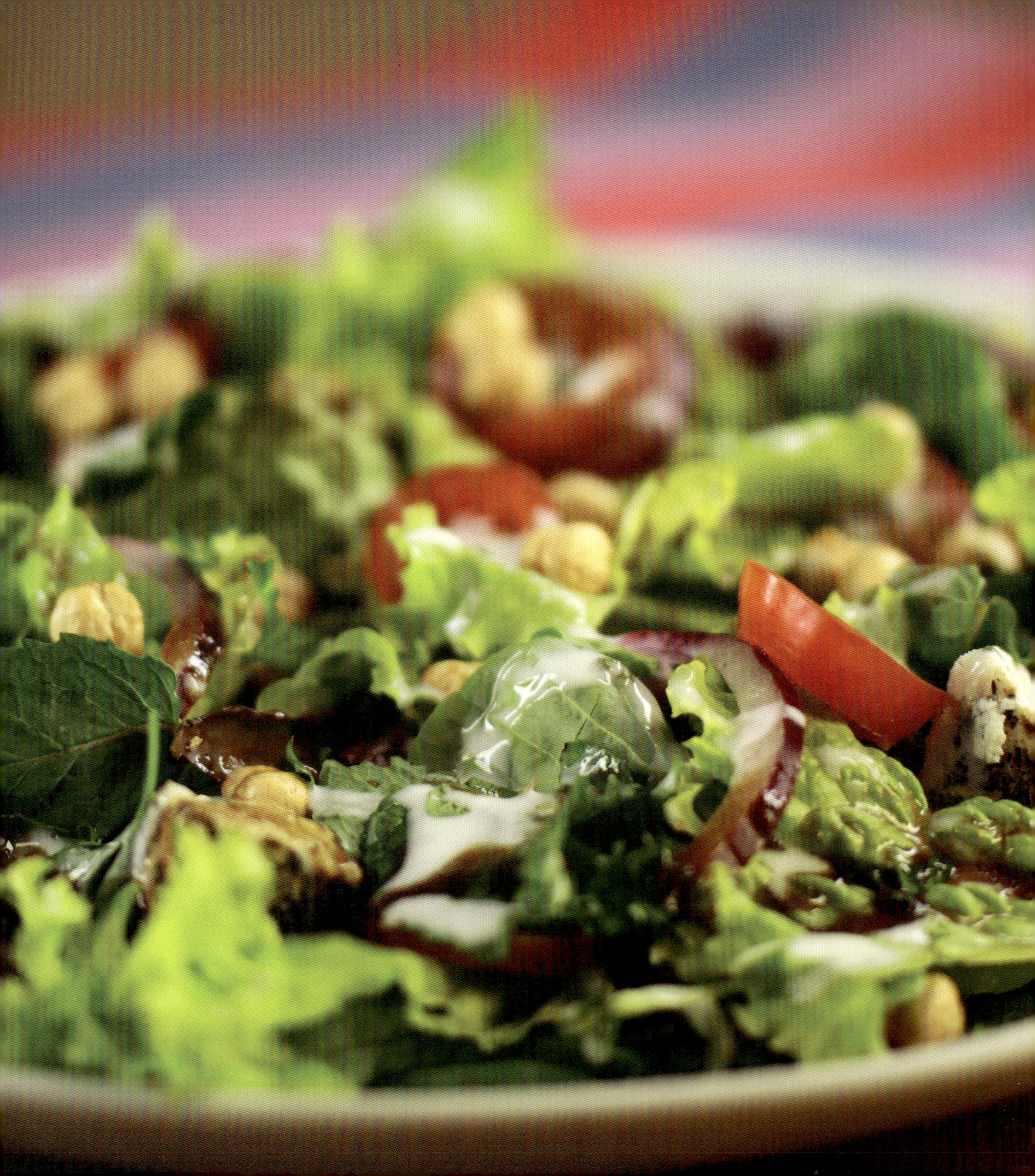

Rúcula, queijo chancliche, hortelã e grão-de-bico tostado aos dois molhos

Rendimento: 1 salada grande

INGREDIENTES

Salada

½ pão árabe em folha
1 prato com folhas de rúcula rasgadas
¼ de queijo chancliche
10 tomates-cereja cortados ao meio
2 rodelas de cebola roxa finamente laminadas
4 ramos de salsinha fresca finamente picados
6 folhas de hortelã fresca finamente picadas
2 colheres (sopa) de grão-de-bico tostado

Molho de iogurte

¼ de xícara (chá) de iogurte natural integral
½ colher (chá) de mel
1 pitada de sal marinho
½ colher (chá) de ciboulette finamente picada

Molho de vinagre balsâmico

¼ de xícara (chá) de azeite de oliva extra virgem
1 colher (sopa) de vinagre balsâmico
1 colher (sopa) de suco de limão
½ colher (sopa) de mel
½ colher (chá) de sal marinho

PREPARO

Salada

Preaqueça o forno em temperatura baixa (150 °C).

Coloque a folha de pão árabe aberta em uma assadeira e leve ao forno para tostar por 5 minutos.

Arrume as folhas de rúcula em um prato. Esfarele o chancliche e salpique-o por cima da rúcula. Disponha as metades de tomate-cereja sobre a salada. Solte as rodelas de cebola em anéis e distribua-os por cima. Polvilhe a salsinha picada e as folhas de hortelã. Regue com os dois molhos. Finalize com o grão-de-bico tostado e sirva com o pão em folha.

Molho de iogurte

Em uma tigela, coloque o iogurte, o mel e o sal. Misture vigorosamente até que fique bem homogêneo. Adicione a ciboulette picada e mexa delicadamente.

Molho de vinagre balsâmico

Coloque todos os ingredientes em uma tigela. Misture vigorosamente até obter um molho homogêneo.

Mix de folhas com legumes, broto de alfafa e molho de cogumelos marinados

Rendimento: 1 salada grande

INGREDIENTES

Salada

1 prato com folhas variadas, rasgadas (alface-americana, alface-vermelha, rúcula, agrião e radicchio)
½ cenoura cortada em palitos
1 rabanete cortado em meia-lua
½ abobrinha italiana cortada em lâminas finas
3 ervilhas-tortas cortadas em diagonais de 2 cm
um punhado de brotos de alfafa
1 colher (sopa) de sementes de abóbora cruas, sem sal

Molho de cogumelos

½ xícara (chá) de azeite de oliva extra virgem
2 colheres (sopa) de vinagre de vinho tinto
1 colher (chá) de sementes de coentro
2 colheres (chá) de melado de cana
½ colher (chá) de sal marinho
6 cogumelos-de-paris grandes, ou 4 pequenos, cortados em lâminas

PREPARO

Salada

Arrume as folhas em um prato raso. Disponha harmoniosamente os vegetais em cima das folhas. Coloque um tufo de broto de alfafa no centro da salada. Para finalizar, polvilhe as sementes de abóbora e distribua por cima todo o molho de cogumelos.

Molho de cogumelos

Em uma tigela, misture vigorosamente com um fouet (batedor de arame) o azeite, o vinagre, as sementes de coentro e o melado. Adicione os cogumelos e deixe descansar por 10 minutos antes de servir.

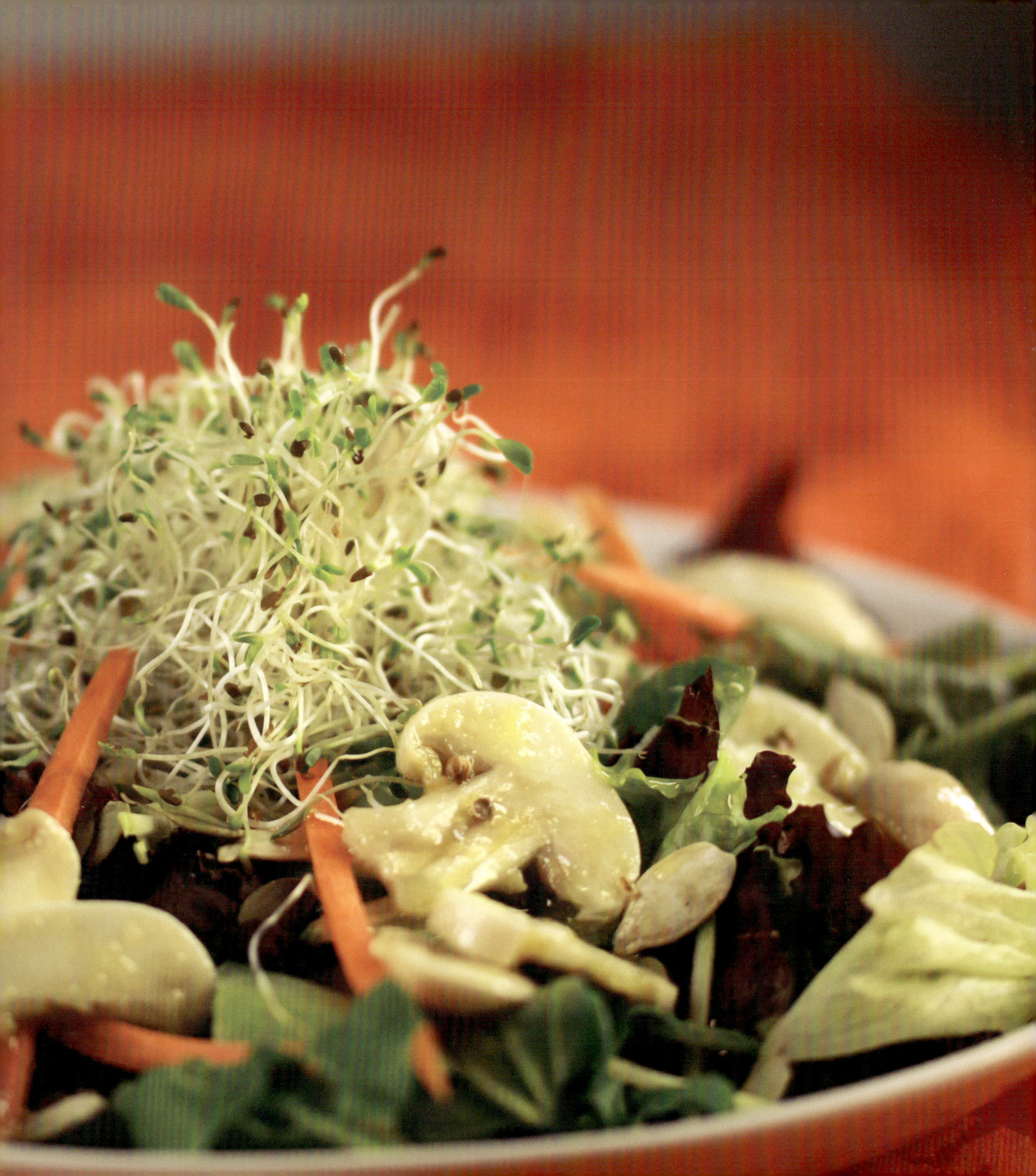

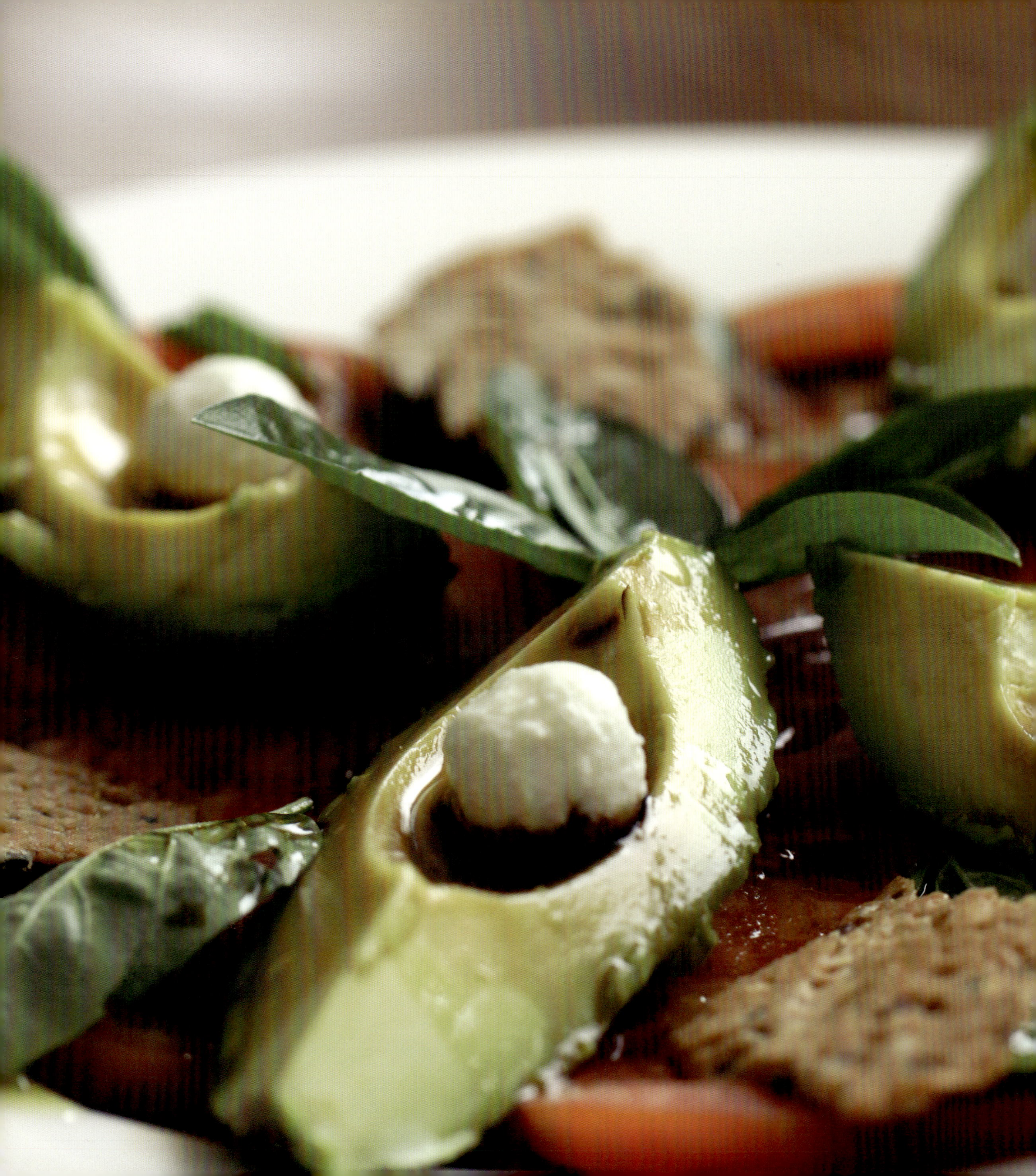

Salada rápida de avocado, tomate, queijo de cabra e manjericão

Rendimento: 1 salada grande

INGREDIENTES

1 tomate-caqui cortado em lâminas bem finas
50 g de bolinhas de queijo de cabra fresco
2 avocados maduros, descascados e cortados em 4 barquinhos
¼ de xícara (chá) de manjericão italiano (espécie de folhas bem graúdas)
4 colheres (sopa) de azeite de oliva extra virgem
1 colher (sopa) de vinagre balsâmico
uma pitada de sal marinho
pão sueco integral

PREPARO

Em um prato raso, disponha as lâminas de tomate-caqui.

Em cima, distribua os barquinhos de avocado. Por último, as bolinhas de queijo e as folhas de manjericão italiano.

Regue com o azeite e o vinagre balsâmico e polvilhe o sal.

Sirva esta salada acompanhada de pão sueco.

Charutinho de folha de uva recheado de abobrinha e molho cítrico de laranja

Rendimento: 15 a 20 unidades

INGREDIENTES

Charutinho

15 a 20 folhas de uva frescas
4 abobrinhas italianas cortadas em cubinhos de 0,5 cm
½ colher (chá) de sal marinho
1½ colher (sopa) de salsinha finamente picada
1½ colher (sopa) de endro (dill) fresco finamente picado
1 colher (sopa) de cebolinha (parte verde) finamente picada
¼ de xícara (chá) de azeite de oliva extra virgem
1 colher (sopa) de óleo de linhaça prensado a frio
2 colheres (sopa) de uvas-passas brancas cortadas ao meio
1 colher (sopa) de suco de limão
½ colher (chá) de pimenta rosa moída
¼ de colher (chá) de sal marinho
¼ de colher (chá) de alho finamente picado
½ xícara (chá) de amêndoas laminadas
folhas de endro (dill) inteiras

Molho

¼ de xícara (chá) de suco de laranja-pera
¼ de xícara (chá) de azeite de oliva extra virgem
1 colher (sopa) de suco de limão
½ colher (chá) de sal marinho
½ colher (chá) de mel
¼ de colher (chá) de alho picado

PREPARO

Charutinho

Encha uma panela com água filtrada, leve ao fogo e deixe ferver. Com a ajuda de uma pinça, escalde as folhas de uva uma a uma (em torno de 5 segundos cada folha). Disponha as folhas abertas em um escorredor e reserve.

Coloque a abobrinha em uma bacia com o sal, misture e deixe descansar por 10 minutos. A seguir, esprema a abobrinha com as mãos para remover toda a água. Reserve.

Transfira a abobrinha para uma tigela, acrescente as ervas, o azeite, o óleo de linhaça, as passas, o suco de limão, a pimenta rosa, o sal, o alho e metade das amêndoas.

Sobre um tábua de polietileno, disponha as folhas de uva escaldadas. Recheie cada uma com uma colher de sobremesa da abobrinha temperada e enrole com firmeza, formando um pacotinho bem fechado.

Para servir, disponha os charutinhos em uma travessa, regue com o molho e salpique com o restante das amêndoas e as folhas de endro.

Molho

Misture todos os ingredientes, batendo até obter uma mistura emulsificada, e reserve.

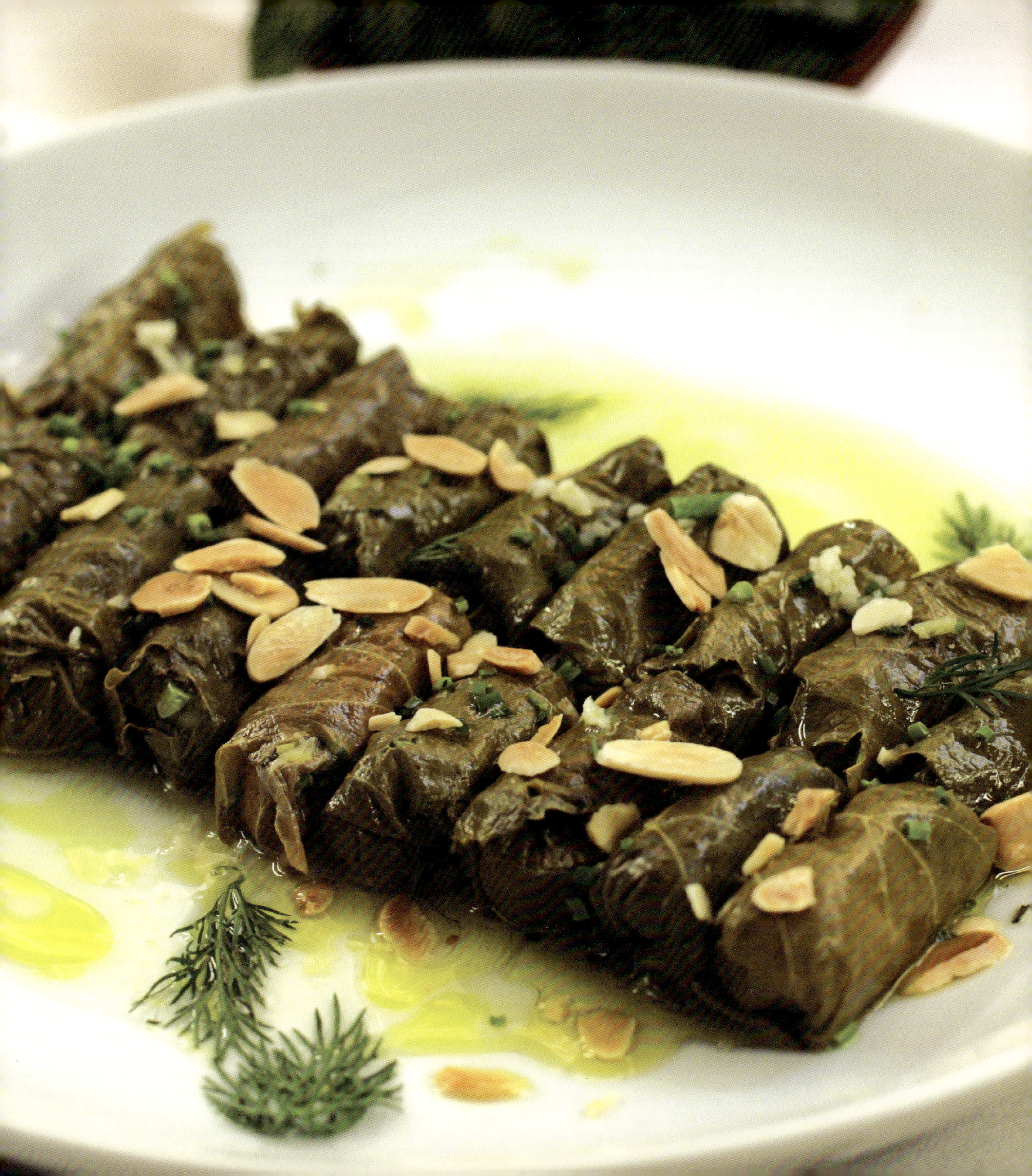

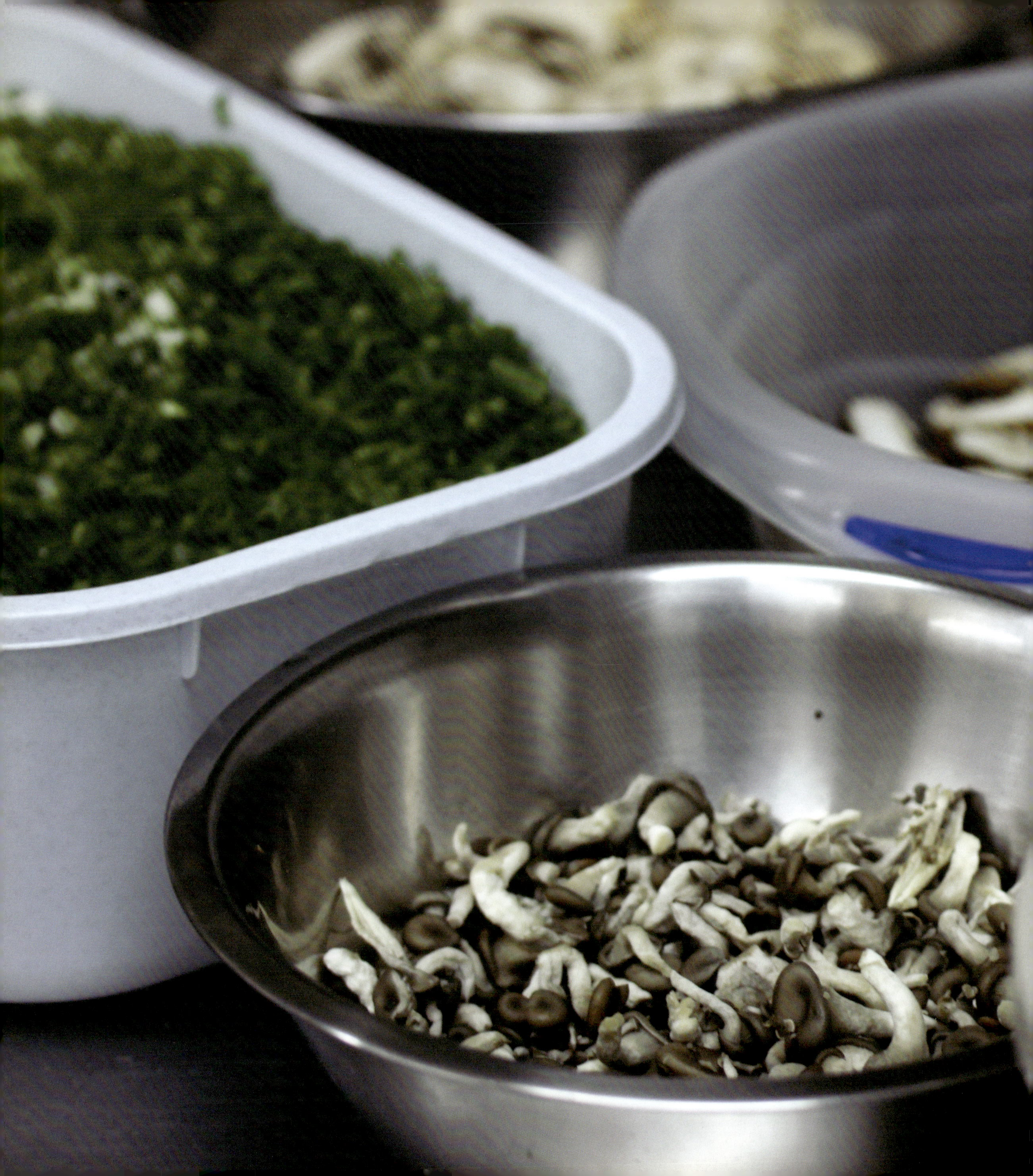

Sopas

Creme de duas abóboras, laranja-lima e manjericão	50
Creme de aspargos com leite de amêndoas	54
Creme de vegetais verdes e leite de coco	55
Sopa de banana ao curry	57
Creme de cenoura com maracujá	59
Creme de abóbora com agrião	60
Sopa de mandioquinha com tomates e manjericão	62

Creme de duas abóboras, laranja-lima e manjericão

Rendimento: 4 porções

INGREDIENTES

1 colher (sopa) de azeite de oliva extra virgem
2 colheres (sopa) de cebolinha (parte branca) finamente picada
½ colher (chá) de pimenta rosa moída
2 xícaras (chá) de abóbora-japonesa picada
2 xícaras (chá) de abóbora-moranga picada
1 colher (chá) de sal marinho
½ colher (chá) de sementes de coentro
1 xícara (chá) de suco de laranja-lima
1½ xícara (chá) de caldo de legumes (ver receita na pág. 16)
¼ de colher (chá) de raspas de laranja
½ colher (sopa) de licor de laranja (opcional)
1 colher (sopa) de ciboulette finamente picada, para servir
folhinhas de manjericão, para servir

PREPARO

Em uma panela, coloque o azeite, a cebolinha e a pimenta rosa. Leve ao fogo médio e deixe saltear até dourar.

Acrescente as duas abóboras, o sal e as sementes de coentro. Salteie todos os ingredientes por 5 minutos, misturando constantemente com uma colher de pau.

Adicione o suco de laranja e o caldo de legumes e deixe cozinhar em fogo baixo por 25 minutos.

Retire do fogo, deixe esfriar um pouco e leve ao liquidificador ou ao processador. Bata até obter um creme homogêneo.

Transfira a sopa de volta à panela e leve ao fogo para aquecer. Acrescente o licor e as raspas de laranja, misture bem e corrija o sal, se necessário.

Na hora de servir, polvilhe a ciboulette e as folhinhas de manjericão.

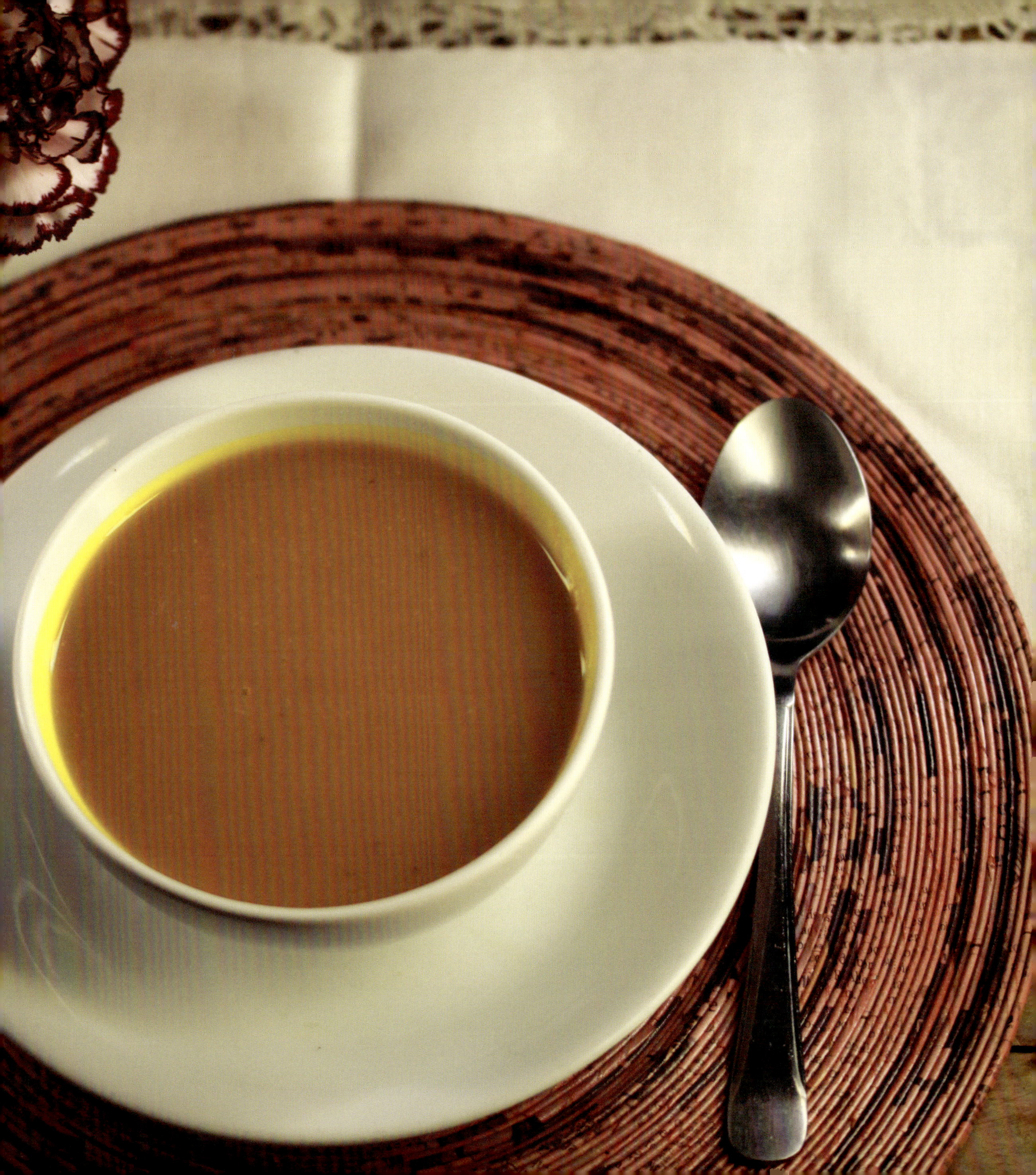

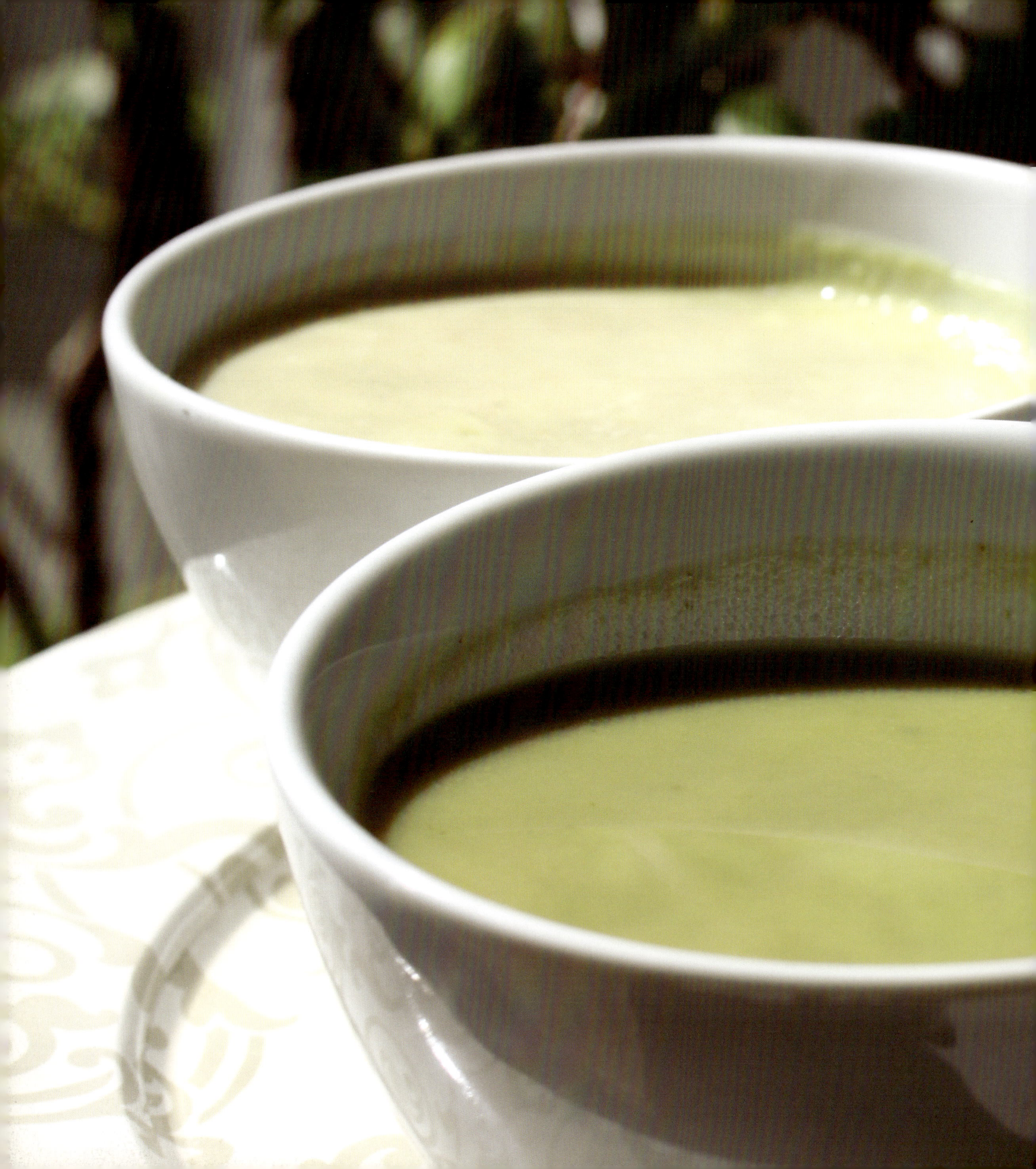

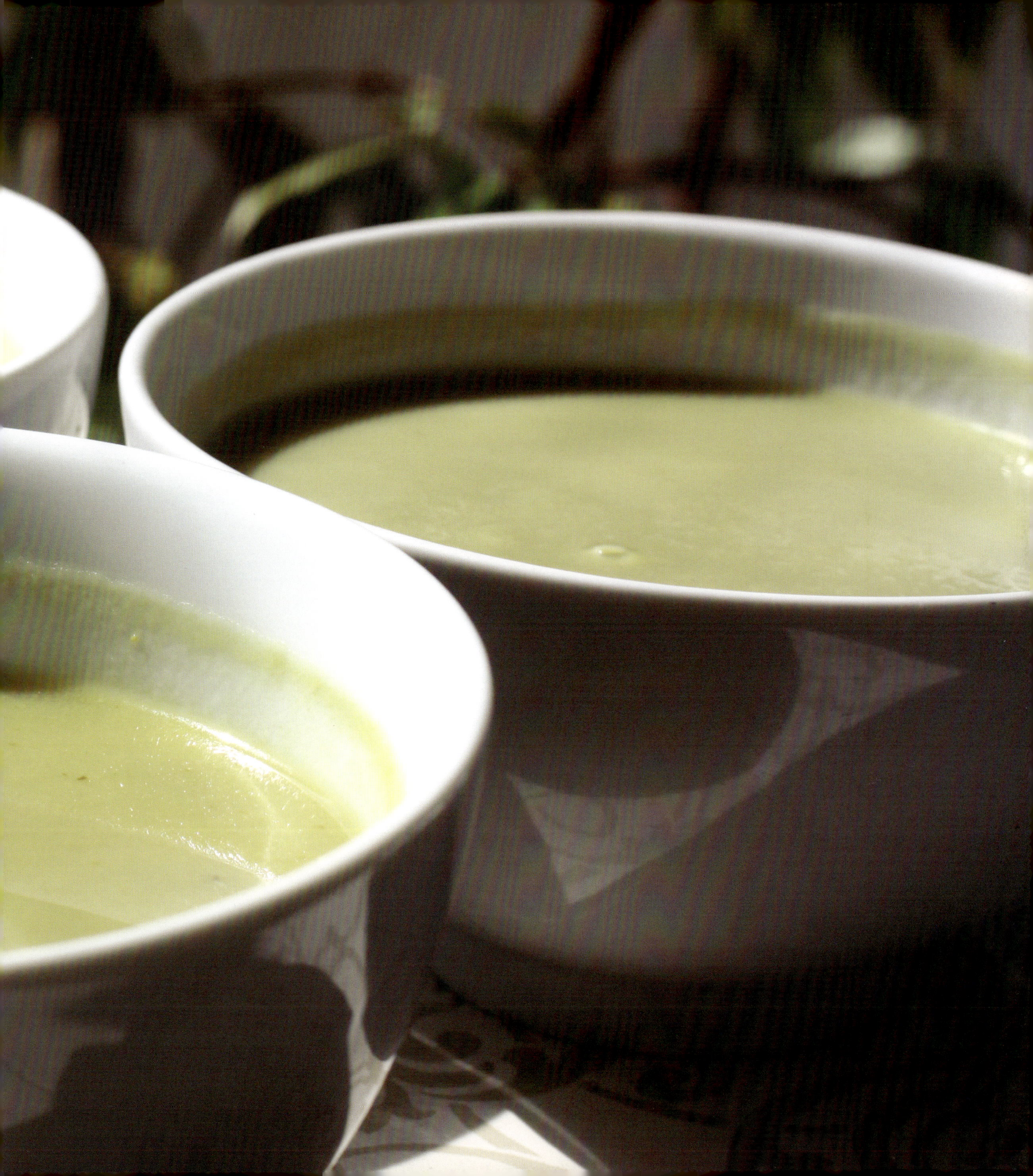

Creme de aspargos com leite de amêndoas

Rendimento: 4 porções

MATERIAL

- 1 chinois (coador de metal cônico e trama superfina)
- 1 pedaço de voile (tecido fino e transparente de estrutura telada)

INGREDIENTES

- 1 colher (sopa) de azeite de oliva extra virgem
- ½ dente de alho finamente picado
- 2 colheres (sopa) de cebolinha (parte branca) finamente picada
- 2 xícaras (chá) de aspargos frescos picados
- ½ colher (chá) de sal marinho
- 1 colher (sopa) de talos de salsinha picados
- 2 xícaras (chá) de caldo de legumes (ver receita na pág. 16)
- 1 xícara (chá) de leite de amêndoas (ver receita na pág. 17)
- salsinha picada, para servir

PREPARO

Em uma panela, coloque o azeite, o alho e a cebolinha. Leve ao fogo médio até que o alho doure levemente.

Acrescente os aspargos e o sal, e deixe saltear por cerca de 5 minutos.

Adicione os talos de salsinha e o caldo de legumes. Cozinhe em fogo baixo, tampado, por cerca de 20 minutos, ou até que os aspargos estejam macios.

Deixe esfriar um pouco e transfira para o liquidificador. Bata até obter um creme bem homogêneo.

Coloque o creme de aspargos de volta na panela e acrescente o leite de amêndoas. Leve ao fogo somente para aquecer e corrija o sal, se necessário.

Sirva com salsinha picada.

Creme de vegetais verdes e leite de coco

Rendimento: 4 porções

INGREDIENTES

- 1 colher (sopa) de azeite de oliva extra virgem
- ¼ de xícara (chá) de cebola picada
- 1 xícara (chá) de ervilhas frescas
- 1 xícara (chá) de vagens grosseiramente picadas
- 1 xícara (chá) de abobrinha picada
- 2 xícaras (chá) de caldo de legumes (ver receita na pág. 16)
- 1½ colher (chá) de sal marinho
- 2 xícaras (chá) de leite de coco natural (ver receita na pág. 17)
- 1 colher (sopa) de gengibre fresco ralado
- ½ colher (chá) de açúcar demerara
- ½ colher (chá) de curry
- ½ xícara (chá) de ervilhas-tortas finamente cortadas

PREPARO

Na panela de pressão, coloque o azeite e a cebola. Leve-a ao fogo alto e salteie a cebola até que doure levemente. Acrescente as ervilhas e as vagens e deixe que dourem por mais 5 minutos. Adicione a abobrinha, o caldo de legumes e o sal. Tampe a panela e, assim que o pino começar a se mexer, cozinhe em fogo baixo durante 10 minutos.

Desligue o fogo, espere a panela perder a pressão, abra-a e deixe que os legumes esfriem um pouco. Bata a sopa no liquidificador até obter um creme bem homogêneo.

Torne a pôr a sopa na panela e acrescente o leite de coco, o gengibre, o açúcar e o curry. Leve ao fogo e cozinhe por mais 2 minutos. Então, verifique o tempero e corrija o sal, se necessário.

Separadamente, aqueça uma frigideira em fogo alto. Coloque um fio de azeite e salteie as ervilhas-tortas por 1 minuto. Tempere com uma pitadinha de sal marinho e reserve.

Ao servir, coloque no centro de cada prato, sobre a sopa, uma porção da ervilha-torta salteada.

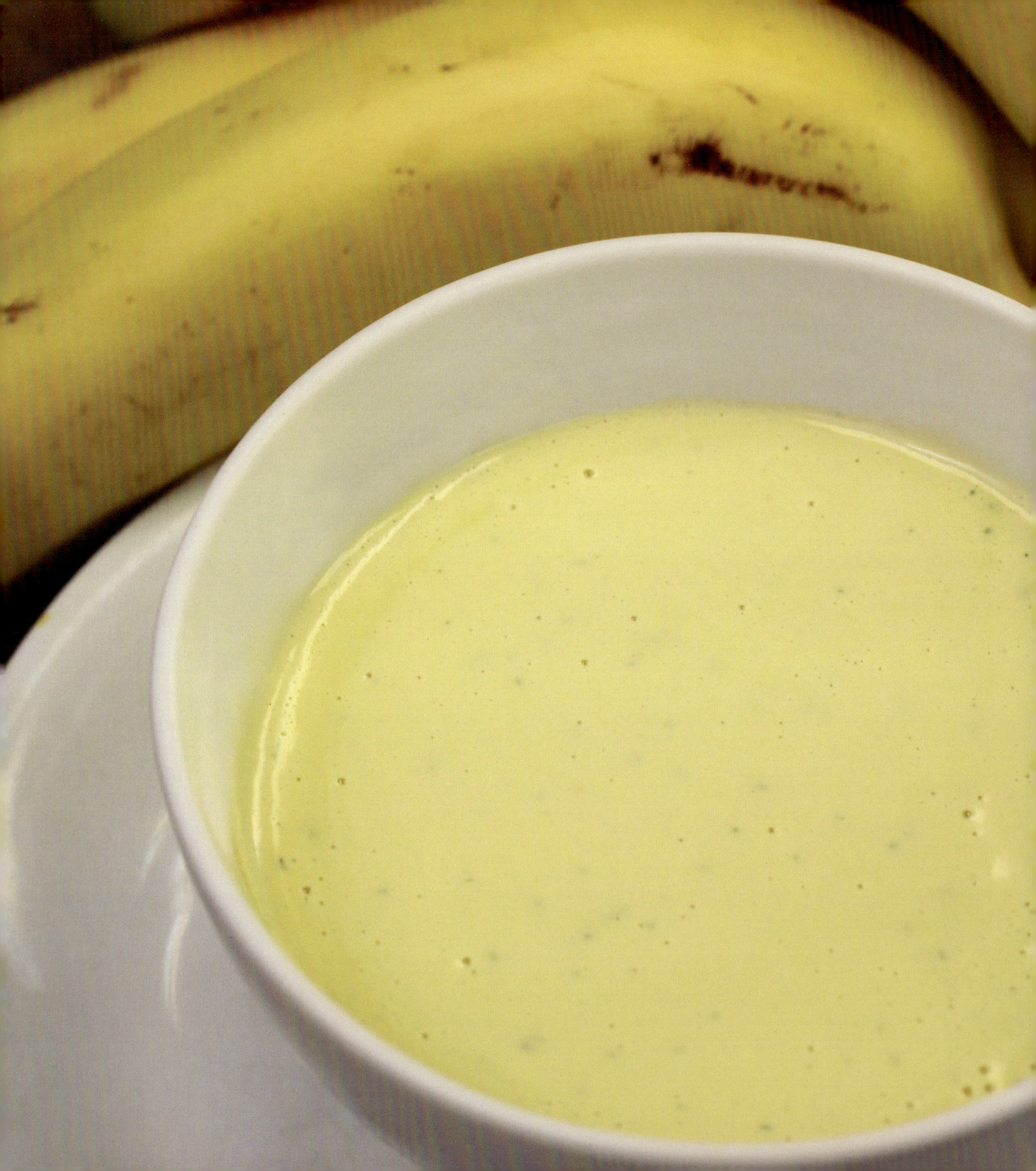

Sopa de banana ao curry

Rendimento: 4 porções

INGREDIENTES

3 bananas-nanicas quase maduras cortadas em rodelas
2 xícaras (chá) de caldo de legumes (ver receita na pág. 16)
½ colher (chá) de curry
2 colheres (chá) de sal marinho
1 colher (sopa) de azeite de oliva extra virgem
½ xícara (chá) de cebola picada
2 xícaras (chá) de leite de amêndoas (ver receita na pág. 17)
1 colher (sopa) de gengibre finamente picado
1 colher (chá) de folhas de hortelã fresca finamente picadas
1 colher (sopa) de suco de limão

PREPARO

Em uma panela, coloque as bananas e o caldo de legumes. Leve ao fogo até levantar fervura. Acrescente o curry e o sal e cozinhe por 5 minutos.

À parte, em outra panela, ponha o azeite de oliva e a cebola. Leve ao fogo até que a cebola doure ligeiramente. Adicione a banana com o caldo e deixe cozinhar por mais 10 minutos.

Deixe esfriar um pouco e transfira para o liquidificador. Acrescente o leite de amêndoas e bata até que fique bem homogêneo.

Leve de volta à panela e deixe esquentar em fogo baixo por mais 1 minuto. Desligue o fogo e adicione o gengibre, a hortelã e o suco de limão. Corrija o sal, se necessário, e sirva.

Dica: No lugar da banana, utilize 2 xícaras (chá) de pera portuguesa ou Williams cortada em cubinhos.

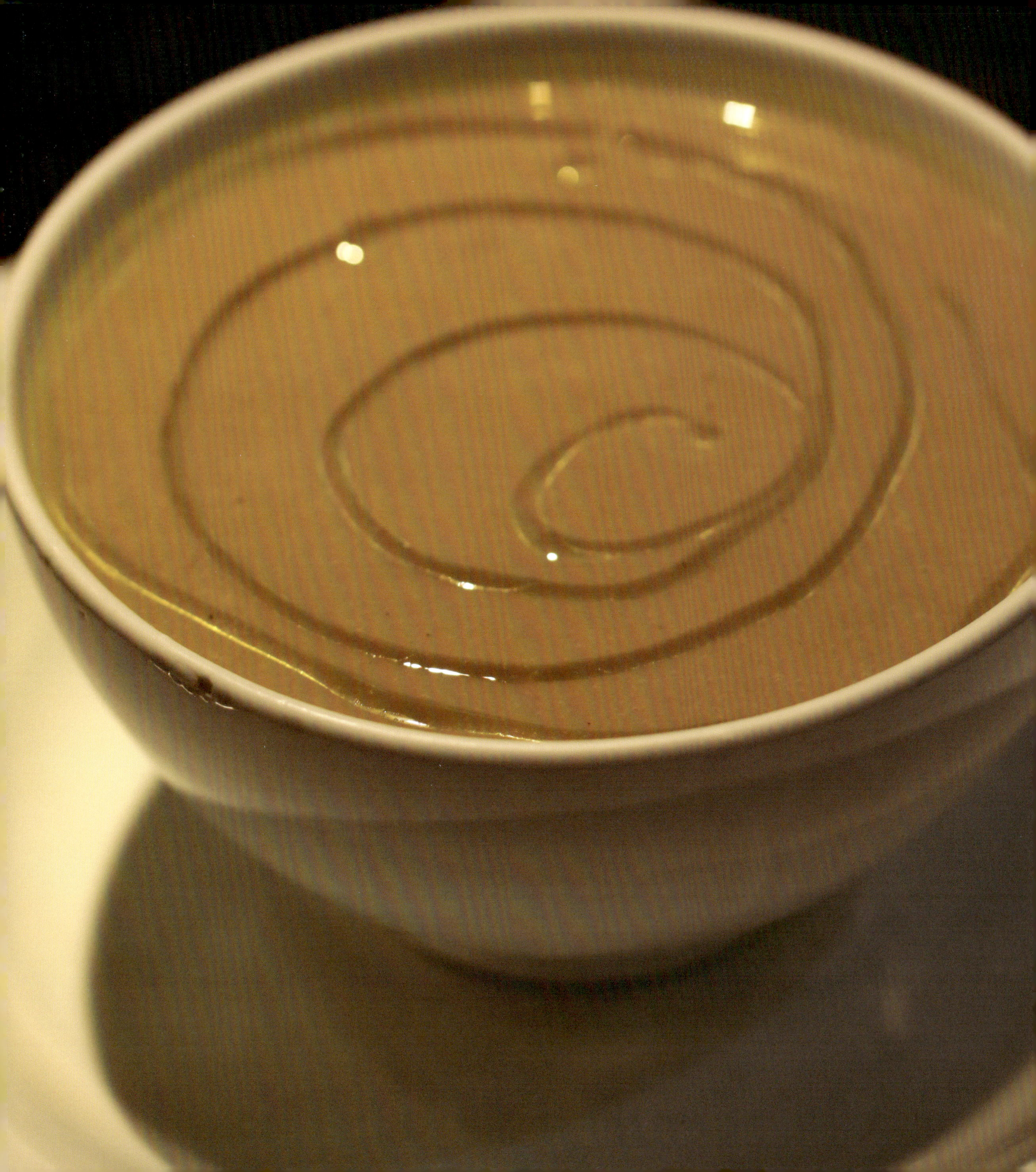

Creme de cenoura com maracujá

Rendimento: 4 porções

INGREDIENTES

polpa de meio maracujá
2½ xícaras (chá) de caldo de legumes (ver receita na pág. 16)
2 colheres (sopa) de azeite de oliva extra virgem
1 xícara (chá) de cebola picada
4 xícaras (chá) de cenoura picada
½ colher (chá) de pimenta dedo-de--moça, sem as sementes, finamente picada
1 colher (chá) de sal marinho
salsinha picada, para servir

PREPARO

No liquidificador, coloque a polpa de maracujá e ½ xícara (chá) do caldo de legumes. Bata bem e coe em uma peneira. Reserve.

À parte, ponha o azeite e a cebola em uma panela. Leve ao fogo médio até a cebola ficar levemente dourada.

Adicione a cenoura, a pimenta dedo-de-moça e o sal. Salteie até que os pedaços de cenoura fiquem dourados, mexendo constantemente com uma colher de pau.

Acrescente o restante do caldo de legumes e deixe cozinhar até que as cenouras estejam bem macias ao toque e o caldo tenha se reduzido.

Deixe esfriar um pouco e transfira a sopa para o liquidificador. Adicione o suco de maracujá reservado e bata até obter um creme homogêneo.

Torne a pôr na panela e leve ao fogo somente até aquecer. Verifique o tempero e corrija o sal, se necessário.

Sirva com um fio de azeite e polvilhe a salsinha picada.

Dica: Para quebrar a acidez da sopa, acrescente um pouco de leite na finalização.

Creme de abóbora com agrião

Rendimento: 4 porções

INGREDIENTES

1 colher (sopa) de azeite de oliva extra virgem
½ xícara (chá) de alho-poró finamente picado
½ colher (chá) de alho finamente picado
4 xícaras (chá) de abóbora, com a casca, cortada em cubos (500 g)
½ pimenta dedo-de-moça, sem as sementes, finamente picada
1 colher (chá) de sal marinho
3 xícaras (chá) de caldo de legumes (ver receita na pág. 16)
1 xícara (chá) de agrião, com os talos, finamente picado

PREPARO

Em uma panela, coloque o azeite, o alho-poró e o alho. Leve ao fogo médio e deixe dourar levemente.

Adicione os cubos de abóbora, a pimenta e o sal e deixe saltear por 5 minutos, misturando constantemente.

Acrescente o caldo de legumes e cozinhe em fogo baixo, tampado, por 45 minutos.

Passado esse tempo, leve o caldo ao liquidificador, adicione a abóbora e processe-a. Ponha o creme de volta na panela, adicione o agrião picado, misture bem e desligue o fogo.

Sirva imediatamente, com um fio de azeite.

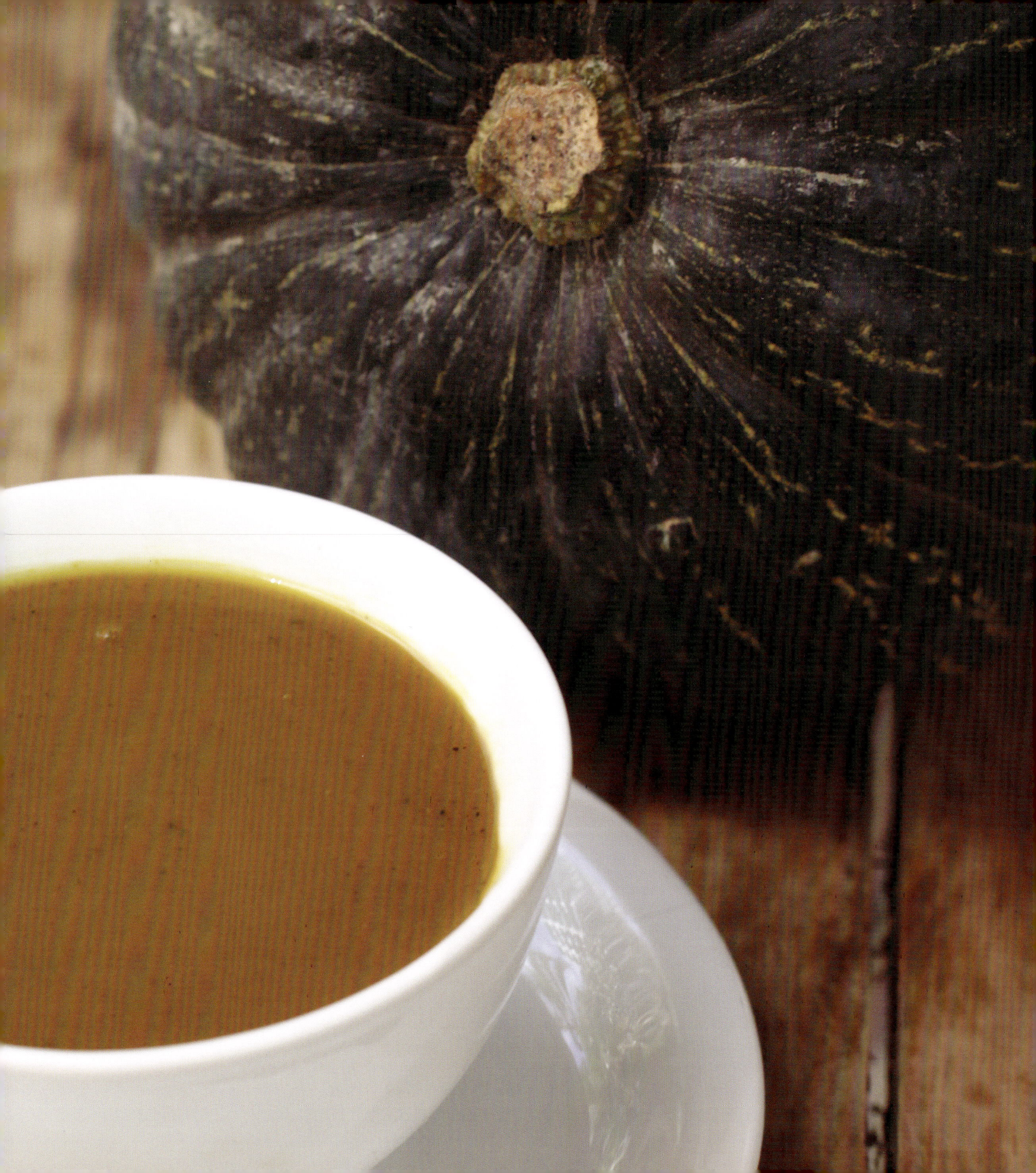

Sopa de mandioquinha com tomates e manjericão

Rendimento: 4 porções

INGREDIENTES

1 xícara (chá) de tomate sem pele e sem sementes cortado em cubos de 0,5 cm
4 colheres (sopa) de azeite de oliva extra virgem
1 colher (sopa) de folhas de manjericão fresco
½ xícara (chá) de cebola cortada em meia-lua
4 xícaras (chá) de mandioquinha cortada em cubos (500 g)
1 colher (chá) de sal marinho
3 xícaras (chá) de caldo de legumes (ver receita na pág. 16)

PREPARO

Em uma tigela, misture o tomate com metade do azeite, uma pitada de sal marinho e as folhas de manjericão fresco. Reserve.

À parte, em uma panela, coloque o restante do azeite e a cebola. Leve ao fogo médio, mexendo às vezes, até que a cebola fique ligeiramente dourada.

Adicione a mandioquinha e o sal e salteie, misturando de vez em quando, por cerca de 5 minutos.

Acrescente o caldo de legumes e cozinhe em fogo baixo, tampado, por 35 minutos. Deixe esfriar um pouco.

Com o auxílio de uma concha, coloque metade do conteúdo da panela no liquidificador e bata até obter um creme homogêneo. Ponha o creme de volta na panela e misture. Corrija o sal, se necessário, e misture novamente.

Ao servir, coloque no centro de cada prato, sobre a sopa, uma porção dos tomates reservados.

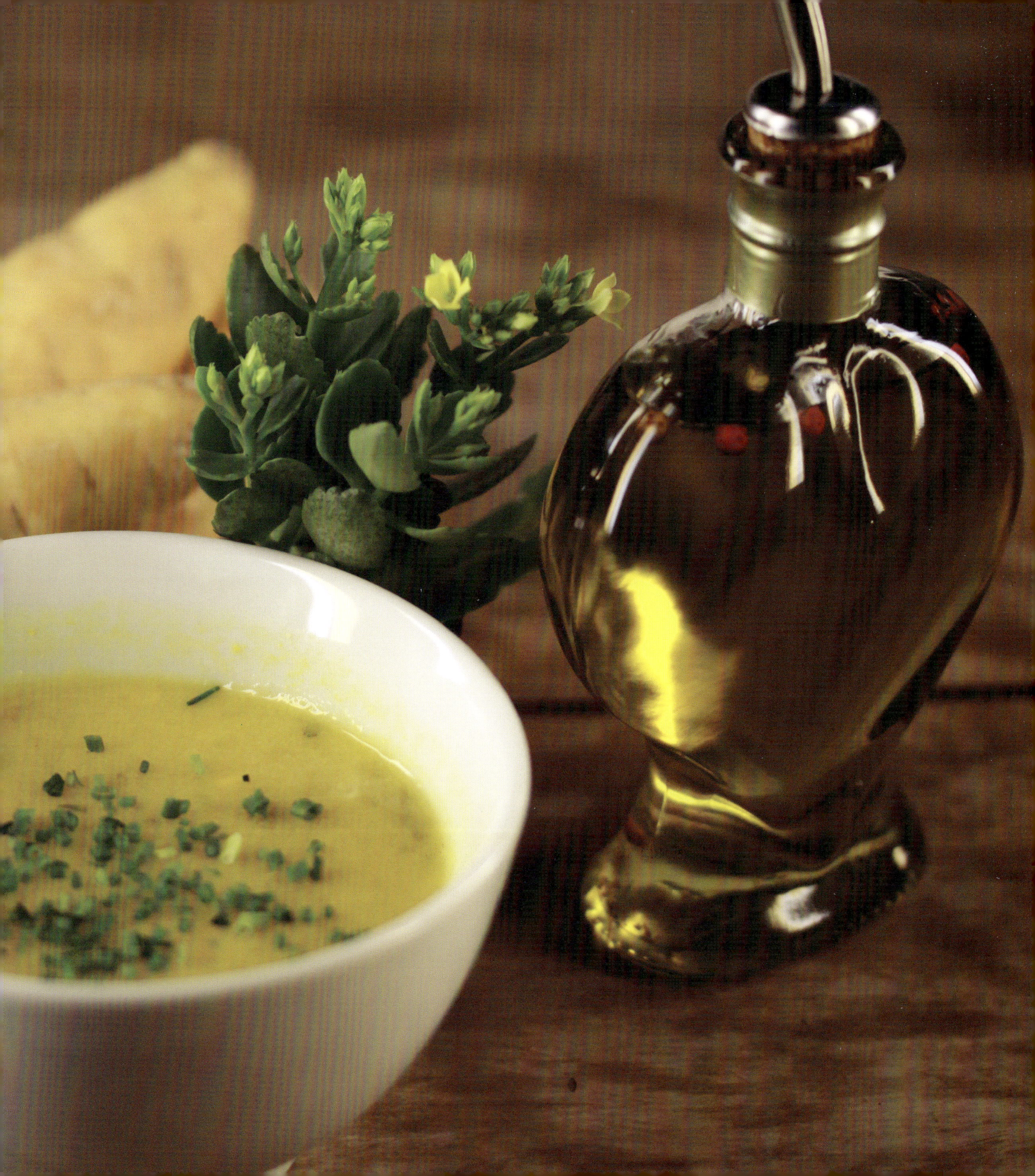

Massas

66 Espaguete ao molho cremoso de abobrinha com tomates marinados e manjericão
69 Talharim integral com abóbora e ricota
71 Polenta cremosa com cogumelos ao vinho Madeira
72 Nhoque de arroz integral com manteiga clarificada e ervas
74 Penne de milho ao molho de castanhas de caju com cogumelos marinados
79 Lasanha de berinjela, manjericão, mozarela e molho de tomate
80 Lasanha de legumes com dois molhos
83 Canelone de palmito e banana com molho branco e salsa de tomate e pimenta biquinho
84 Canelone de verduras com tomate concassé

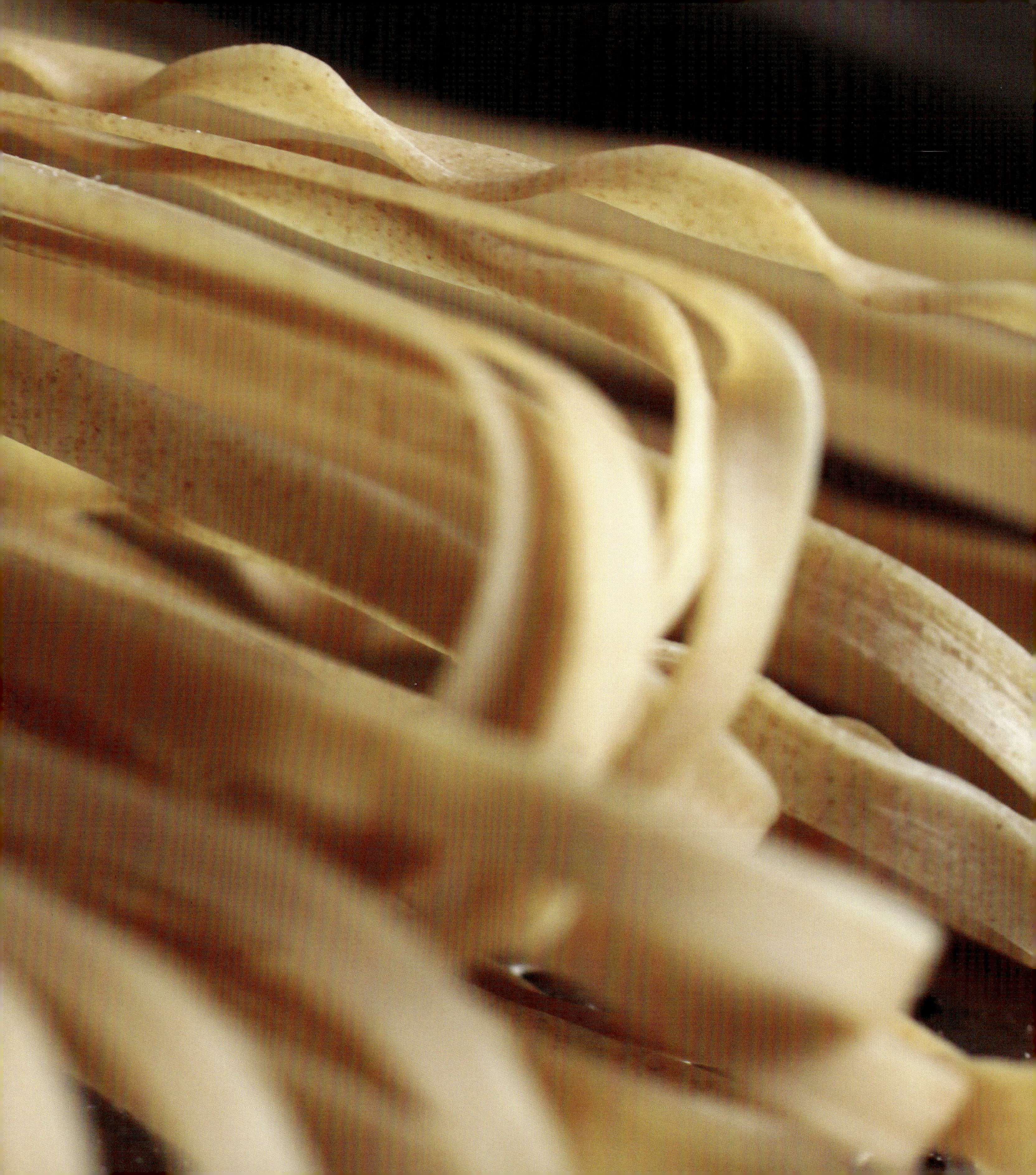

Espaguete ao molho cremoso de abobrinha com tomates marinados e manjericão

Rendimento: 4 porções

INGREDIENTES

Tomates marinados

- 1 xícara (chá) de tomate (sem pele e sem sementes) picado em cubos de 1 cm
- ¼ de xícara (chá) de azeite de oliva extra virgem
- 1 colher (sopa) de folhas de manjericão fresco
- 1 colher (chá) de sal marinho

Molho e massa

- 1½ colher (sopa) de azeite de oliva extra virgem
- 1 colher (chá) de alho finamente picado
- 1 colher (sopa) de cebolinha (parte branca) finamente picada
- ½ colher (chá) de pimenta rosa moída na hora
- 2 xícaras (chá) de abobrinha brasileira picada em cubos de 2 cm
- 2 xícaras (chá) de leite integral
- ½ colher (chá) de sal marinho
- 250 g de espaguete integral grano duro
- queijo parmesão ralado na hora, para servir
- folhas de manjericão fresco, para servir

PREPARO

Tomates marinados

Em uma tigela, coloque os cubinhos de tomate, o azeite, as folhas de manjericão e o sal. Misture bem e deixe marinar por 30 minutos.

Molho e massa

Em uma panela larga, ponha o azeite, o alho, a cebolinha e a pimenta rosa. Leve ao fogo médio e refogue até que o alho fique levemente dourado.

Acrescente os cubos de abobrinha e aumente o fogo. Deixe saltear, mexendo de vez em quando para que todos os pedaços dourem por igual, até que a abobrinha esteja macia ao toque do garfo. Desligue o fogo.

Assim que esfriar um pouco, transfira a abobrinha para o liquidificador. Adicione o leite e o sal e bata até obter um molho homogêneo. Reserve.

À parte, em outra panela, leve ao fogo cerca de 3 litros de água filtrada temperada com um pouco de sal. Quando levantar fervura, acrescente o espaguete e cozinhe até que fique al dente.

Enquanto isso, torne a colocar o molho de abobrinha na panela e leve-o ao fogo somente para aquecer.

Em uma frigideira, coloque os tomates marinados. Leve ao fogo médio para que salteiem rapidamente. Reserve.

Escorra a massa e misture-a ao molho de abobrinha. Sirva com uma porção de tomates marinados por cima, polvilhada com queijo parmesão e folhas de manjericão.

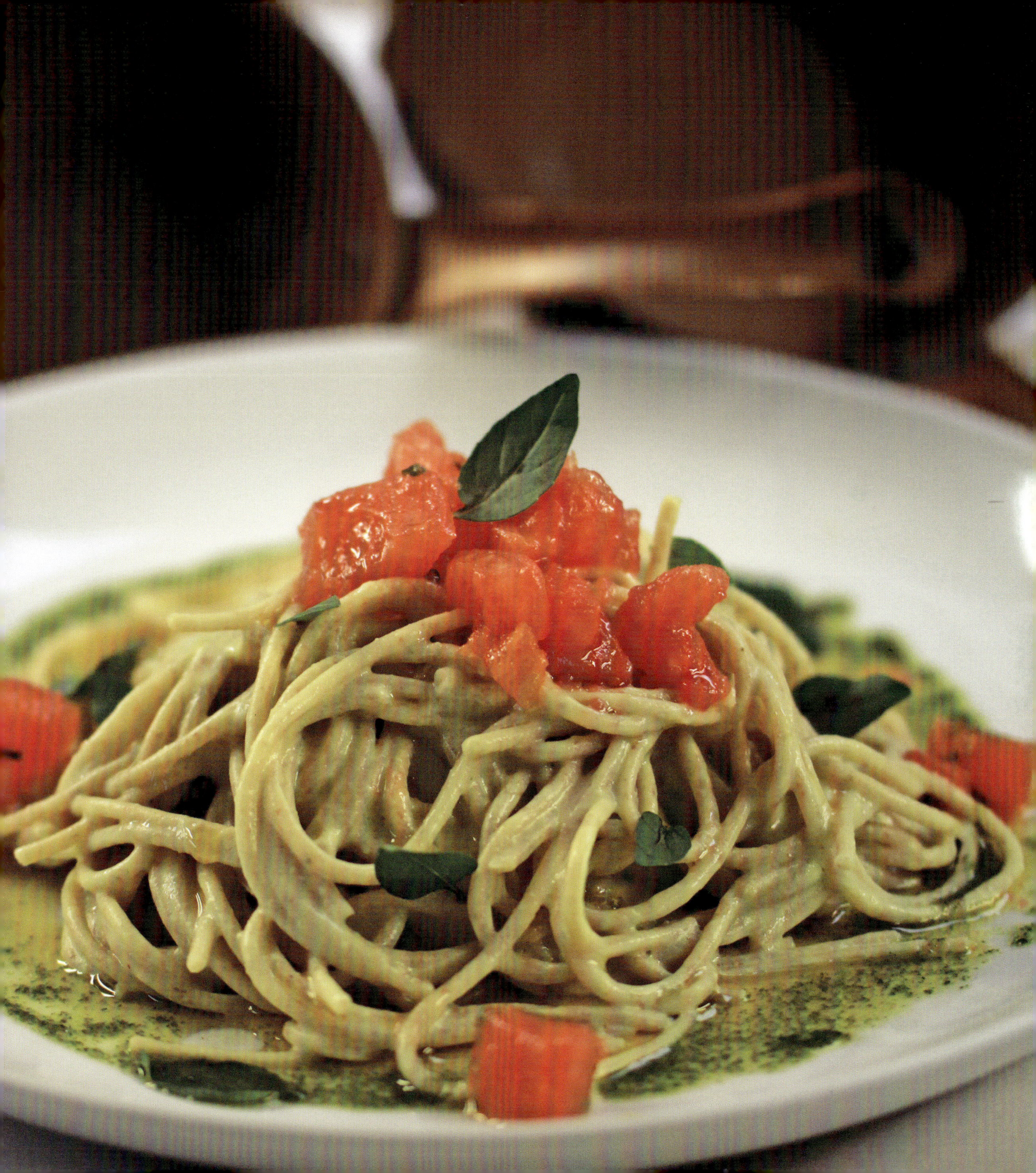

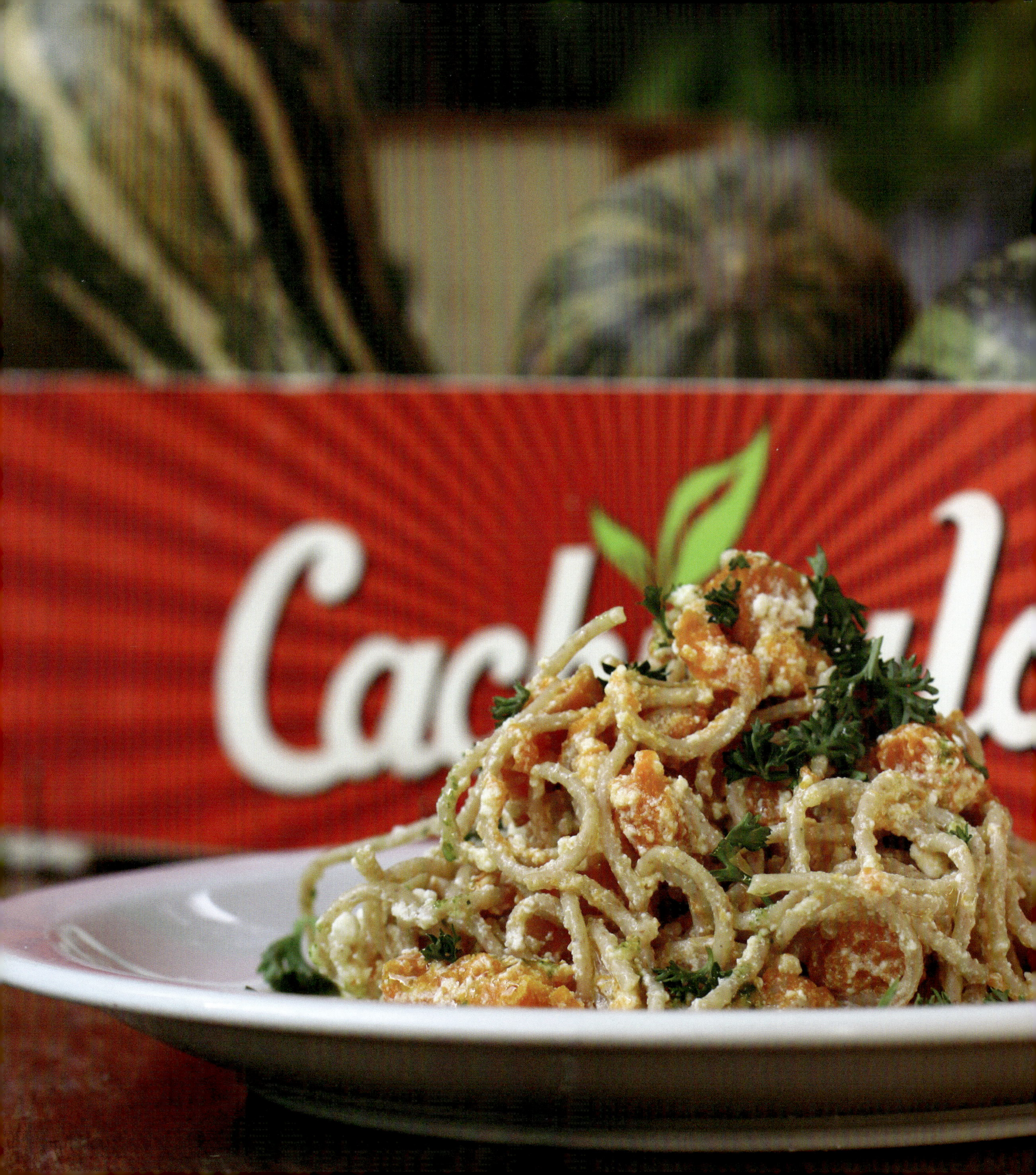

Talharim integral com abóbora e ricota

Rendimento: 4 porções

INGREDIENTES

3 xícaras (chá) de abóbora-moranga cortada em cubos de 2 cm
4 colheres (sopa) de azeite de oliva extra virgem
1 colher (chá) de alho finamente picado
1 colher (chá) de açúcar demerara
1 colher (chá) de sal marinho
½ xícara (chá) de ricota
1 colher (sopa) de cebolinha finamente picada
¼ de xícara (chá) de creme de leite fresco morno
250 g de talharim integral fresco
salsinha fresca finamente picada, para servir
queijo parmesão ralado, para servir
azeite de oliva extra virgem a gosto, para servir

PREPARO

Preaqueça o forno em temperatura alta (200 °C).

Disponha a abóbora em uma assadeira com metade do azeite, o alho, o açúcar e metade do sal. Cubra e leve ao forno por 35 minutos.

Enquanto isso, sobre uma tigela, passe a ricota por uma peneira de furo médio e adicione o restante do sal e a cebolinha.

Em uma panela, junte a abóbora assada, a ricota, o creme de leite e o restante do azeite e leve ao fogo para aquecer.

Em outra panela grande, leve ao fogo cerca de 3 litros de água temperada com sal. Quando levantar fervura, acrescente o espaguete e cozinhe até que fique al dente.

Escorra a massa e misture-a delicadamente ao molho. Polvilhe a salsinha e o queijo parmesão e sirva.

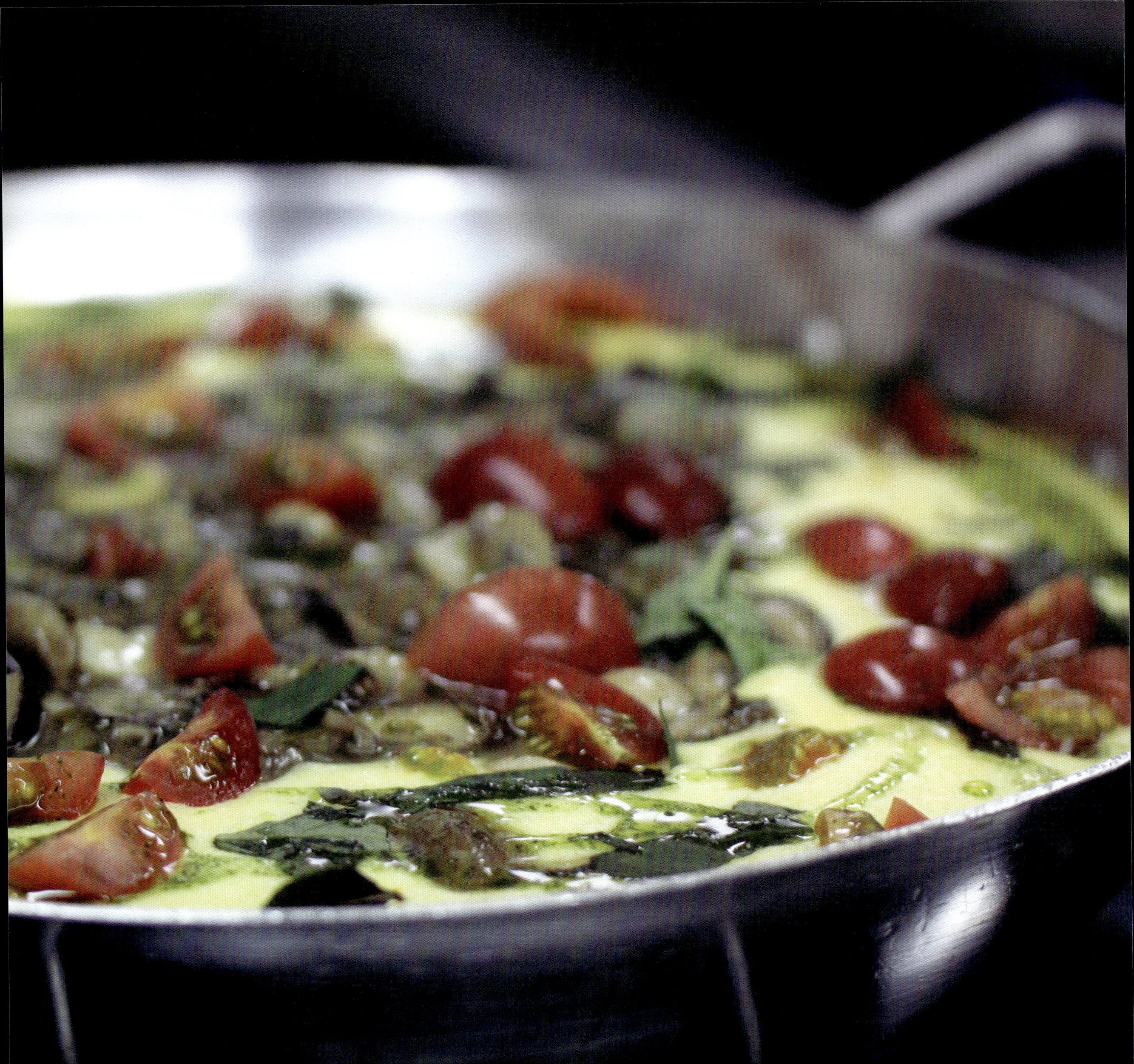

Polenta cremosa com cogumelos ao vinho Madeira

Rendimento: 4 porções

INGREDIENTES

Polenta

1 litro de caldo de legumes (ver receita na pág. 16)
500 ml de creme de leite fresco
½ colher (chá) de açafrão
1½ xícara (chá) de fubá italiano
1½ colher (chá) de sal marinho

Cogumelos

2 colheres (sopa) de azeite de oliva extra virgem
½ xícara (chá) de alho-poró finamente picado
ramos de tomilho fresco
1 colher (chá) de grãos de pimenta rosa
5 xícaras (chá) de cogumelos-de-paris ou portobello (cerca de 500 g) cortados em lâminas
½ xícara (chá) de vinho Madeira, ou do Porto
½ colher (sopa) de amido de milho
1 colher (chá) rasa de sal marinho
ciboulette finamente picada, para servir
azeite de oliva extra virgem a gosto, para finalizar

PREPARO

Polenta

Em uma panela, misture o caldo de legumes, o creme de leite e o açafrão (já dissolvido em um pouquinho do caldo de legumes).

Leve ao fogo médio e vá acrescentando o fubá aos poucos, mexendo contínua e vigorosamente com um fouet (batedor de arame) para que o fubá não empelote.

Depois que engrossar (após cerca de 15 minutos de cozimento), ajuste o sal e retire do fogo.

Coloque a polenta em uma frigideira larga, com tampa. Reserve.

Cogumelos

Em outra frigideira, ponha o azeite, o alho-poró, os ramos de tomilho e os grãos de pimenta rosa. Leve ao fogo médio e salteie por 1 minuto.

Adicione as lâminas de cogumelos e salteie por mais 3 minutos.

Junte o vinho Madeira, o amido de milho, já dissolvido em 3 colheres (sopa) do vinho, e tempere com o sal. Misture bem e deixe cozinhar por mais 2 minutos.

Sirva sobre a polenta cremosa. Polvilhe a ciboulette e regue com um bom fio de azeite.

Dica: Para dar cor e sabor, disponha 1 xícara (chá) de tomate-cereja cortado ao meio sobre a polenta antes de servir.

Nhoque de arroz integral com manteiga clarificada e ervas

Rendimento: 4 porções

INGREDIENTES

Massa

- 1 xícara (chá) de arroz cateto integral biodinâmico
- 2½ xícaras (chá) de água filtrada
- 1 xícara (chá) de leite integral
- 2 ovos caipiras
- 2 colheres (sopa) de manteiga em temperatura ambiente
- 1 colher (chá) de sal marinho
- 2 xícaras (chá) de semolina
- semolina ou farinha de trigo comum suficiente para polvilhar

Molho

- 2 colheres (sopa) cheias de manteiga clarificada (ver receita na pág. 16)
- 1 dente de alho fatiado em lâminas finas
- 1 colher (sopa) de cada uma das seguintes ervas frescas picadas: manjericão, salsinha, ciboulette, cebolinha verde, alecrim e sálvia
- 2 xícaras (chá) de tomate bem maduro e firme sem pele e sem sementes picado em cubos de 1 cm
- ½ colher (chá) de sal marinho
- queijo parmesão ralado na hora, para servir

PREPARO

Massa

Ponha o arroz e a água na panela de pressão. Leve ao fogo e, depois que o pino começar a mexer, cozinhe em fogo baixo por 20 minutos (depois de cozido, o arroz deve ficar empapado).

Deixe o arroz esfriar um pouco e coloque-o no liquidificador, com o leite, os ovos, a manteiga e o sal. Bata até obter uma mistura bem homogênea.

Transfira a mistura para uma panela e adicione a semolina. Leve ao fogo médio e cozinhe até que desgrude do fundo da panela, misturando continuamente com uma colher de pau (são 5 minutos de cozimento).

Retire do fogo e despeje o conteúdo da panela em uma superfície lisa e fria (como mármore ou aço inox) polvilhada com semolina. Deixe a massa amornar e divida-a em várias porções. Com as mãos, role as porções de massa, formando cordões com cerca de 2 centímetros de espessura. Com uma faca, corte os cordões em pedaços de cerca de 2 cm de comprimento.

Em uma panela com bastante água filtrada fervente, temperada com sal, cozinhe alguns pedaços de nhoque por vez. À medida que eles subirem, retire-os da água com uma escumadeira e transfira-os para um pirex ou uma travessa de louça com um fio de azeite.

Molho

Em uma frigideira grande e larga, de fundo grosso, coloque a manteiga clarificada e as lâminas de alho. Leve ao fogo médio e salteie até que o alho fique ligeiramente dourado.

Adicione as ervas frescas, os cubinhos de tomate e o sal. Deixe saltear até que o tomate apure um pouco, de 3 a 4 minutos.

Acrescente o nhoque cozido e salteie por mais 1 minuto. Sirva com queijo parmesão a gosto.

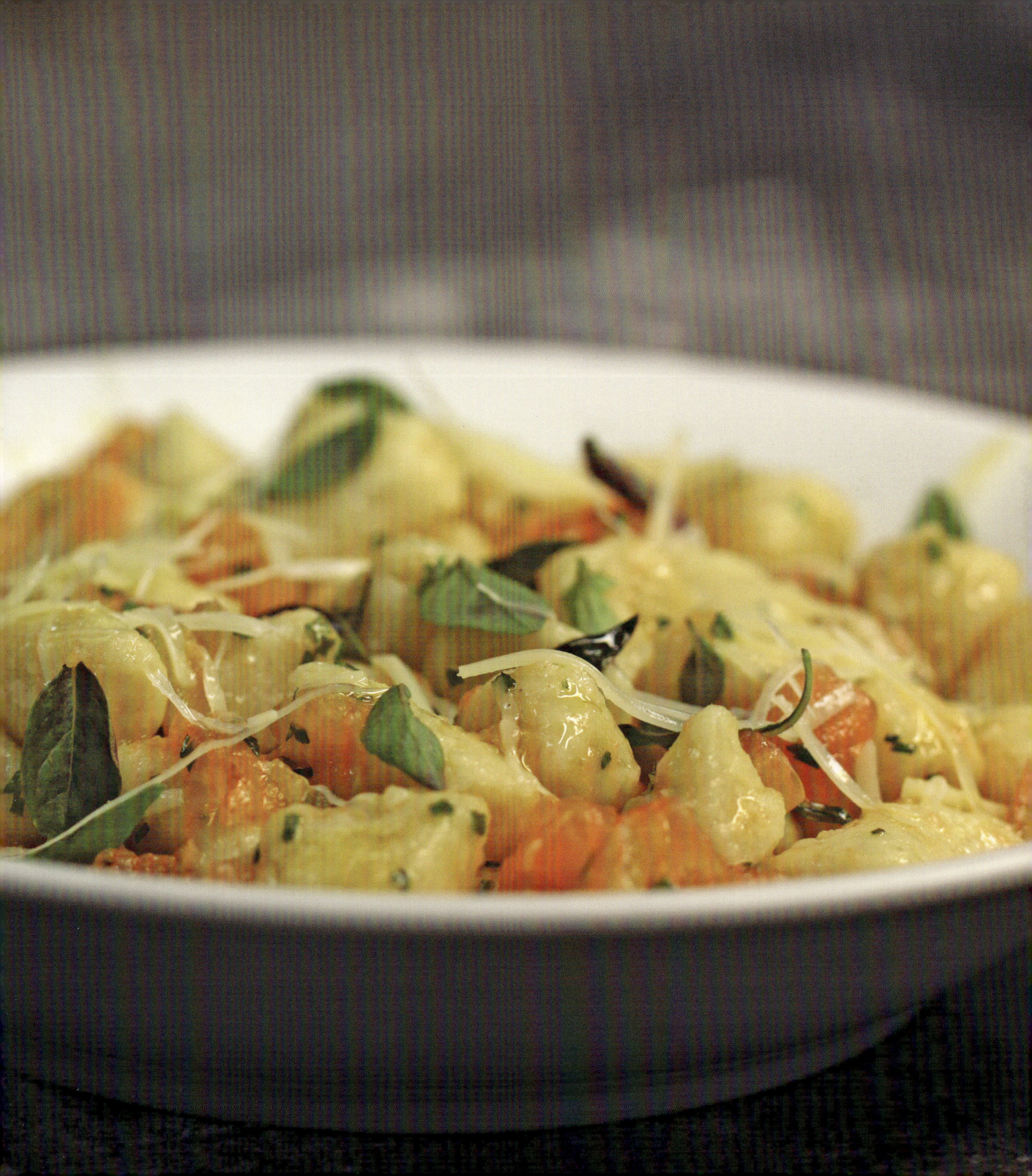

Penne de milho ao molho de castanhas de caju com cogumelos marinados

Rendimento: 4 porções

INGREDIENTES

Cogumelos marinados

2 xícaras (chá) de cogumelos-de-paris frescos
¼ de xícara (chá) de shoyu Daimaru
¼ de xícara (chá) de azeite de oliva extra virgem
2 colheres (sopa) de ciboulette finamente picada

Molho e massa

1 xícara (chá) de castanhas de caju cruas, sem sal
1 xícara (chá) de água de coco natural
1 colher (sopa) de suco de limão
¼ de colher (chá) de alho picado
1 colher (sopa) de salsinha picada
1 colher (chá) de sal marinho
500 g de penne de milho, ou de arroz

PREPARO

Cogumelos marinados

Lave cuidadosamente cada cogumelo em água corrente, retirando a terra e as impurezas. Escorra-os bem e corte-os em lâminas finas. Coloque-os em uma tigela e misture o restante dos ingredientes. Deixe marinar e reserve.

Molho e massa

Cubra as castanhas de caju com água filtrada, fria, e deixe-as de molho durante 8 horas. Escorra a água e descarte-a.

Coloque as castanhas no liquidificador com a água de coco e processe. Adicione o suco de limão, o alho, a salsinha e o sal. Bata novamente até obter um creme homogêneo.

Em uma panela grande, leve ao fogo cerca de 5 litros de água filtrada temperada com um pouco de sal. Quando levantar fervura, acrescente a massa e cozinhe-a até que fique al dente.

Escorra a massa e misture delicadamente o creme de castanhas de caju. Coloque nos pratos e sirva com os cogumelos marinados por cima.

Dica: Para preparar o molho mais rapidamente, cubra as castanhas-de-caju com água fervente por 30 minutos. Escorra e utilize-as no preparo.

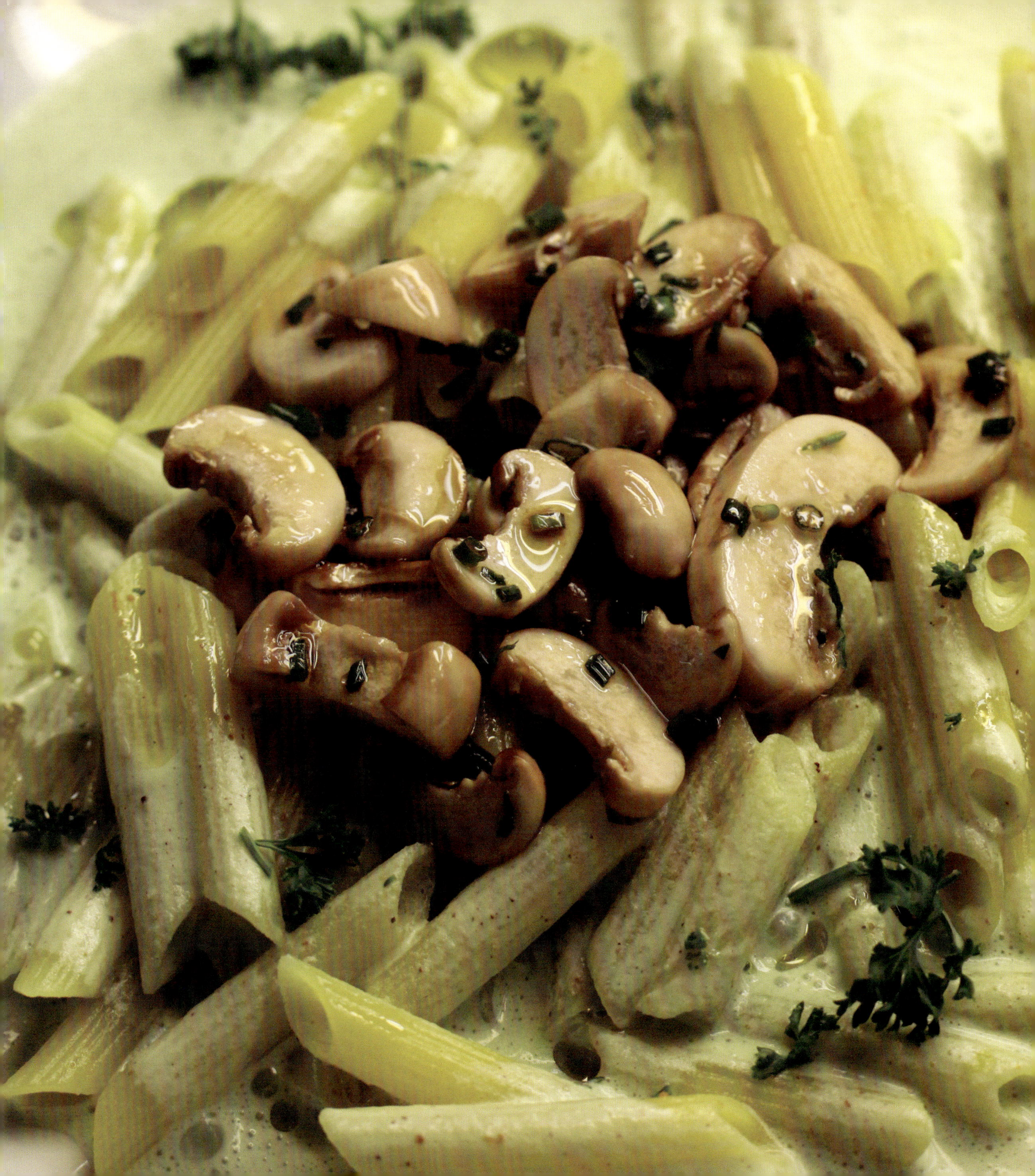

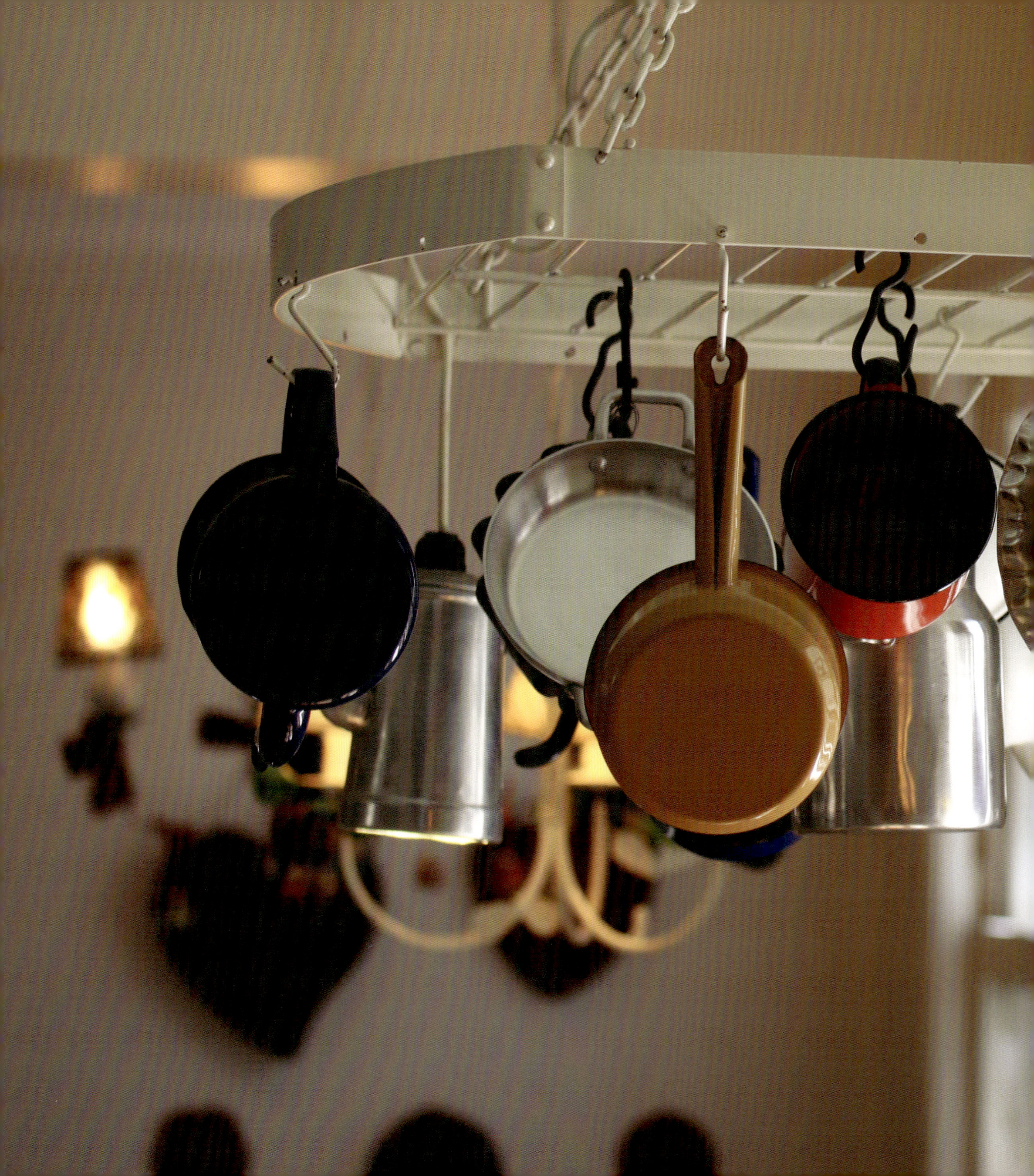

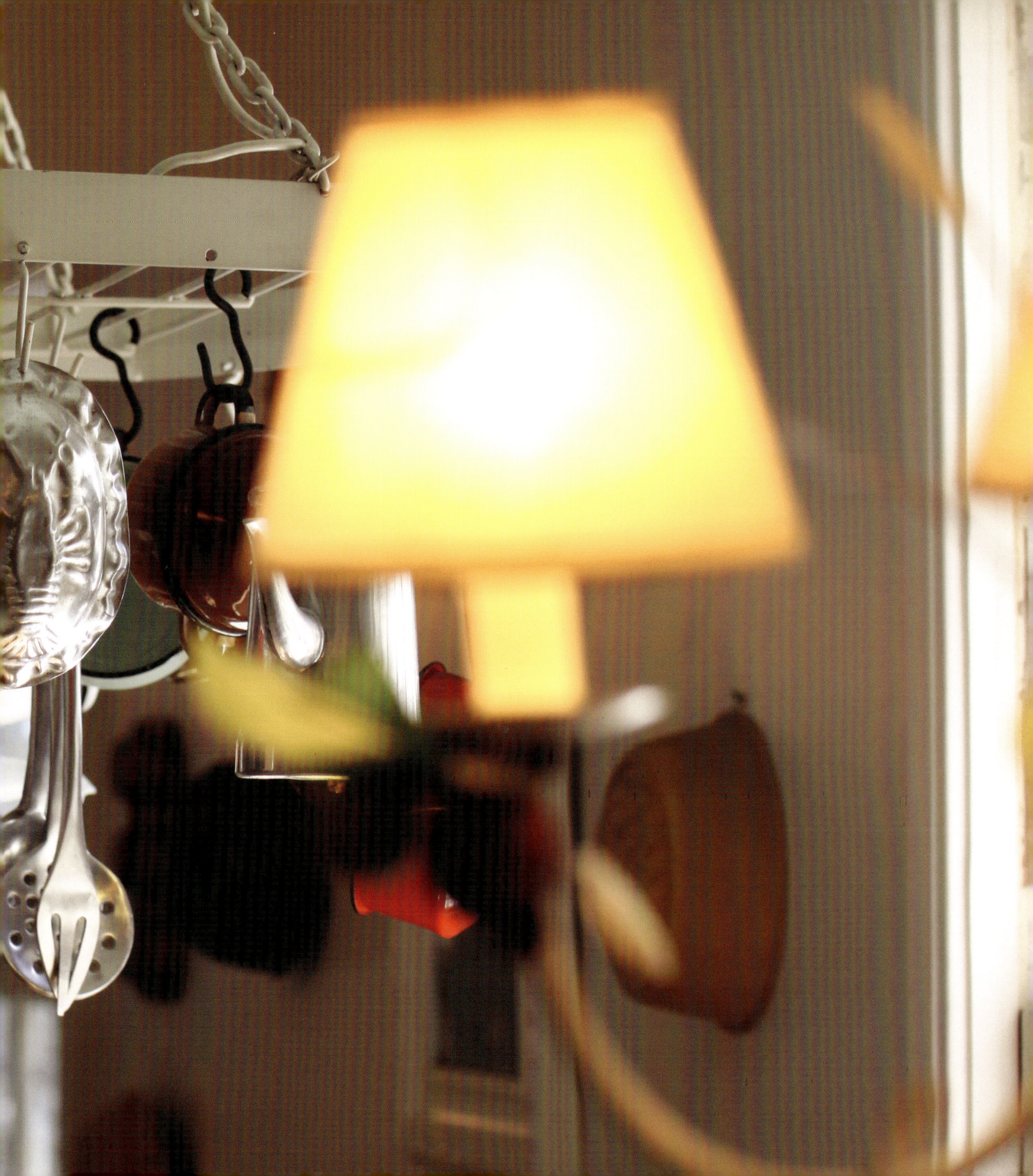

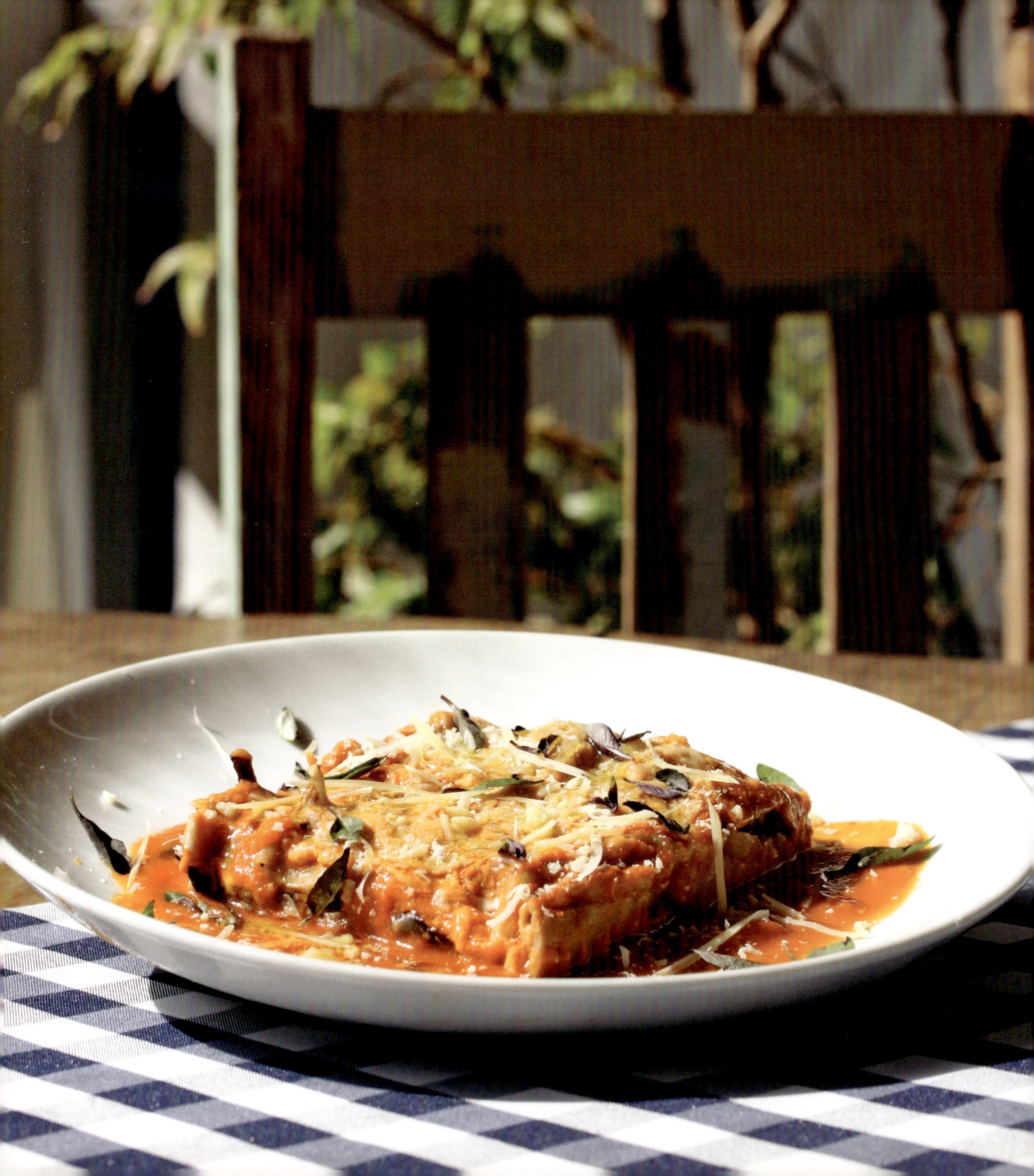

Lasanha de berinjela, manjericão, mozarela e molho de tomate

Rendimento: 8 porções

MATERIAL

1 pirex ou 1 assadeira de 42 cm de comprimento x 30 cm de largura x 7 cm de altura

INGREDIENTES

6-7 berinjelas cortadas em rodelas de 1 cm (cerca de 40 rodelas)
azeite de oliva extra virgem para untar
1 colher (sopa) de cebolinha finamente picada
1 colher (sopa) de folhas de manjericão picadas
1 colher (chá) de orégano seco
3 colheres (sopa) de azeite de oliva extra virgem
3 xícaras (chá) de molho de tomate (ver receita na pág. 16)
12 folhas de lasanha fresca (14 cm x 22 cm, ver receita na pág. 18)
300 g de mozarela ralada
100 g de queijo parmesão ralado
folhas de manjericão

PREPARO

Preaqueça o forno em temperatura média (180 °C).

Disponha as rodelas de berinjela em uma assadeira untada com azeite e leve ao forno por 20 minutos. Vire as rodelas e ponha a assadeira de volta no forno por mais 20 minutos.

Em uma tigela, misture a berinjela assada com a cebolinha, o manjericão, o orégano e o azeite. Reserve.

Coloque um pouco do molho de tomate no pirex e disponha 4 folhas de lasanha no fundo, forrando-o por igual. Disponha as rodelas de berinjela por cima e salpique com metade da mozarela e um pouco do molho. Cubra novamente com 4 lâminas de lasanha e repita todo o procedimento, finalizando com uma camada de massa. Cubra com o restante do molho, salpique com o parmesão e folhas de manjericão e leve ao forno por 15 minutos.

Lasanha de legumes com dois molhos

Rendimento: 8 porções

MATERIAL

1 pirex ou 1 assadeira de 42 cm de comprimento x 30 cm de largura x 7 cm de altura

INGREDIENTES

azeite de oliva extra virgem para saltear os legumes
½ xícara (chá) de cebolinha verde finamente picada
½ xícara (chá) de folhas de manjericão
1 xícara (chá) de cenoura cortada em rodelas finas
1 xícara (chá) de alho-poró cortado em rodelas finas
1 xícara (chá) de salsão cortado em rodelas finas
1 xícara (chá) de ervilhas frescas
1 xícara (chá) de abobrinha italiana cortada em rodelas finas
1 xícara (chá) de cogumelos-de-paris laminados
3 xícaras (chá) de molho de tomate (ver receita na pág. 16)
3 xícaras (chá) de molho branco (ver receita na pág. 17)
12 folhas de lasanha fresca (14 cm x 22 cm, ver receita na pág. 18)
queijo parmesão ralado para polvilhar
sal a gosto

PREPARO

Em uma panela, coloque um fio de azeite, 1 colher (chá) de cebolinha, 1 colher (chá) de manjericão e a cenoura e leve ao fogo médio. Salteie por 2 minutos e acrescente uma pitada de sal marinho. Retire da panela e reserve.

Repita o mesmo procedimento com cada um dos demais legumes – o alho--poró, o salsão, as ervilhas, a abobrinha e os cogumelos –, acrescentando uma pitada de sal a cada um. Reserve.

Preaqueça o forno em temperatura média (180 °C).

Ponha metade do molho de tomate no pirex e disponha 4 folhas de lasanha no fundo, forrando-o por igual. Espalhe por cima as cenouras, o alho-poró e o salsão. Disponha metade do molho branco, 1 colher (sopa) de cebolinha e 1 colher (sopa) de manjericão. Cubra novamente com 4 folhas de lasanha e espalhe as ervilhas, a abobrinha, os cogumelos, o restante do molho de tomate, 1 colher (sopa) de cebolinha e 1 colher (sopa) de manjericão. Cubra com mais 4 folhas de lasanha e o restante do molho branco. Polvilhe o parmesão e leve ao forno para gratinar por 25 minutos.

Retire do forno, salpique com o restante do manjericão fresco e sirva.

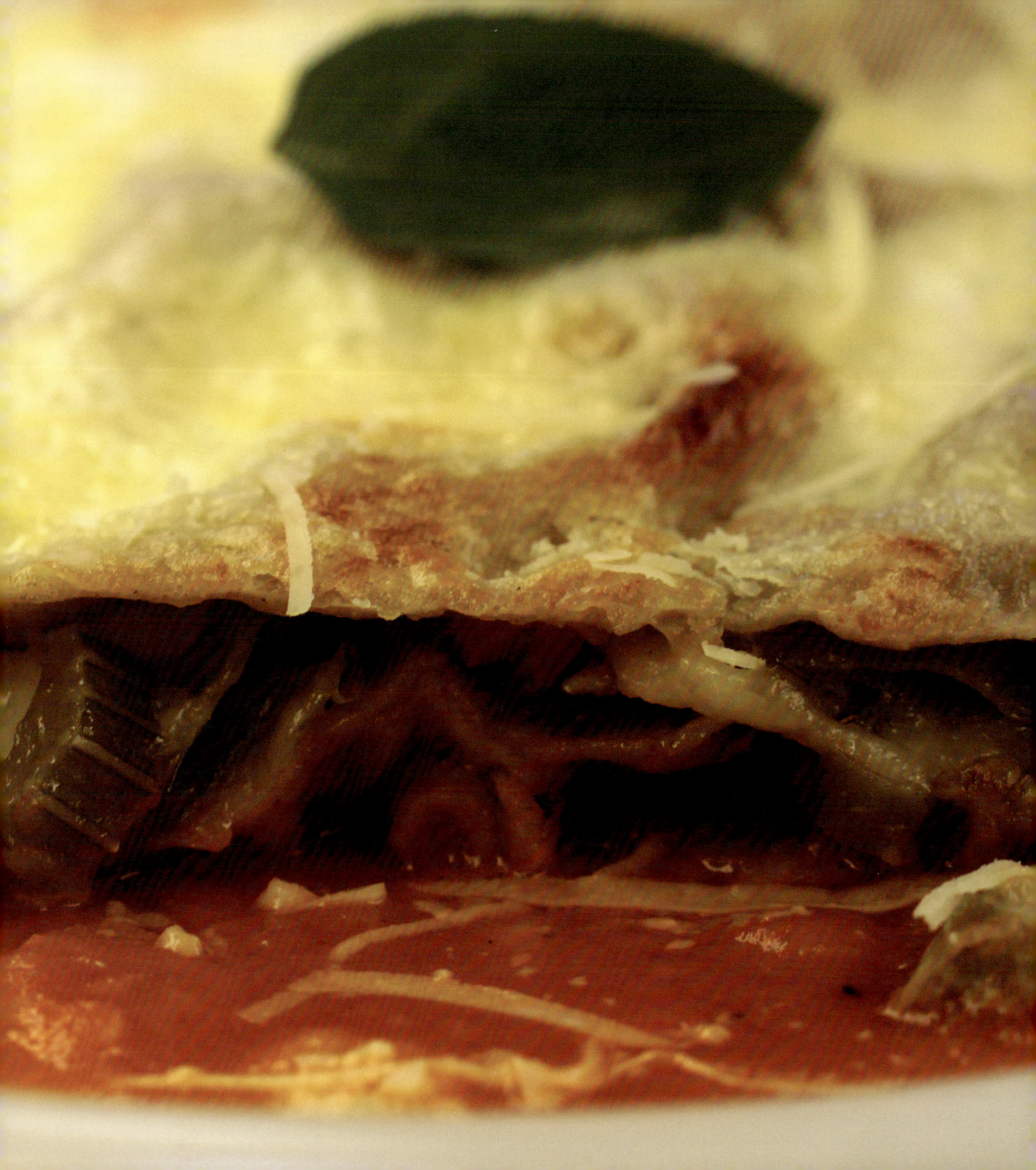

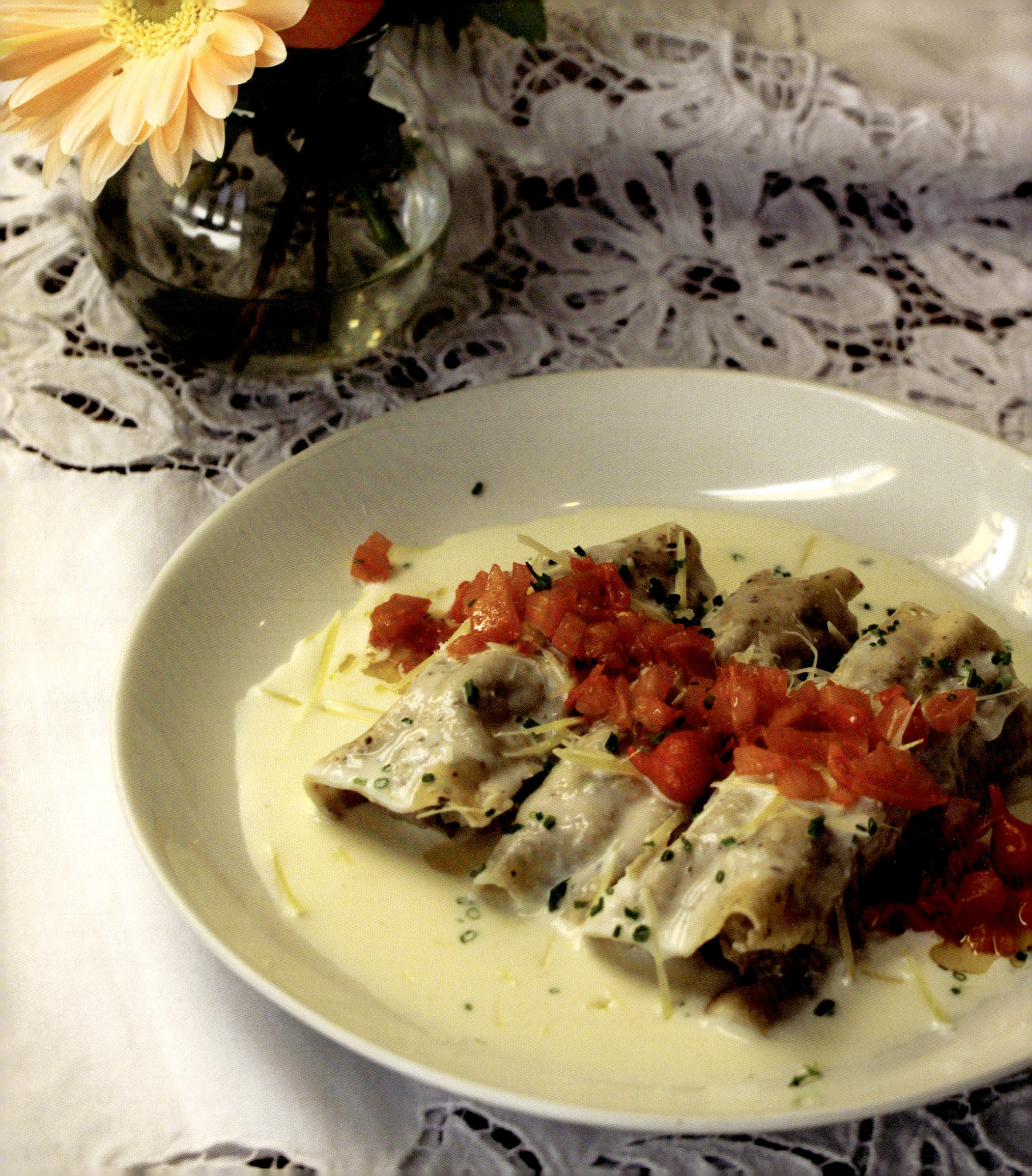

Canelone de palmito e banana com molho branco e salsa de tomate e pimenta biquinho

Rendimento: 8 porções

INGREDIENTES

Recheio

- 3 colheres (sopa) de azeite de oliva extra virgem
- 3 xícaras (chá) de banana-nanica madura cortada em pedaços de 5 cm
- 2 xícaras (chá) de palmito cortado em rodelas de 3 cm
- 1 colher (sopa) de salsinha finamente picada
- 1 colher (sopa) de folhas de manjericão finamente picadas

Salsa

- ¼ de xícara (chá) de tomate sem sementes cortado em tirinhas
- ¼ de xícara (chá) de pimenta biquinho sem sementes finamente picada
- 2 colheres (chá) de salsinha finamente picada
- 2 colheres (chá) de folhas de manjericão picadas
- 2 colheres (chá) de cebolinha finamente picada
- ¼ de xícara (chá) de azeite de oliva extra virgem
- ½ colher (chá) de sal marinho

Montagem

- 2 xícaras (chá) de leite integral
- ½ colher (chá) de sal marinho
- 2 colheres (sopa) de folhas de manjericão
- 17 folhas de massa de canelone (10 cm x 10 cm, ver receita na pág. 18)
- 200 g de mozarela ralada
- molho branco suficiente para cobrir os canelones (ver receita na pág. 17)
- 2 colheres (sopa) de queijo parmesão ralado

PREPARO

Recheio

Coloque metade do azeite em uma panela e leve ao fogo baixo. Acrescente a banana e cozinhe por 5 minutos, mexendo de vez em quando. Adicione o palmito, metade da salsinha e metade do manjericão. Cozinhe por mais 5 minutos, mexendo sempre. Acrescente o restante do azeite e das ervas. Desligue o fogo e reserve.

Salsa

Misture todos os ingredientes e reserve. Não vai ao fogo.

Montagem

Preaqueça o forno em temperatura média (180 °C).

Ferva o leite, acrescente o sal e as folhas de manjericão, transfira para o pirex em que serão servidos os canelones e reserve.

Coloque uma folha de canelone sobre uma superfície de trabalho lisa e ponha sobre ela 1 colher (sopa) cheia do recheio e um pouco da mozarela. Enrole delicadamente, formando os canelones. Repita o procedimento até a massa acabar.

Disponha os canelones no pirex com leite. Cubra com papel-alumínio e leve ao forno por 15 ou 20 minutos. Retire do forno e cubra os canelones com o molho branco. Salpique com o parmesão e leve ao forno por mais 5 minutos para gratinar. Regue com a salsa de tomate com pimenta biquinho e sirva.

Canelone de verduras com tomate concassé

Rendimento: 6 porções

INGREDIENTES

Recheio

- 3 colheres (sopa) de azeite de oliva extra virgem
- 1 maço de couve lavado, escorrido e cortado em tiras de 1 cm
- 1 maço de escarola lavado, escorrido e cortado em tiras de 1 cm
- 1 maço de espinafre (só folhas) lavado, escorrido e cortado em tiras de 1 cm
- 1 xícara (chá) de cebolinha (parte verde) finamente picada
- 1 colher (chá) de alho laminado
- 1 colher (chá) de pimenta rosa moída
- 2 colheres (chá) de sal marinho

Tomate concassé

- 4 colheres (sopa) de azeite de oliva extra virgem
- ½ colher (chá) de pimenta rosa moída
- ¼ de colher (chá) de alho finamente picado
- 1 colher (sopa) de folhas de manjericão
- 2 colheres (sopa) de extrato de tomate orgânico da marca Aécia
- 1 xícara (chá) de tomate sem pele e sem sementes cortado em cubos de 1 cm

Montagem

- 2 xícaras (chá) de leite integral
- ½ colher (chá) de sal marinho
- 1 colher (sopa) de ciboulette
- 17 folhas de massa de canelone (10 cm x 10 cm, ver receita na pág. 18)
- 200 g de mozarela ralada
- 1 colher (sopa) de ciboulette finamente picada, para guarnecer
- queijo parmesão ralado, para servir

PREPARO

Recheio

Em uma panela, coloque 1 colher (sopa) de azeite e refogue a couve por 3 minutos, mexendo com uma colher de pau constantemente. Acrescente uma pitada de sal, misture e desligue o fogo. Transfira para um prato e reserve.

Na mesma panela, repita o procedimento com a escarola e depois com o espinafre.

Quando todas as verduras estiverem refogadas, coloque-as em um escorredor de macarrão apoiado sobre uma bacia e deixe escorrer bem por 10 minutos. Retire as verduras do escorredor, descartando o caldo da bacia, e coloque-as em uma tigela. Adicione a cebolinha, o alho, a pimenta rosa moída e o sal. Misture bem e reserve.

Tomate concassé

Em uma frigideira, coloque 1 colher (sopa) de azeite, a pimenta rosa, o alho, as folhas de manjericão e o extrato de tomate e refogue por 1 minuto. Acrescente o tomate e salteie rapidamente. Desligue o fogo, adicione o restante do azeite e misture. Reserve.

Montagem

Ferva o leite, acrescente o sal e a ciboulette, transfira para o pirex em que serão servidos os canelones e reserve.

Preaqueça o forno em temperatura média (180 °C).

Coloque uma folha de canelone sobre uma superfície de trabalho lisa e ponha sobre ela 1 colher (sopa) cheia das verduras refogadas e um pouco da mozarela. Enrole delicadamente, formando os canelones. Repita o procedimento até a massa acabar.

Disponha os canelones no pirex com o leite. Cubra com papel-alumínio e leve ao forno por 15 ou 20 minutos. Retire do forno, cubra com o tomate concassé, guarneça com a ciboulette, salpique com o parmesão ralado e sirva.

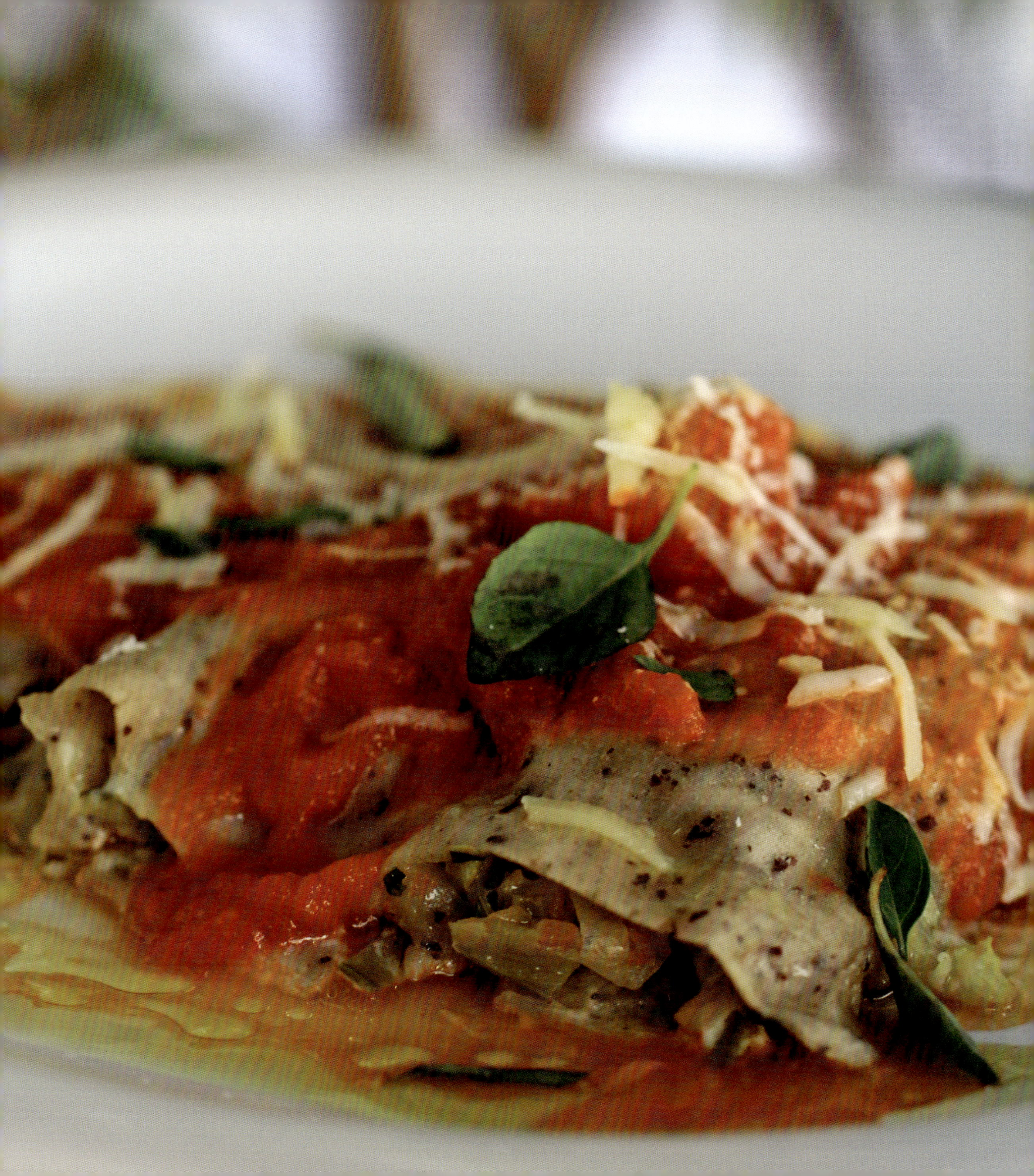

Grãos

89 Cuscuz marroquino com berinjela, pera e tomate
90 Salada de lentilha libanesa germinada, uvas, azeitonas e manjericão
92 Salada de vegetais com feijão-vermelho ao molho de raiz-forte e especiarias
95 Quinoa com brócolis, tofu assado e cogumelos shimeji
96 Terrine de quinoa negra com abacate, yacon, tomate e manjericão

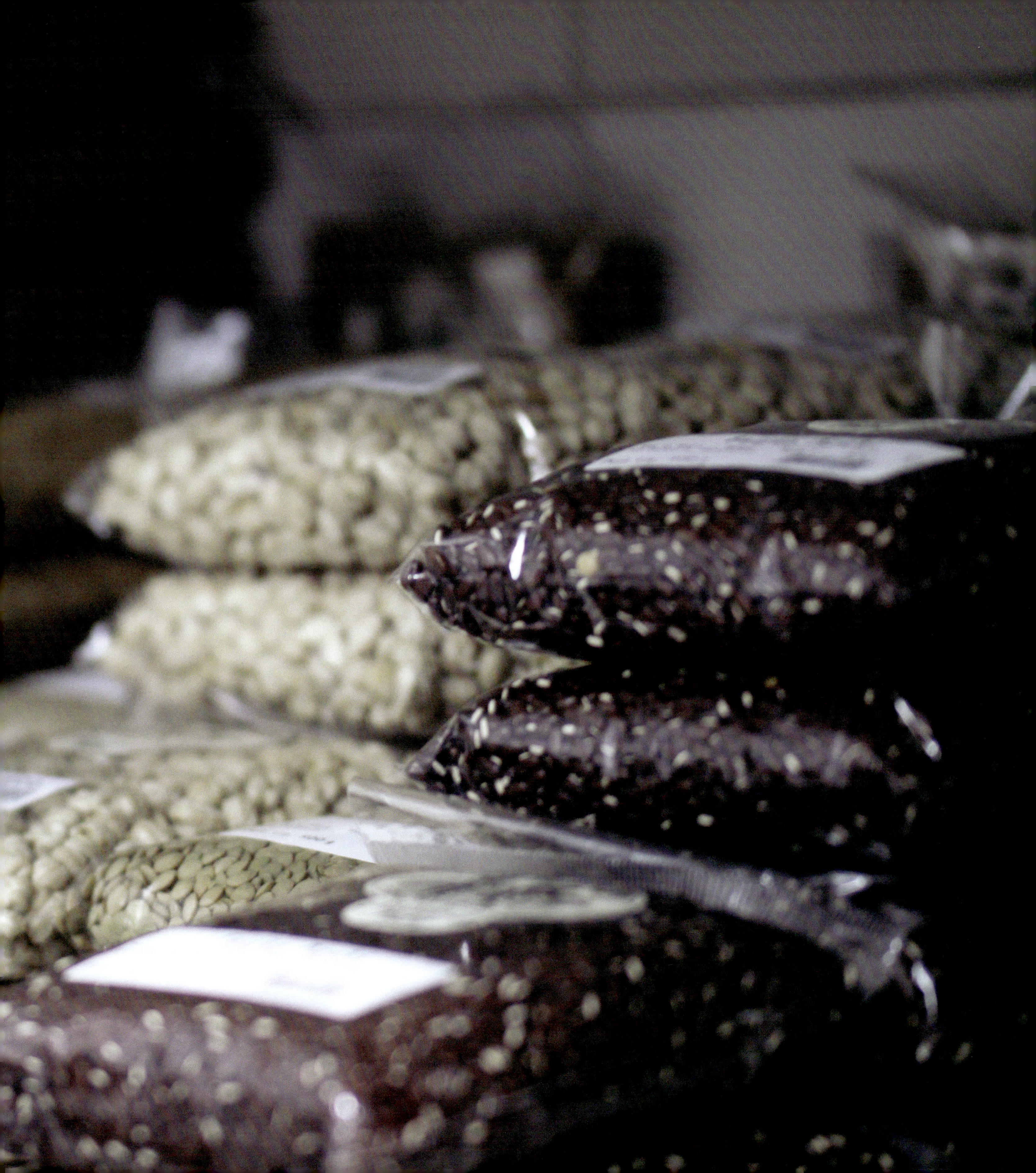

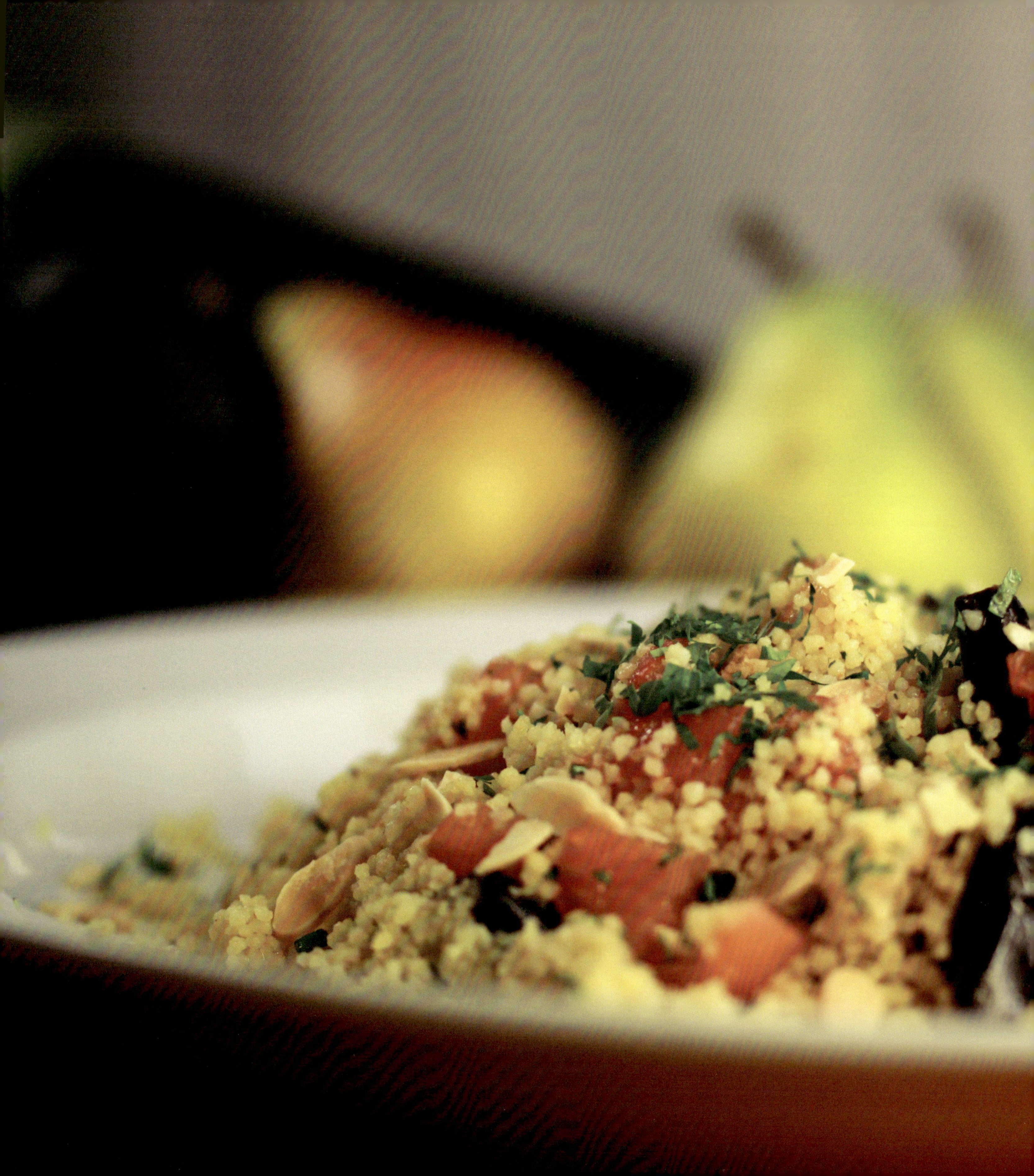

Cuscuz marroquino com berinjela, pera e tomate

Rendimento: 6 a 8 porções

INGREDIENTES

Cuscuz
3 xícaras (chá) de sêmola de trigo
½ colher (chá) de açafrão-da-terra (cúrcuma)
½ colher (chá) de sal marinho
2 xícaras (chá) de caldo de legumes fervente (ver receita na pág. 16)
2 colheres (sopa) de azeite de oliva extra virgem

Legumes
1 berinjela grande, com a casca, cortada graúdo em diagonal
½ pimentão grande cortado em diagonal
3 colheres (sopa) de azeite de oliva extra virgem
1½ colher (chá) de sal marinho
1 pera firme e madura, cortada em lâminas de 0,5 cm de espessura, com a casca

Montagem
4 tomates firmes, sem pele e sem sementes, cortados em 8 gomos cada um
¼ de xícara (chá) de folhas de manjericão

Dica: Não use tomates muito maduros porque eles soltarão água e encharcarão o prato.

PREPARO

Cuscuz
Em uma panela, coloque a sêmola, a cúrcuma e o sal e leve ao fogo baixo. Adicione o caldo e misture continuamente por 5 minutos. Desligue o fogo e tampe a panela. Passados 2 minutos, destampe e revolva o cuscuz com o garfo. Adicione o azeite e misture novamente. Reserve.

Legumes
Preaqueça o forno em temperatura média (180 °C).

Coloque a berinjela e o pimentão em uma assadeira com 1 colher (sopa) de azeite e ½ colher (chá) de sal e leve ao forno por 30 minutos.

Passado esse tempo, retire a assadeira do forno e reserve os legumes. Na mesma assadeira, coloque a pera e leve ao forno por 15 minutos. Reserve.

Montagem
Em uma travessa, coloque o cuscuz, a berinjela, o pimentão e a pera e misture. Acrescente os tomates, o manjericão, o restante do sal e do azeite e misture novamente. Sirva imediatamente.

Salada de lentilha libanesa germinada, uvas, azeitonas e manjericão

Rendimento: 6 a 8 porções

INGREDIENTES

1 xícara (chá) de lentilha libanesa
6 colheres (sopa) de azeite de oliva extra virgem
2 colheres (sopa) de vinagre de vinho tinto
2 colheres (sopa) de suco de uva
¼ de colher (chá) de sal marinho
1 colher (sopa) de folhas de manjericão fresco
1 colher (chá) de mel
½ xícara (chá) de tomates-cereja cortados ao meio
¾ de xícara (chá) de uvas pretas sem as sementes laminadas
2 colheres (sopa) de azeitonas pretas laminadas no sentido do comprimento

PREPARO

Lave a lentilha em água corrente e deixe de molho por 8 horas em água filtrada. Passado este tempo, coloque-a em uma peneira grande para escorrer. Repita o procedimento e troque a água pelo menos 3 vezes ao dia durante 3 dias.

Passado este tempo, verifique os brotos que já deverão ter surgido nos grãos. O processo de germinação já ocorreu e sua lentilha está pronta para ser temperada e consumida.

Em uma tigela, misture o azeite, o vinagre, o suco de uva, o sal, o manjericão e o mel. Bata com um fouet (batedor de arame) para emulsificar todos os ingredientes. Reserve.

Numa saladeira, coloque a lentilha germinada, os tomates, as uvas e as azeitonas. Regue com o molho reservado e misture delicadamente. Sirva a seguir.

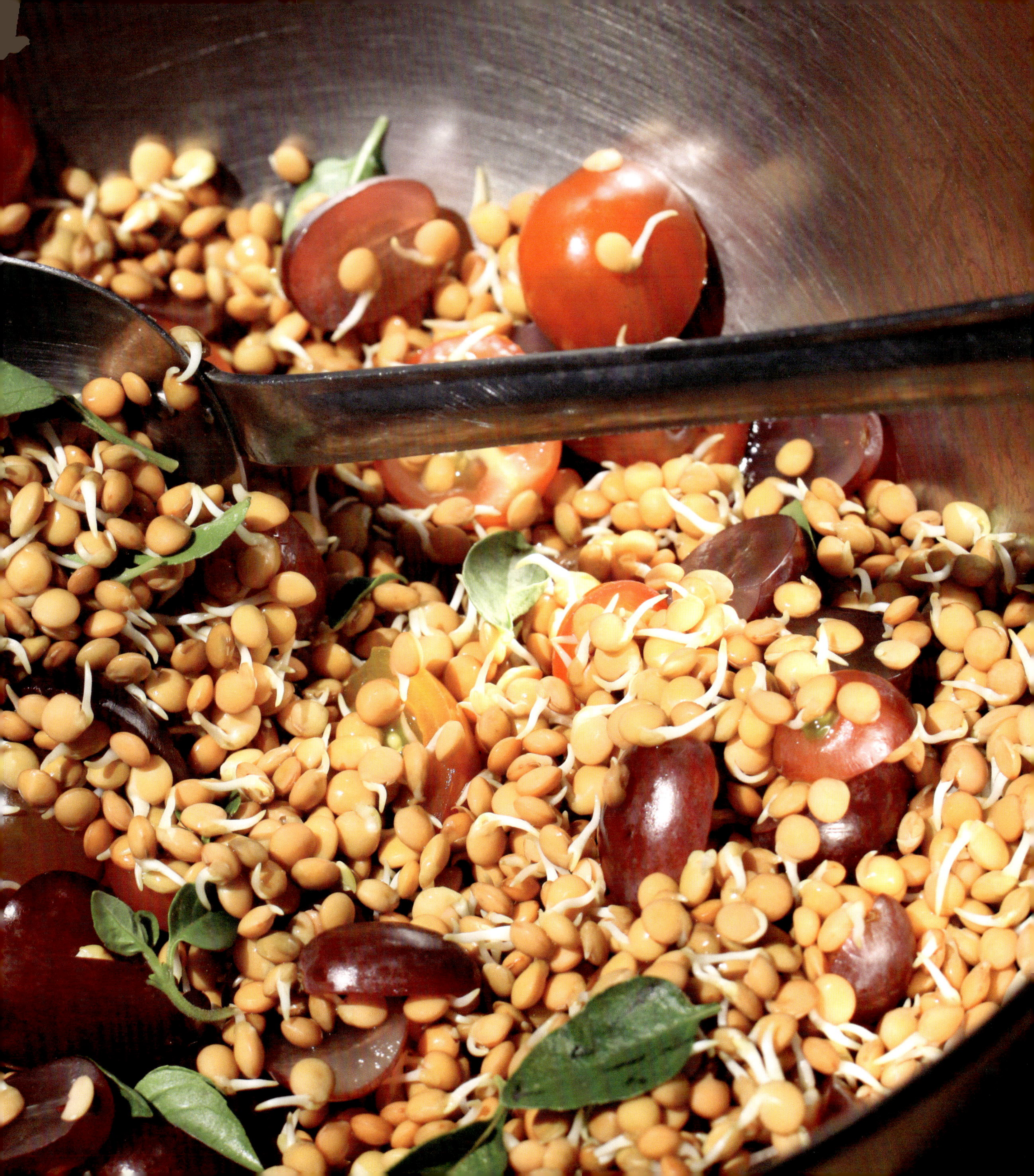

Salada de vegetais com feijão-vermelho ao molho de raiz-forte e especiarias

Rendimento: 6 a 8 porções

INGREDIENTES

Salada

½ xícara (chá) de feijão-vermelho grande
4 xícaras (chá) de caldo de legumes (ver receita na pág. 16)
1 folha de louro
1 colher (chá) bem cheia de sal marinho
4 vagens macarrão cortadas na diagonal em pedaços de 3 cm
½ xícara (chá) de brócolis japonês separados em floretes de 5 cm
2 aspargos frescos cortados em pedaços diagonais de 10 cm
2 cenouras pequenas cortadas em pedaços diagonais de 3 cm
1 xícara (chá) de folhas de espinafre lavadas e secas
¼ de xícara (chá) de folhas de salsinha inteiras

Molho

½ xícara (chá) de azeite de oliva extra virgem
1 colher (sopa) de óleo de gergelim natural prensado a frio
3 colheres (sopa) de vinagre de maçã
1 colher (sopa) de raiz-forte em conserva
¼ de colher (chá) de sal de ervas
2 colheres (chá) de mel de baunilha
½ colher (chá) de endro (dill) seco
½ colher (chá) de páprica doce
½ colher (chá) de orégano seco
½ colher (chá) de grãos de mostarda
um punhado de folhas de manjericão fresco

PREPARO

Salada

Na panela de pressão, coloque o feijão-vermelho, o caldo de legumes, o louro e o sal. Leve ao fogo alto. Quando o pino começar a se mexer, abaixe o fogo e deixe cozinhar por 30 minutos. Para tirar a pressão da panela, coloque-a ainda fechada sob água corrente. Verifique o ponto do feijão – ele deve estar al dente.

Escorra o feijão em uma peneira e reserve o caldo. Enxágue o feijão em água fria, para interromper o cozimento, e espalhe-o em uma assadeira. Reserve.

Coloque o caldo novamente na panela e leve ao fogo alto até levantar fervura. Adicione a vagem, os brócolis, o aspargo e a cenoura e deixe cozinhar por 2 minutos. Retire a panela do fogo e escorra os legumes em uma peneira.

Transfira os legumes para uma tigela e adicione as folhas de espinafre, a salsinha e o feijão reservado. Acrescente o molho de raiz-forte e misture bem. Guarneça com folhas de salsinha e sirva a seguir.

Molho

Coloque todos os ingredientes em uma tigela, exceto o manjericão. Bata com um fouet (batedor de arame) para emulsificar bem todos os ingredientes e obter um molho cremoso. Então adicione as folhas de manjericão e misture delicadamente.

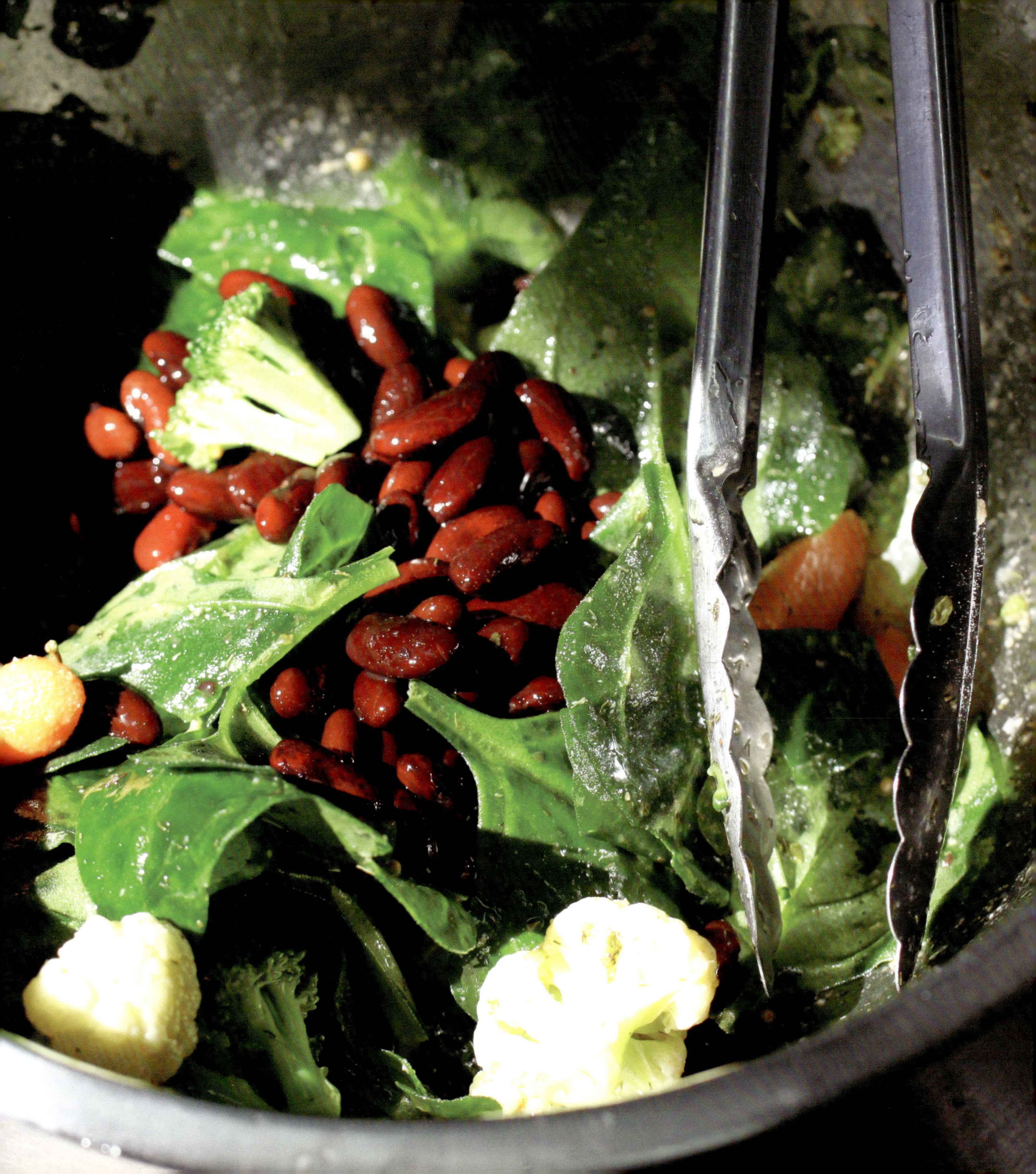

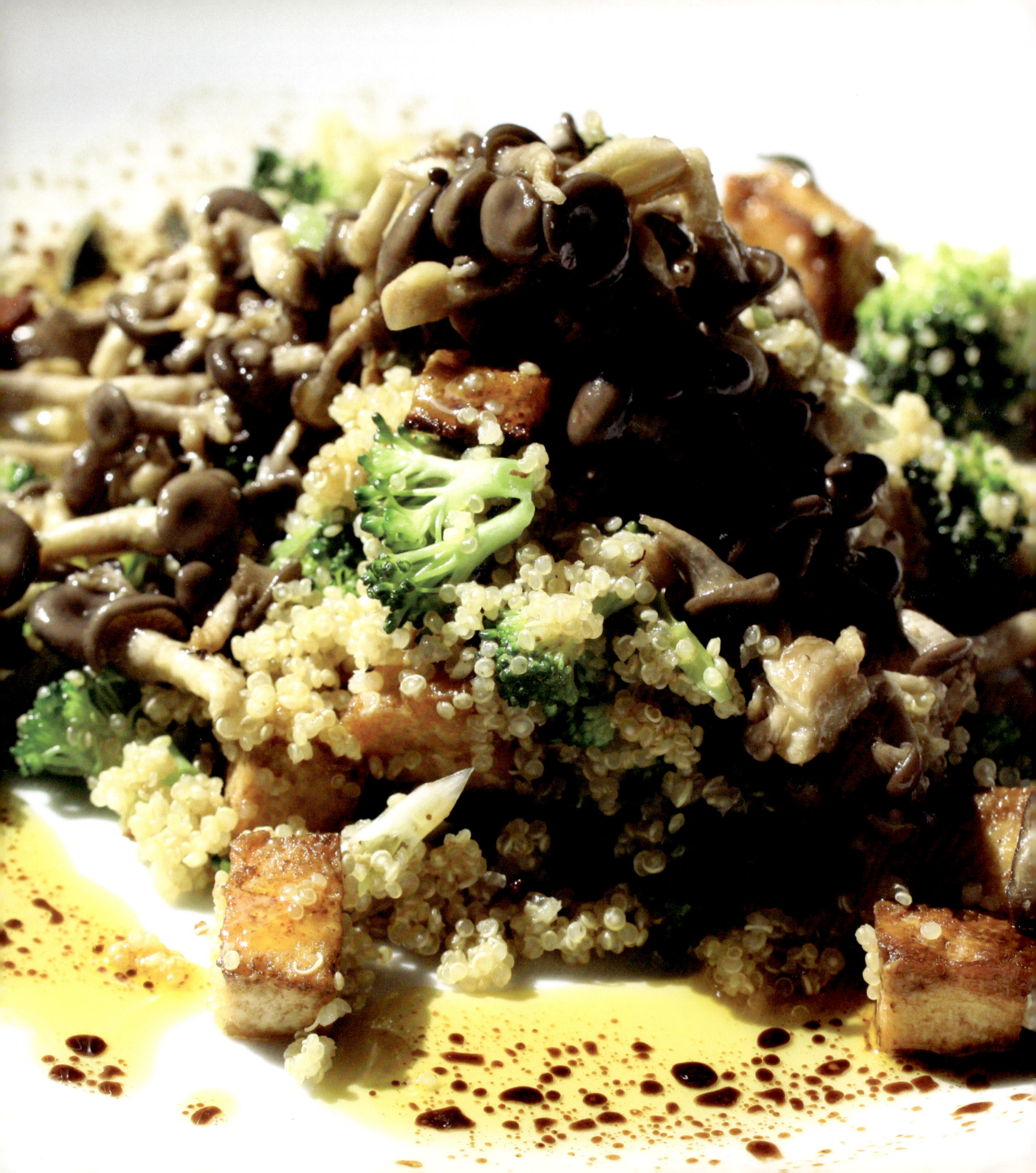

Quinoa com brócolis, tofu assado e cogumelos shimeji

Rendimento: 6 a 8 porções

INGREDIENTES

- 2 colheres (sopa) de castanhas-do-pará finamente laminadas no sentido do comprimento
- ½ xícara (chá) de tofu cortado em cubos de 3 cm
- 8 colheres (sopa) de azeite de oliva extra virgem
- 3 colheres (sopa) de shoyu Daimaru
- 1 xícara (chá) de cogumelos shimeji
- 1 colher (sopa) de ciboulette finamente picada
- 2 colheres (sopa) de mirin (saquê culinário)
- 1 xícara (chá) de quinoa branca em grãos
- 2 xícaras (chá) de caldo de legumes (ver receita na pág. 16)
- 1 colher (sopa) de óleo de gergelim torrado
- 1 colher (sopa) de cebolinha finamente picada
- 1 colher (sopa) de gengibre finamente picado
- 1 xícara (chá) de brócolis japonês separados em floretes

PREPARO

Preaqueça o forno em temperatura média (180 °C).

Em uma assadeira, coloque as lâminas de castanha-do-pará. Em outra assadeira, coloque os cubos de tofu e tempere com 1 colher de azeite e 1 colher de shoyu. Leve as duas assadeiras ao forno por cerca de 10 minutos. Retire do forno e reserve.

Separe os cogumelos shimeji e ponha-os em uma tigela. Acrescente o tofu assado, o restante do azeite, o restante do shoyu, a ciboulette e o saquê. Misture bem e deixe marinar.

Lave a quinoa em água corrente. Escorra bem e coloque-a em uma panela com o caldo de legumes. Leve ao fogo baixo e deixe cozinhar por cerca de 10 minutos.

À parte, aqueça uma frigideira grande e larga em fogo alto. Coloque o óleo de gergelim, a cebolinha, o gengibre e os brócolis e salteie por cerca de 1 minuto. Retire do fogo e misture à quinoa cozida e ao marinado de tofu com shimeji. Misture bem e, na hora de servir, polvilhe as lâminas de castanha-do-pará tostadas.

Terrine de quinoa negra com abacate, yacon, tomate e manjericão

Rendimento: 6 porções

MATERIAL
aro de inox com 9 cm de diâmetro

INGREDIENTES

Terrine
½ xícara (chá) de quinoa negra em grãos
1 xícara (chá) de caldo de legumes (ver receita na pág. 16)
¾ de colher (chá) de sal marinho
3 colheres (sopa) de azeite de oliva extra virgem
1 colher (sopa) de talos de coentro finamente picados
1 colher (sopa) de ciboulette finamente picada
1 xícara (chá) de tomate sem semente cortado em cubos de 0,5 cm
1 colher (sopa) de folhas de manjericão, mais um pouco para finalizar

Molho
4 colheres (sopa) de azeite de oliva extra virgem
1 colher (sopa) de vinagre balsâmico
1 colher (sopa) de suco de limão
¼ de colher (chá) de sal marinho

Montagem
1 xícara (chá) cheia de yacon cortada em cubos de 0,5 cm
1 xícara (chá) cheia de abacate cortado em cubos de 0,5 cm

PREPARO

Terrine
Lave a quinoa em água corrente e escorra. Coloque-a em uma panela e acrescente o caldo de legumes e ½ colher (chá) de sal. Leve para cozinhar em fogo baixo por 10 minutos. Desligue o fogo e espalhe a quinoa em uma assadeira, para interromper o cozimento.

Transfira a quinoa para uma tigela e tempere com 2 colheres (sopa) de azeite, os talos de coentro e a ciboulette. Misture bem e reserve.

Separadamente, tempere o tomate com o restante do azeite e do sal e com o manjericão. Misture bem e reserve.

Molho
Misture todos os ingredientes, batendo até obter uma mistura emulsificada, e reserve.

Montagem
Coloque o aro sobre o prato e faça quatro camadas: primeiro coloque a quinoa; em seguida, o tomate; depois, o abacate; por último, a yacon. Alise e aperte suavemente cada camada com as costas de uma colher para manter a terrine compacta.

Retire o aro, despeje ao redor um generoso fio do molho e sirva com as folhas de manjericão.

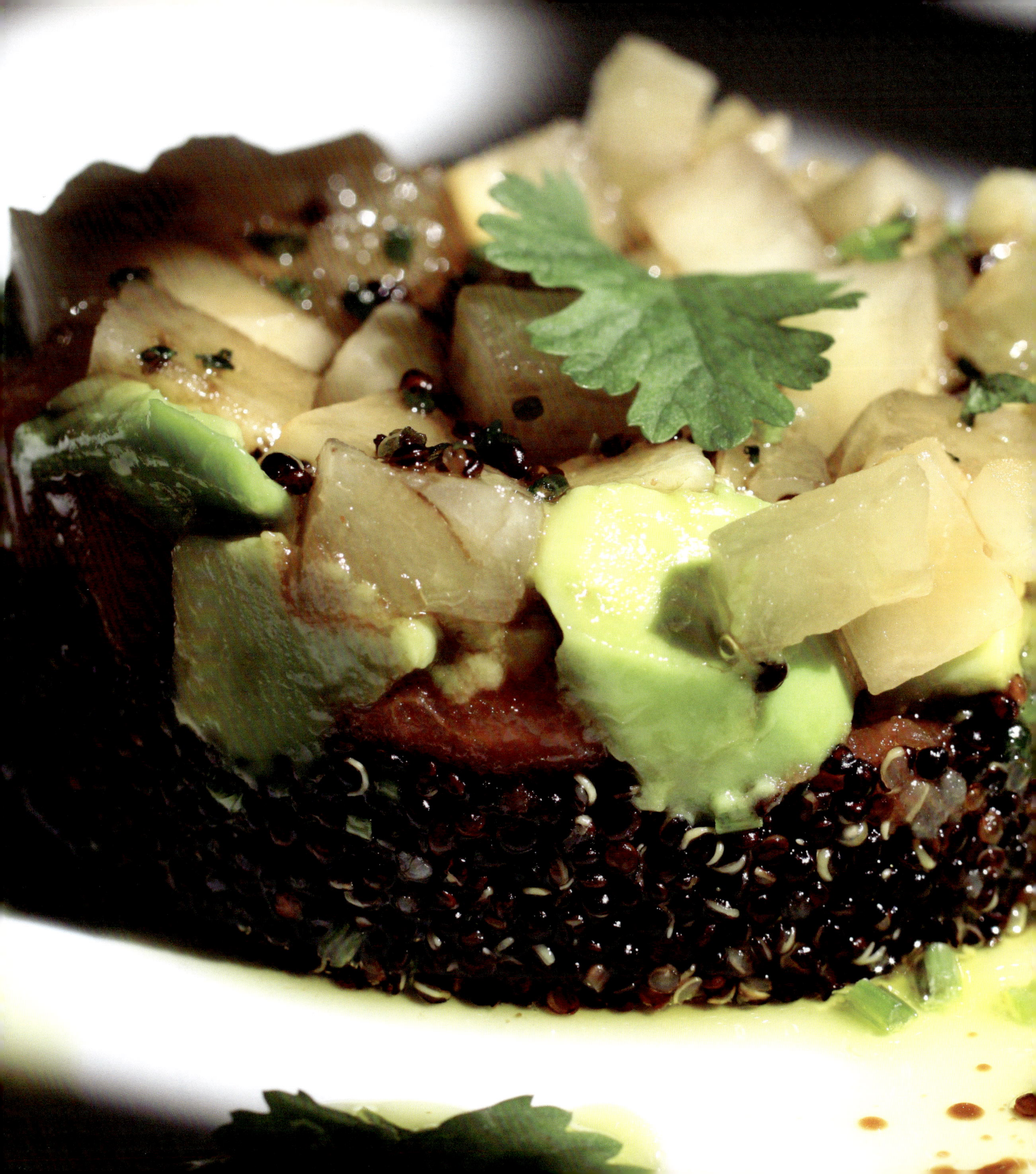

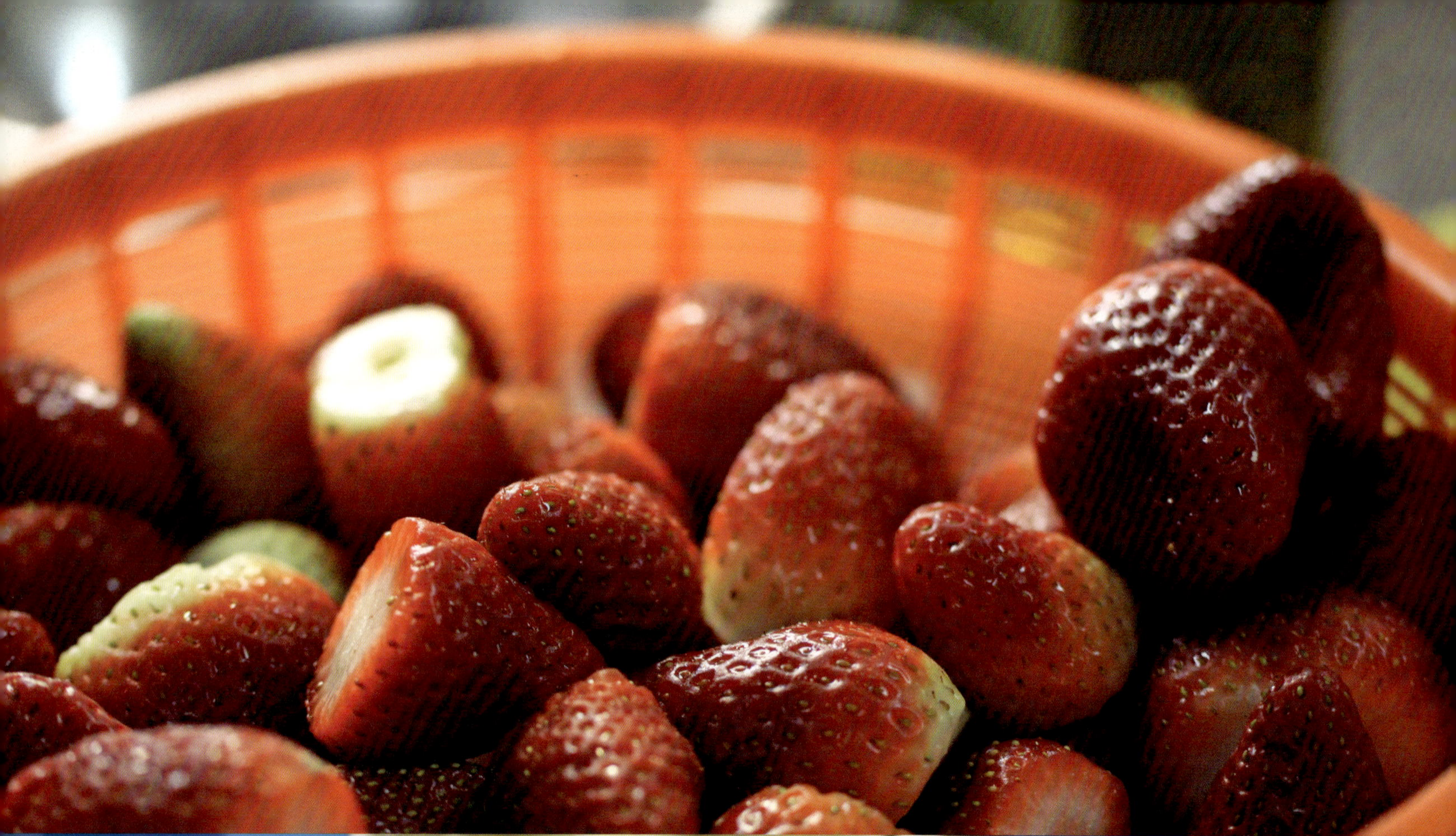
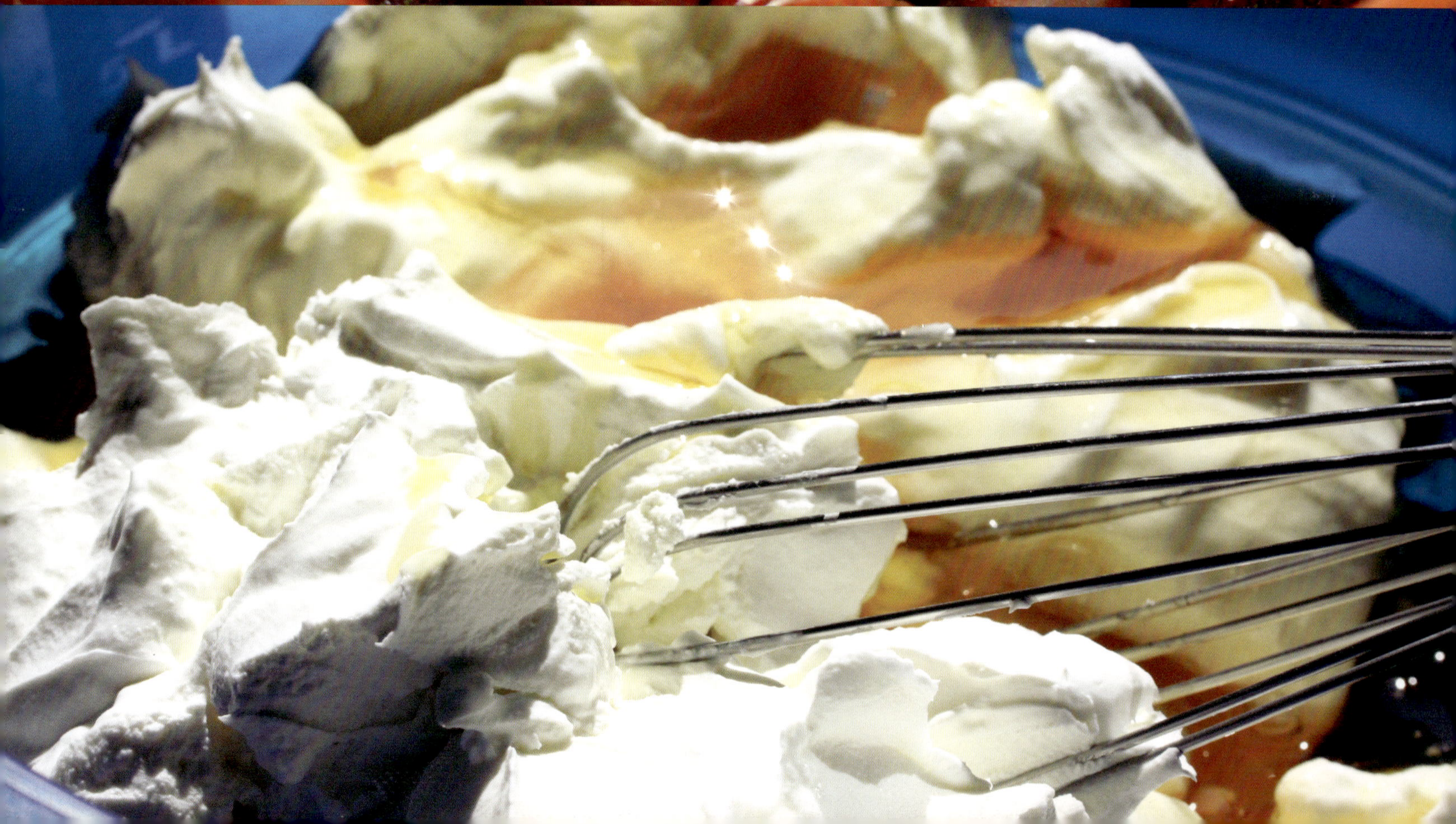

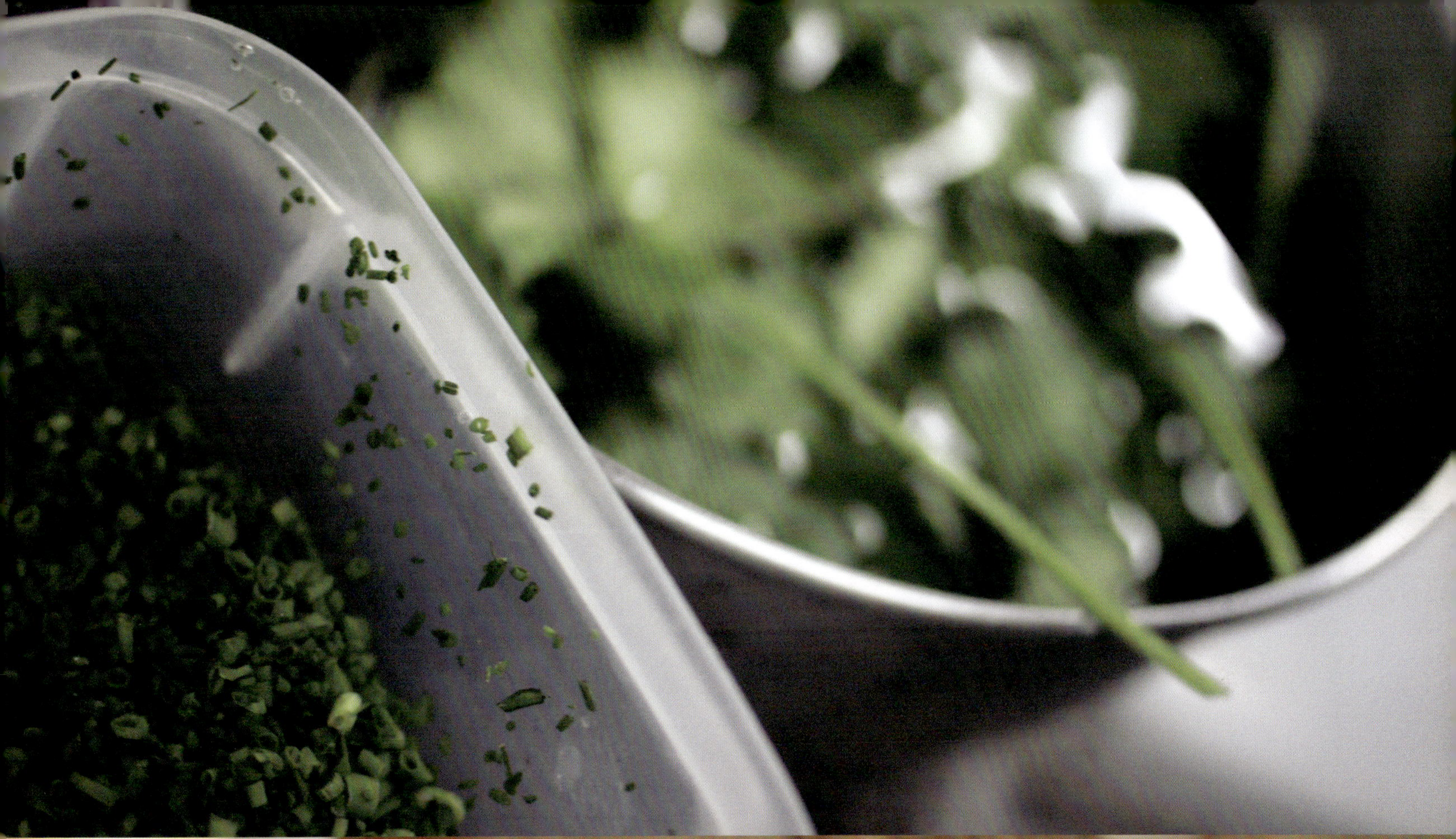
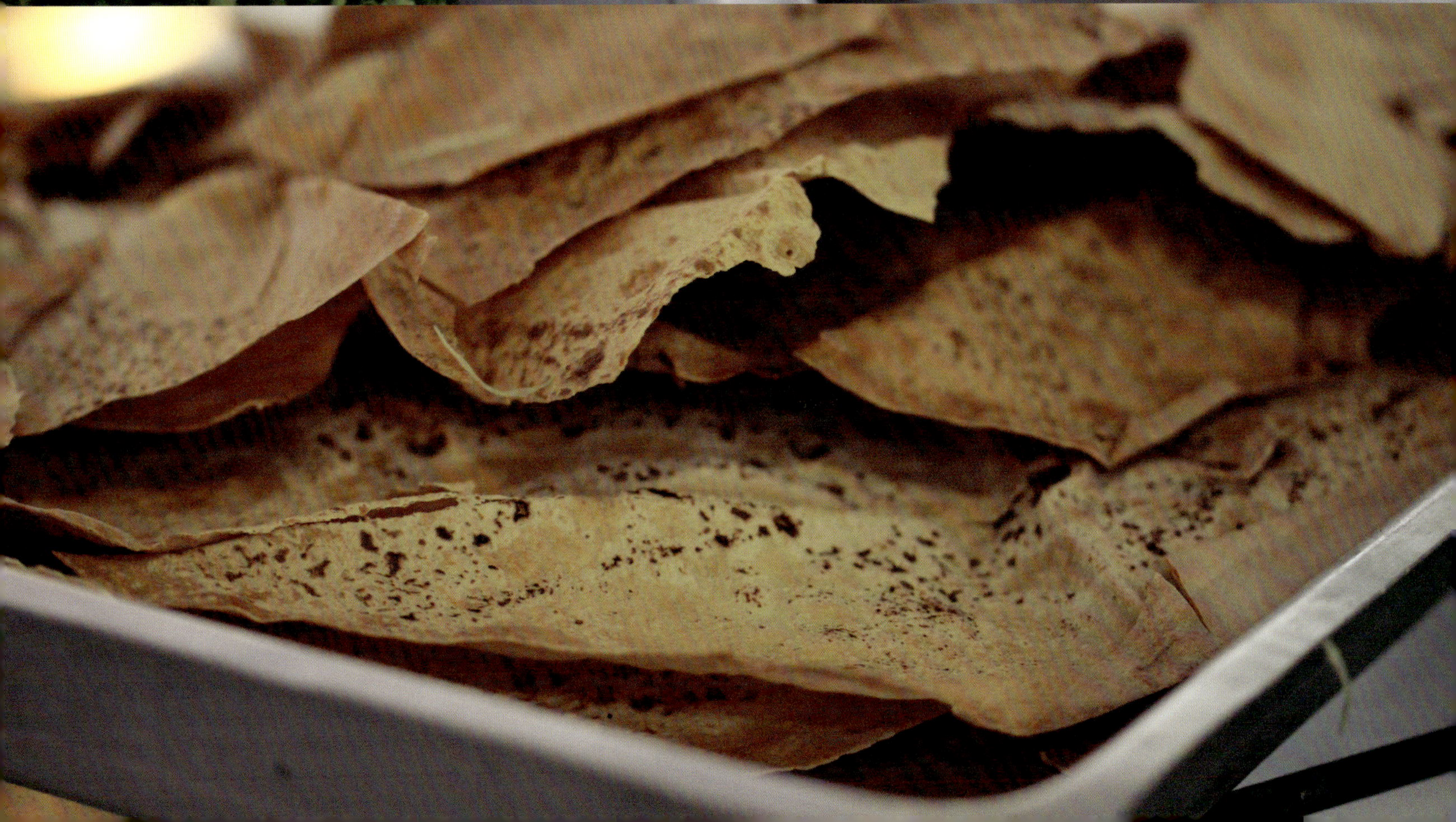

Risotos

103 Risoto oriental com trio de cogumelos, gengibre e alho assado
104 Arroz jasmine ao leite de coco, abóbora, algas e azeite de coentro
106 Arroz negro com couve-flor ao leite de amêndoas aromático
109 Risoto de arroz basmati, abobrinha e nozes

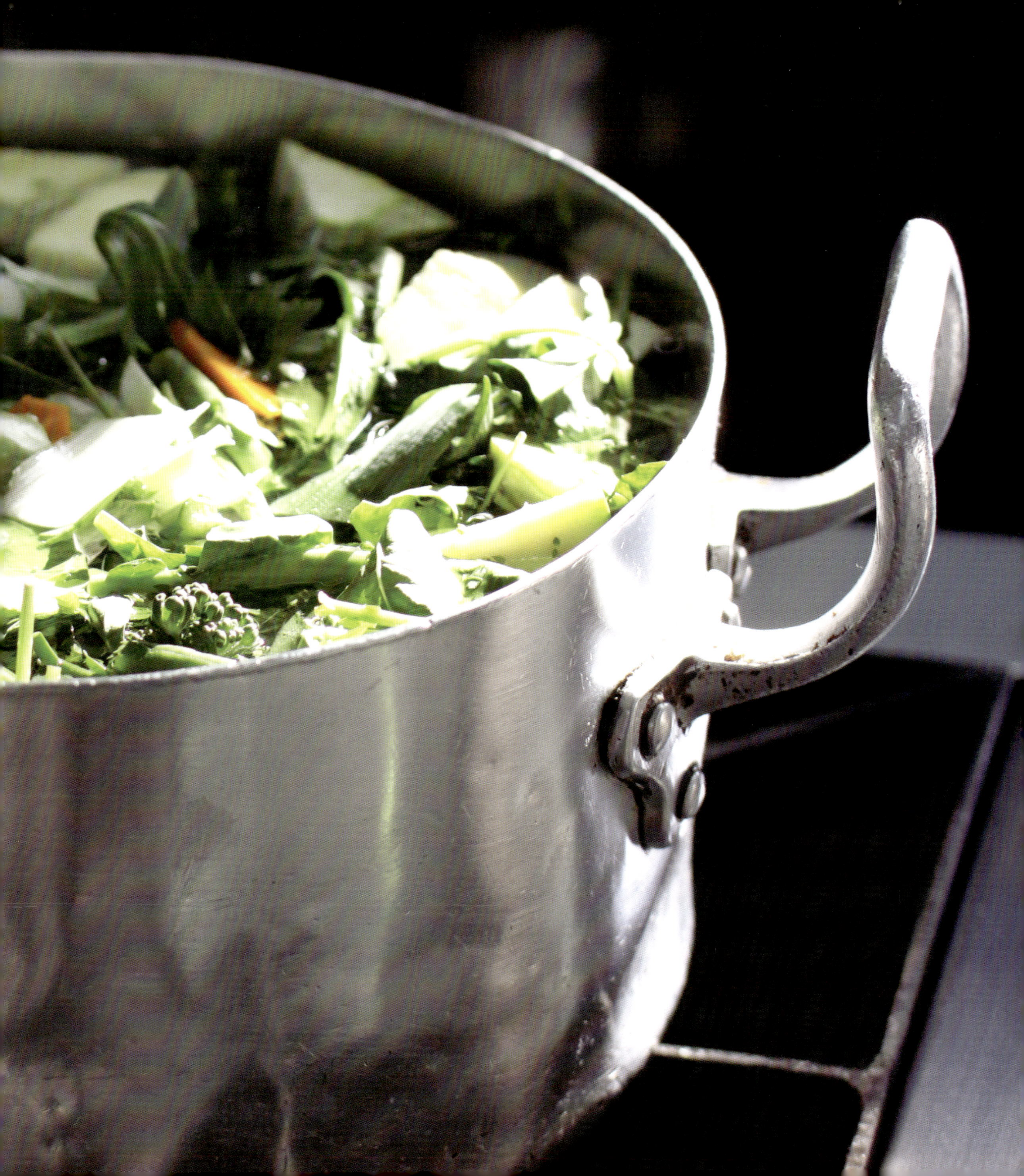

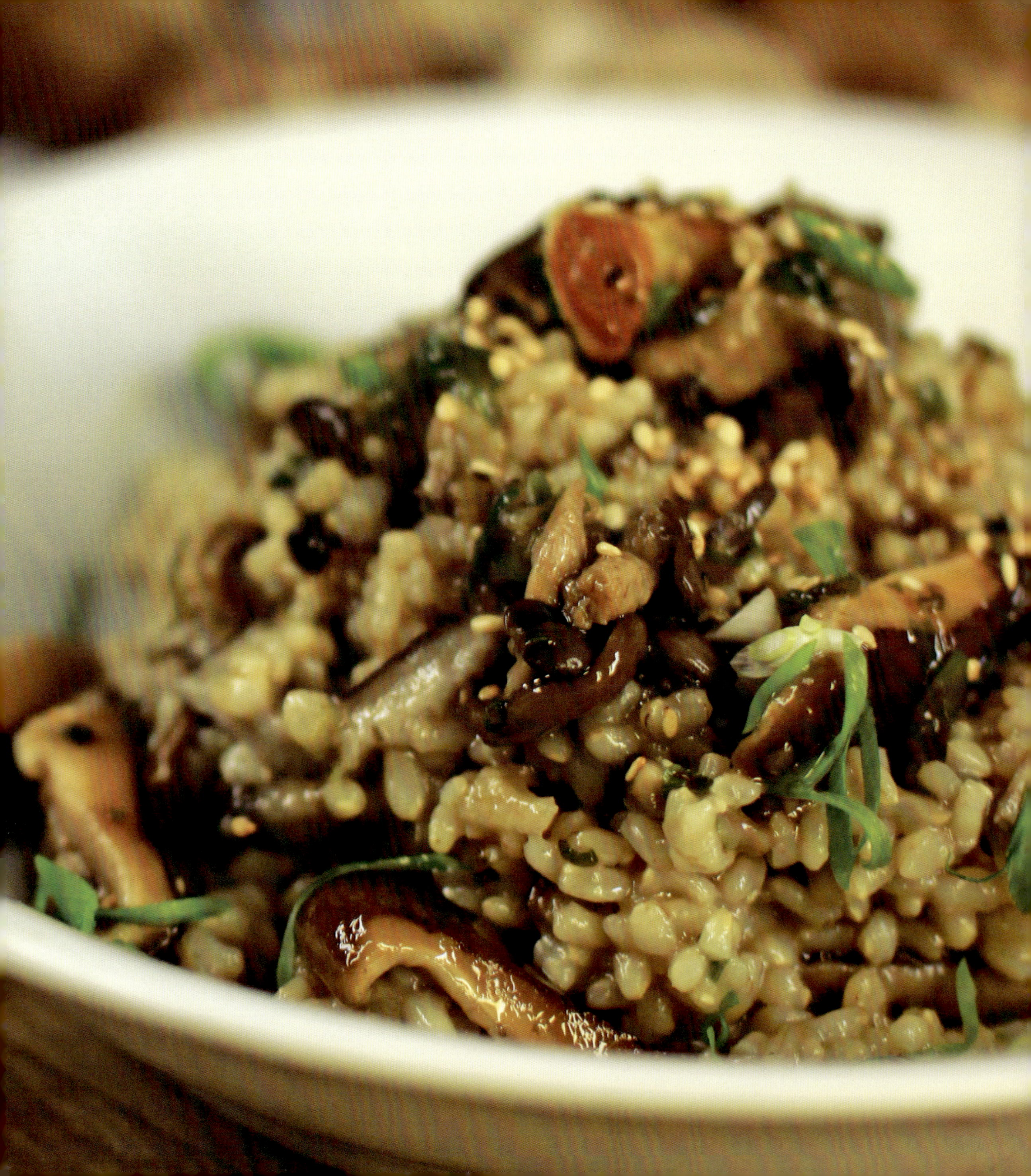

Risoto oriental com trio de cogumelos, gengibre e alho assado

Rendimento: 4 a 6 porções

INGREDIENTES

- 1 colher (sopa) de gergelim sem pele
- 6 dentes de alho finamente laminados
- ¼ de xícara (chá) de azeite de oliva extra virgem, mais 1 colher (sopa) para a finalização
- 1 colher (sopa) de ciboulette finamente picada
- 1 xícara (chá) de arroz cateto integral biodinâmico
- ½ colher (chá) de sal marinho
- 2 xícaras (chá) de caldo de legumes, mais ½ xícara (chá) para a finalização (ver receita na pág. 16)
- 1 colher (sopa) de óleo de gergelim
- 2 colheres (sopa) de cebolinha (parte branca) cortada na diagonal (reserve os talos)
- ½ colher (chá) de pimenta rosa moída
- 1 colher (sopa) de gengibre sem casca finamente laminado (reserve a casca)
- ½ xícara (chá) de cogumelos-de-paris (reserve os talos) laminados
- ½ xícara (chá) de cogumelos portobello (reserve os talos) laminados
- ½ xícara (chá) de cogumelos shimeji separados em floretes
- 1 colher (sopa) de shoyu Daimaru
- 2 colheres (sopa) de cebolinha (parte verde) cortada na diagonal, para guarnecer

PREPARO

Preaqueça o forno em temperatura baixa (150 ºC).

Em uma frigideira antiaderente, leve o gergelim ao fogo para dourar, mexendo constantemente por cerca de 5 minutos. Reserve.

Em uma assadeira pequena, coloque um fio de azeite e o alho e leve ao forno por 15 minutos. Retire o alho do forno e coloque-o numa tigela pequena com o restante do azeite e a ciboulette para marinar. Reserve.

Lave o arroz cateto, passando-o duas vezes por água corrente, esfregando com as mãos para retirar as impurezas, e escorra. Coloque-o na panela de pressão com o sal marinho e acrescente 2 xícaras (chá) do caldo de legumes. Leve ao fogo alto. Assim que o pino começar a se mexer, abaixe o fogo e deixe cozinhar por 15 minutos. Passado esse tempo, desligue o fogo e espere a panela perder a pressão naturalmente.

Em outra panela, coloque o óleo de gergelim, a colher (sopa) de azeite, a cebolinha, a pimenta rosa e o gengibre e leve ao fogo para dourar. Adicione os três tipos de cogumelo e o shoyu e doure por 3 minutos. Acrescente o arroz cozido e misture, adicionando o restante do caldo, e cozinhe por mais 3 minutos.

Desligue o fogo, misture o gergelim torrado e o alho assado e guarneça com a cebolinha.

Arroz jasmine ao leite de coco, abóbora, algas e azeite de coentro

Rendimento: 4 a 6 porções

INGREDIENTES

Arroz

- 1 xícara (chá) de arroz jasmine
- 2 xícaras (chá) de leite de coco natural (ver receita na pág. 17)
- 2 xícaras (chá) de abóbora-japonesa cortada em cubos de 2 cm
- ½ colher (sopa) de azeite de oliva extra virgem
- ½ colher (sopa) de óleo de coco extra virgem
- ½ colher (sopa) de alga hijiki seca
- ¼ de colher (chá) de alho finamente picado
- 1 colher (sopa) de cebolinha (parte branca) finamente picada
- 1 colher (sopa) de talos de coentro finamente picados
- ½ colher (chá) de pimenta dedo-de-moça finamente picada
- 1 colher (chá) de sal marinho
- amendoim tostado sem pele a gosto
- azeite de coentro a gosto

Azeite de coentro

- ½ xícara (chá) de azeite de oliva extra virgem
- 2 colheres (sopa) de folhas e talos de coentro
- uma pitada de sal marinho

PREPARO

Arroz

Lave bem o arroz e escorra-o. Coloque-o em uma panela com o leite de coco e leve ao fogo alto. Assim que ferver, abaixe o fogo e deixe cozinhar por 10 minutos.

Em uma panela a vapor, cozinhe a abóbora por 10 minutos. Reserve.

Em uma tigela, misture o azeite, o óleo de coco, a alga, o alho, a cebolinha, os talos de coentro, a pimenta dedo-de-moça e o sal.

Transfira a mistura para uma frigideira grande, adicione a abóbora cozida e leve ao fogo. Salteie por 2 minutos. Acrescente o arroz cozido e misture.

Desligue o fogo, transfira o risoto para uma travessa e sirva guarnecido com o amendoim tostado e o azeite de coentro.

Azeite de coentro

Bata todos os ingredientes no liquidificador e reserve.

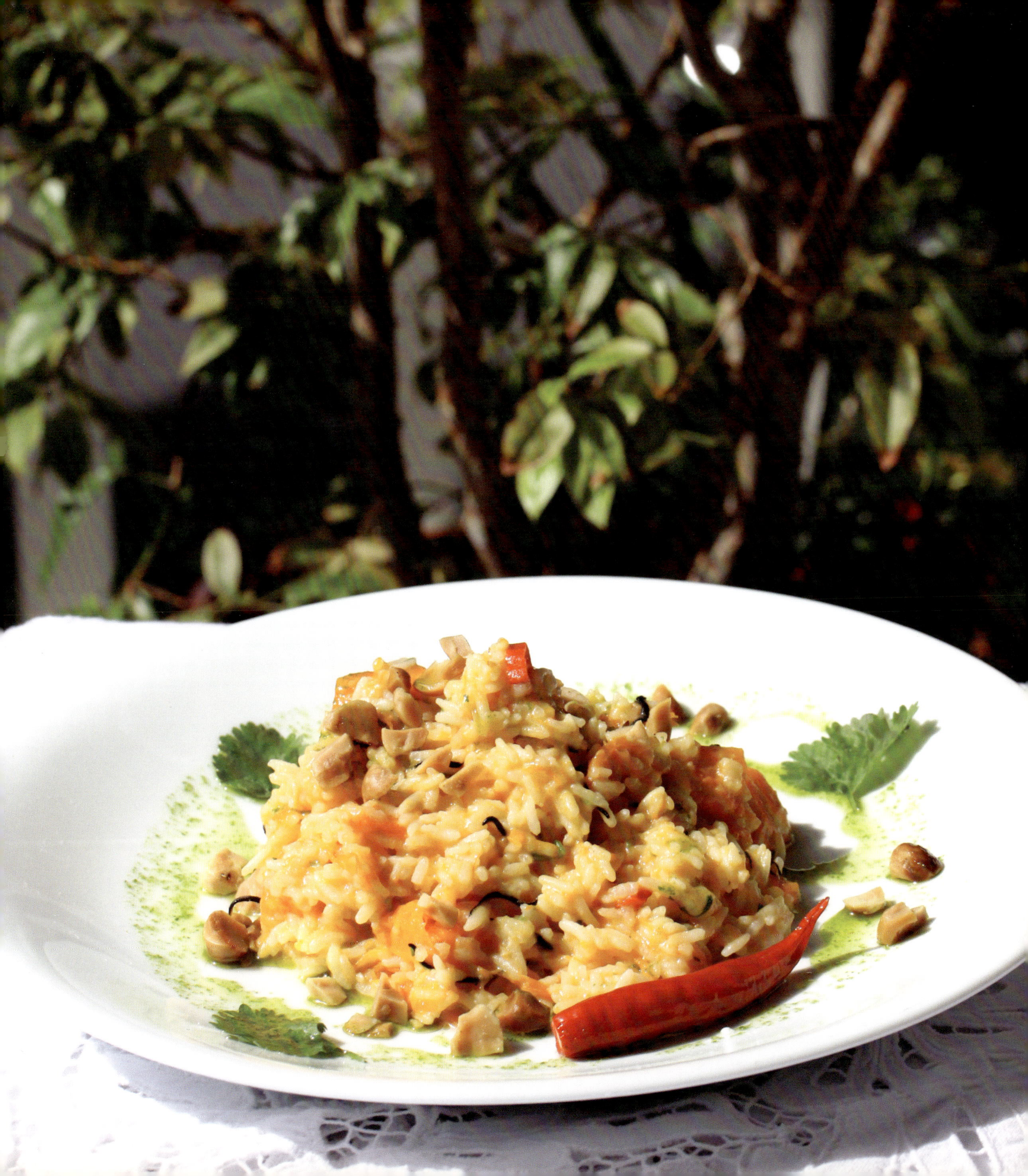

Arroz negro com couve-flor ao leite de amêndoas aromático

Rendimento: 6 porções

INGREDIENTES

1 xícara (chá) de couve-flor separada em floretes de 2 cm
1 xícara (chá) de arroz negro
2 xícaras (chá) de caldo de legumes (ver receita na pág. 16)
2 colheres (sopa) de cebolinha finamente picada
2 colheres (sopa) de pimentão vermelho finamente picado
2 colheres (sopa) de vinho branco doce
1 colher (sopa) de amêndoas laminadas
1 colher (sopa) de salsinha finamente picada

Leite de amêndoas aromático

1 colher (chá) de folhas de endro (dill) fresco
1 colher (chá) de folhas de manjericão
¾ de xícara (chá) de leite de amêndoas (ver receita na pág. 17)
½ colher (chá) de sal marinho
¼ de colher (chá) de pimenta rosa moída

PREPARO

Em uma panela a vapor, cozinhe a couve-flor por 2 minutos e reserve.

Lave o arroz e escorra. Coloque-o na panela de pressão e acrescente o caldo de legumes. Leve ao fogo alto. Assim que o pino começar a se mexer, abaixe o fogo e deixe cozinhar por 15 minutos. Passado esse tempo, desligue o fogo e espere a panela perder a pressão naturalmente. Reserve.

Em outra panela, doure a cebolinha e o pimentão com um fio de azeite. Adicione o vinho branco e deixe cozinhar até o álcool evaporar (em torno de 1 minuto). Acrescente o arroz negro cozido, cozinhe por mais 3 minutos, adicione a couve-flor reservada e misture tudo. Desligue o fogo.

Desenforme o arroz no centro de um prato e distribua delicadamente o leite de amêndoas em volta. Guarneça com as amêndoas e a salsinha e sirva.

Leite de amêndoas aromático

Em uma panela, coloque as ervas, o leite de amêndoas, o sal e a pimenta rosa. Leve ao fogo para amornar, sem deixar ferver.

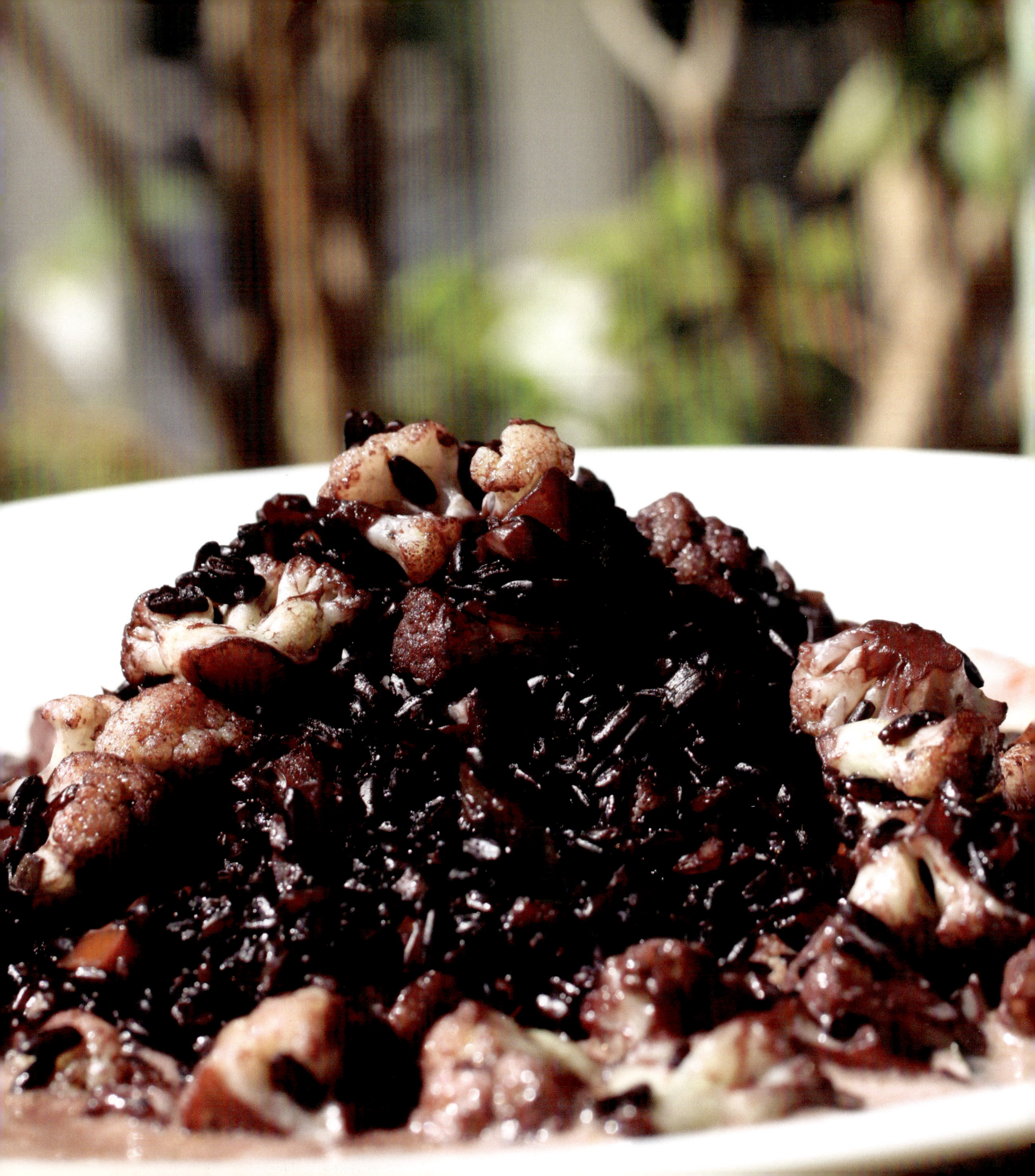

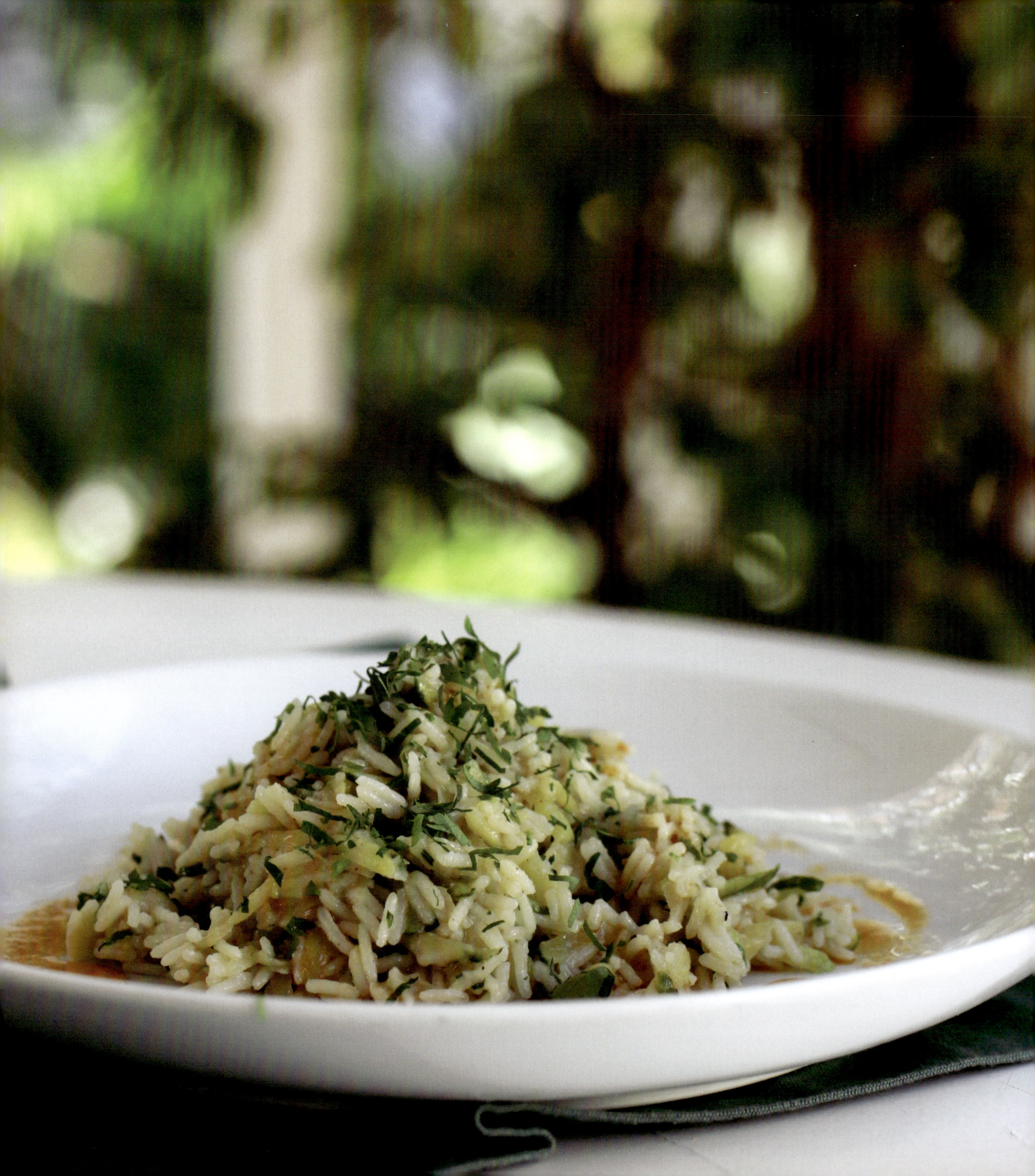

Risoto de arroz basmati, abobrinha e nozes

Rendimento: 4 porções

INGREDIENTES

Risoto

1 xícara (chá) de arroz basmati integral
2½ xícaras (chá) de caldo de legumes (ver receita na pág. 16)
2 colheres (sopa) de azeite de oliva extra virgem
¼ de xícara (chá) de cebola ralada
½ colher (chá) de alho finamente picado
¼ colher (chá) de pimenta rosa moída
1¼ xícaras (chá) de abobrinha italiana ralada com a casca
½ xícara (chá) de vinho branco seco
¼ de xícara (chá) de nozes chilenas grosseiramente picadas
azeite vermelho a gosto, para servir
folhas de manjericão a gosto, para servir

Azeite vermelho

½ pimentão vermelho pequeno
1 colher (sopa) mais ½ xícara (chá) de azeite de oliva extra virgem
uma pitada de sal marinho

PREPARO

Risoto

Lave bem o arroz e escorra. Em uma panela média, cozinhe o arroz no caldo de legumes por 20 minutos e reserve. O arroz deve ficar duro, com bastante caldo; o cozimento será finalizado junto com a abobrinha.

Leve uma frigideira ao fogo médio, esquente o azeite e doure a cebola, o alho e a pimenta rosa. Acrescente a abobrinha, misture e cozinhe por 5 minutos. Adicione o arroz em seu próprio caldo e o vinho branco e deixe por mais 20 minutos para finalizar o cozimento.

Para servir, guarneça com as nozes picadas, regue com um fio de azeite vermelho e enfeite com as folhas de manjericão.

Azeite vermelho

Preaqueça o forno em temperatura média (180 °C).

Coloque o pimentão em uma assadeira e pincele-o generosamente com 1 colher (sopa) de azeite. Leve ao forno por 20 minutos.

Retire a assadeira do forno e espere esfriar para retirar a pele. Coloque o pimentão sem pele no liquidificador com o restante do azeite e o sal. Bata até obter uma mistura emulsificada.

Rende ¾ de xícara (chá). Guarde em um recipiente de vidro com tampa por até 1 semana na geladeira.

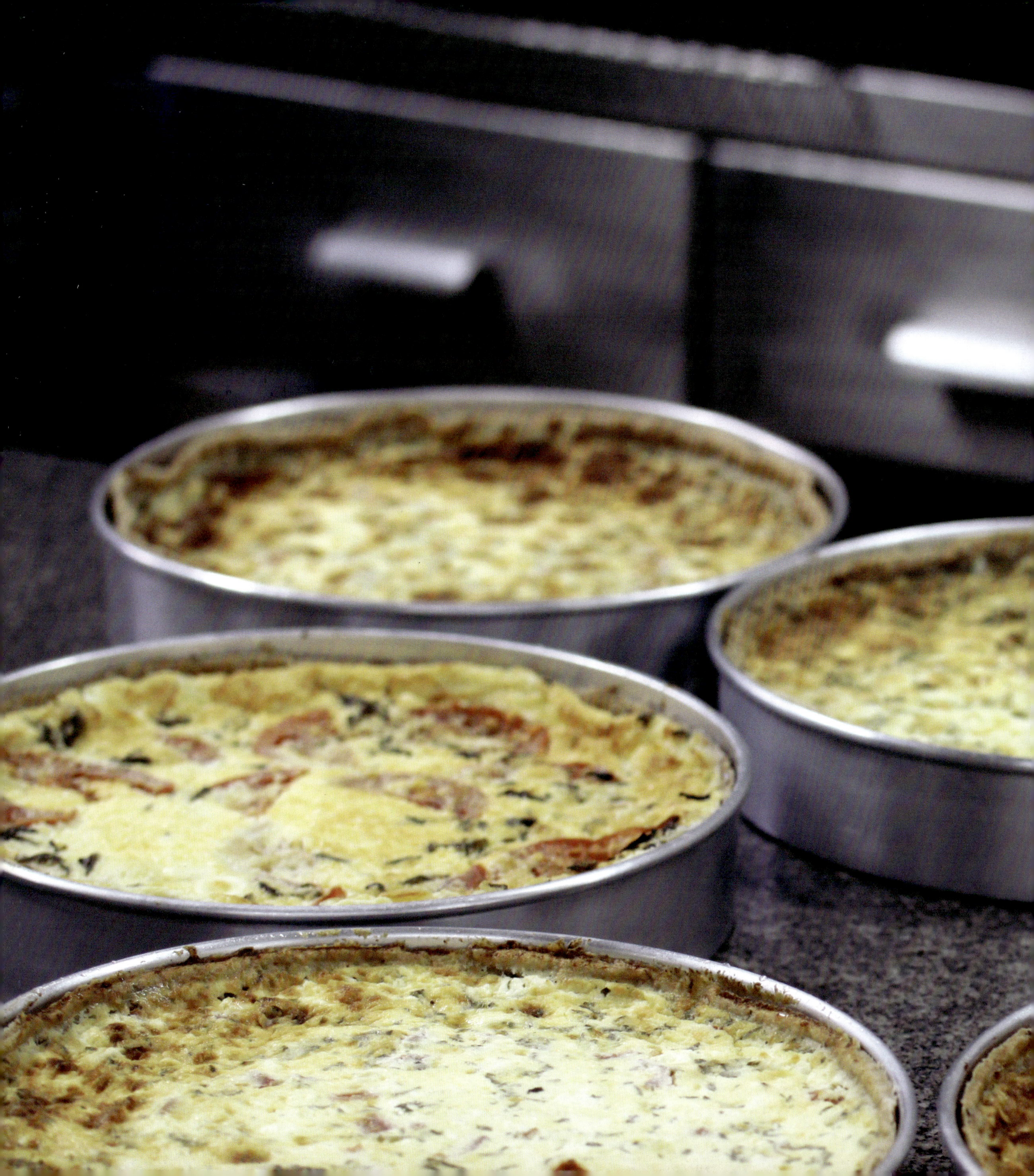

Tortas

Torta suflê de milho verde — 113
Pudim de pão de cinco grãos com tomate e manjericão — 114
Torta de escarola com pera e queijo fresco — 117
Torta de lentilha rosa com legumes — 118

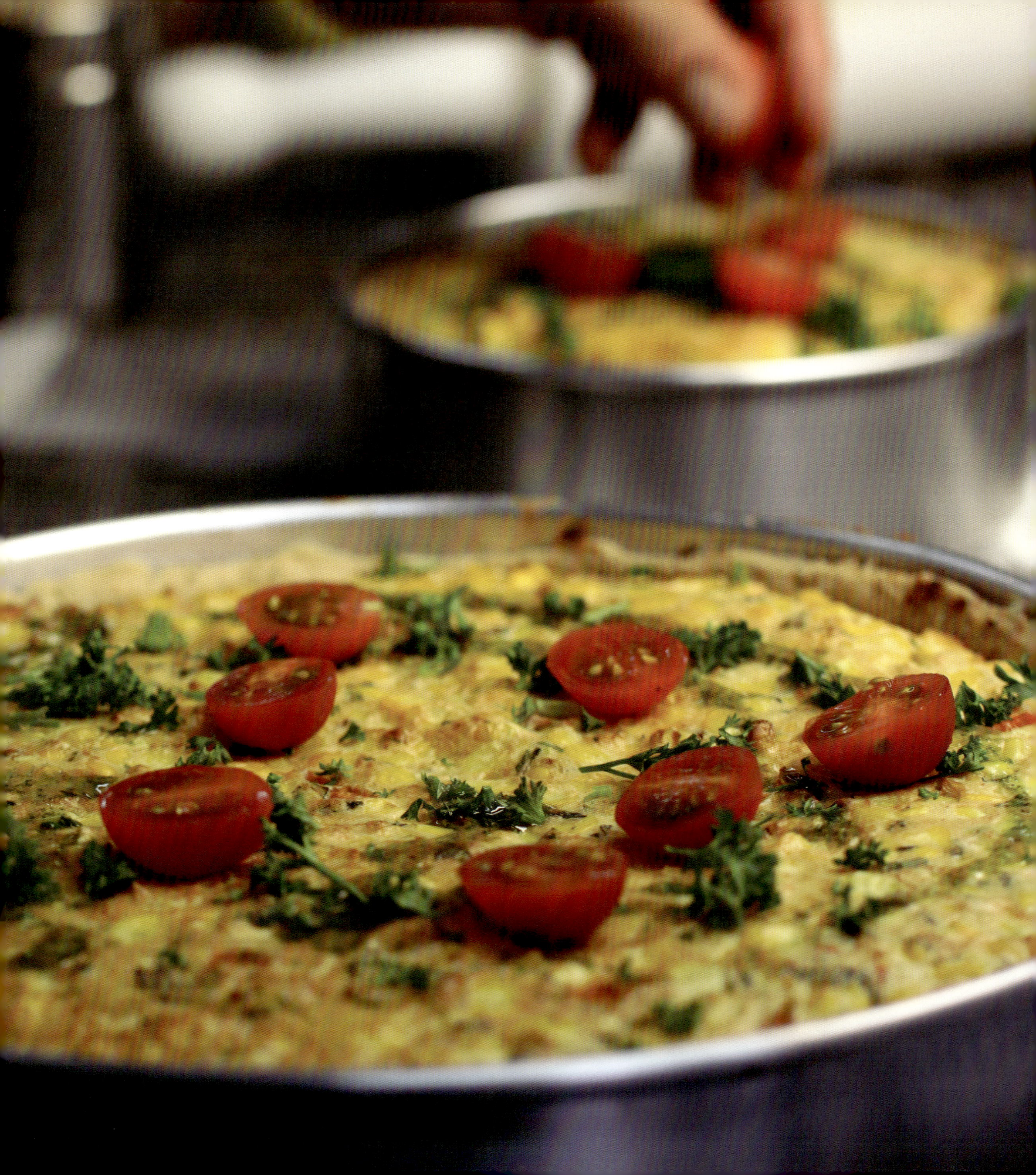

Torta suflê de milho verde

Rendimento: 10 a 12 fatias

MATERIAL

1 fôrma redonda de fundo removível de 28 cm de diâmetro x 5 cm de altura

INGREDIENTES

Massa

¼ de xícara (chá) de manteiga sem sal em temperatura ambiente
1 xícara (chá) de farinha de trigo comum
1 xícara (chá) de farinha de trigo integral
2 colheres (sopa) de sementes de linhaça dourada moída
2 gemas de ovos caipiras
½ colher (chá) de sal marinho
água filtrada o suficiente para dar liga

Recheio

2 colheres (sopa) de azeite de oliva extra virgem ou óleo de girassol
3 xícaras (chá) de milho verde fresco, cozido
1 xícara (chá) de cebolinha finamente picada
1 colher (chá) de sal marinho
½ colher (chá) de pimenta rosa moída na hora
1 xícara (chá) de leite integral
2 colheres (sopa) de farinha de trigo comum
1 copo de requeijão cremoso
1 xícara (chá) de tomate, com a pele e sem as sementes, cortado em cubinhos
1 colher (chá) de fermento em pó químico
2 claras de ovos caipiras batidas em neve

PREPARO

Massa

Coloque no processador a manteiga, os dois tipos de farinha e a linhaça moída. Bata até a manteiga incorporar as farinhas. Adicione as gemas ligeiramente batidas com o sal e torne a processar, misturando água aos poucos até obter uma massa lisa e fina.

Retire a massa do processador, forme uma bola e coloque-a entre duas folhas de filme de PVC. Abra-a com um rolo, dentro das folhas de filme, até obter um círculo de aproximadamente 40 cm de diâmetro.

Forre com a massa o fundo e a borda da fôrma. Reserve.

Recheio

Preaqueça o forno em temperatura baixa (150 °C).

Em uma panela coloque o azeite. Leve ao fogo médio e salteie rapidamente o milho com a cebolinha. Adicione o sal e a pimenta rosa e salteie mais um pouco.

Acrescente o leite e a farinha e misture bem. Deixe cozinhar, mexendo constantemente, até encorpar e ficar cremoso. Retire do fogo e deixe esfriar.

Adicione o requeijão, os cubinhos de tomate, o fermento e as claras em neve. Misture delicadamente com uma espátula de baixo para cima, para as claras não perderem o volume.

Coloque o recheio sobre a massa aberta dentro da fôrma. Leve ao forno e deixe assar por cerca de 30 minutos, ou até que doure.

Pudim de pão de cinco grãos com tomate e manjericão

Rendimento: 12 fatias

MATERIAL
1 refratário de 35 cm de comprimento x 23 cm de largura x 5 cm de altura

INGREDIENTES

Pão
750 g de pão de cinco grãos integral
1¼ xícara (chá) de leite integral
½ colher (chá) de noz-moscada ralada na hora
½ colher (chá) de sal marinho

Recheio
4 tomates orgânicos cortados em fatias finas
1 colher (chá) de orégano
½ colher (chá) de sal marinho
500 g de ricota fresca passada na peneira
1 copo de requeijão cremoso
½ colher (chá) de noz-moscada ralada na hora

Creme
4 ovos caipiras
2 xícaras (chá) de creme de leite fresco
1½ xícara (chá) de queijo parmesão ralado na hora

Montagem
azeite de oliva extra virgem suficiente
350 g de mozarela de búfala cortada em fatias finas
½ xícara (chá) de folhas de manjericão fresco

PREPARO

Pão
Corte o pão em fatias de 0,5 cm de espessura.

Em uma tigela, coloque o leite e tempere-o com a noz-moscada e o sal. Reserve.

Recheio
Em uma travessa, disponha as fatias de tomate. Tempere-as com o orégano e o sal. Reserve.

Em outra tigela, misture bem a ricota com o requeijão e a noz-moscada.

Tempere com uma pitada de sal marinho e reserve.

Creme
Em uma tigela, bata ligeiramente os ovos. Acrescente o creme de leite fresco e torne a bater até que fique encorpado. Adicione o queijo parmesão e apenas misture. Reserve.

Montagem
Preaqueça o forno em temperatura baixa (150 °C).

Coloque um generoso fio de azeite de oliva no fundo do refratário.

Passe as fatias de pão uma a uma no leite temperado e deixe que absorvam parte do líquido. Disponha-as no refratário uma ao lado da outra, cobrindo todo o fundo.

Sobre elas distribua as fatias de tomate e, por cima, as folhas de manjericão. Em seguida, coloque as fatias de mozarela de búfala e cubra com o recheio de ricota e requeijão.

Finalize com mais uma camada de pão embebido em leite e cubra com o creme de ovos e parmesão.

Leve ao forno e deixe assar por cerca de 25 minutos. Sirva com um fio de azeite de oliva.

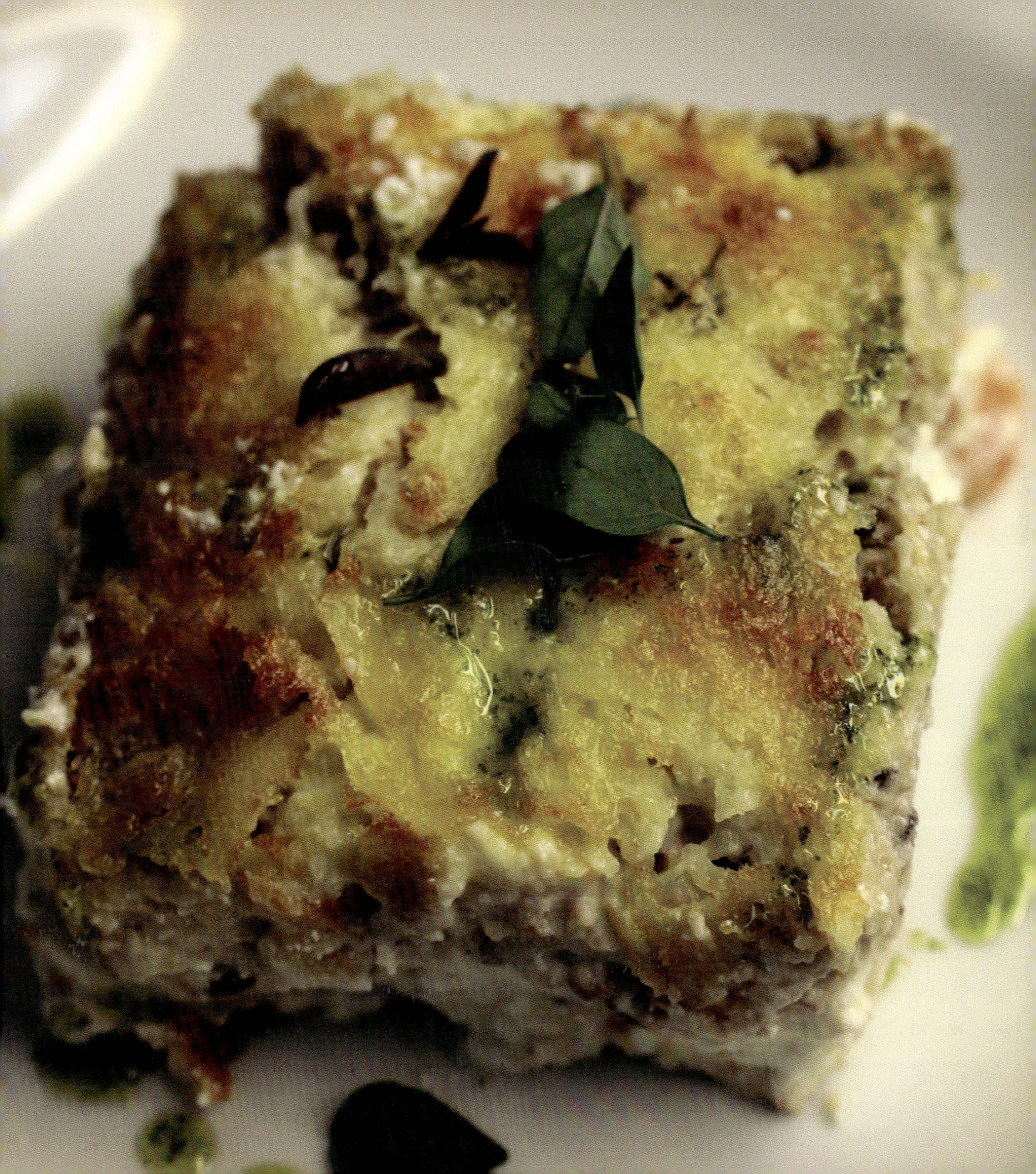

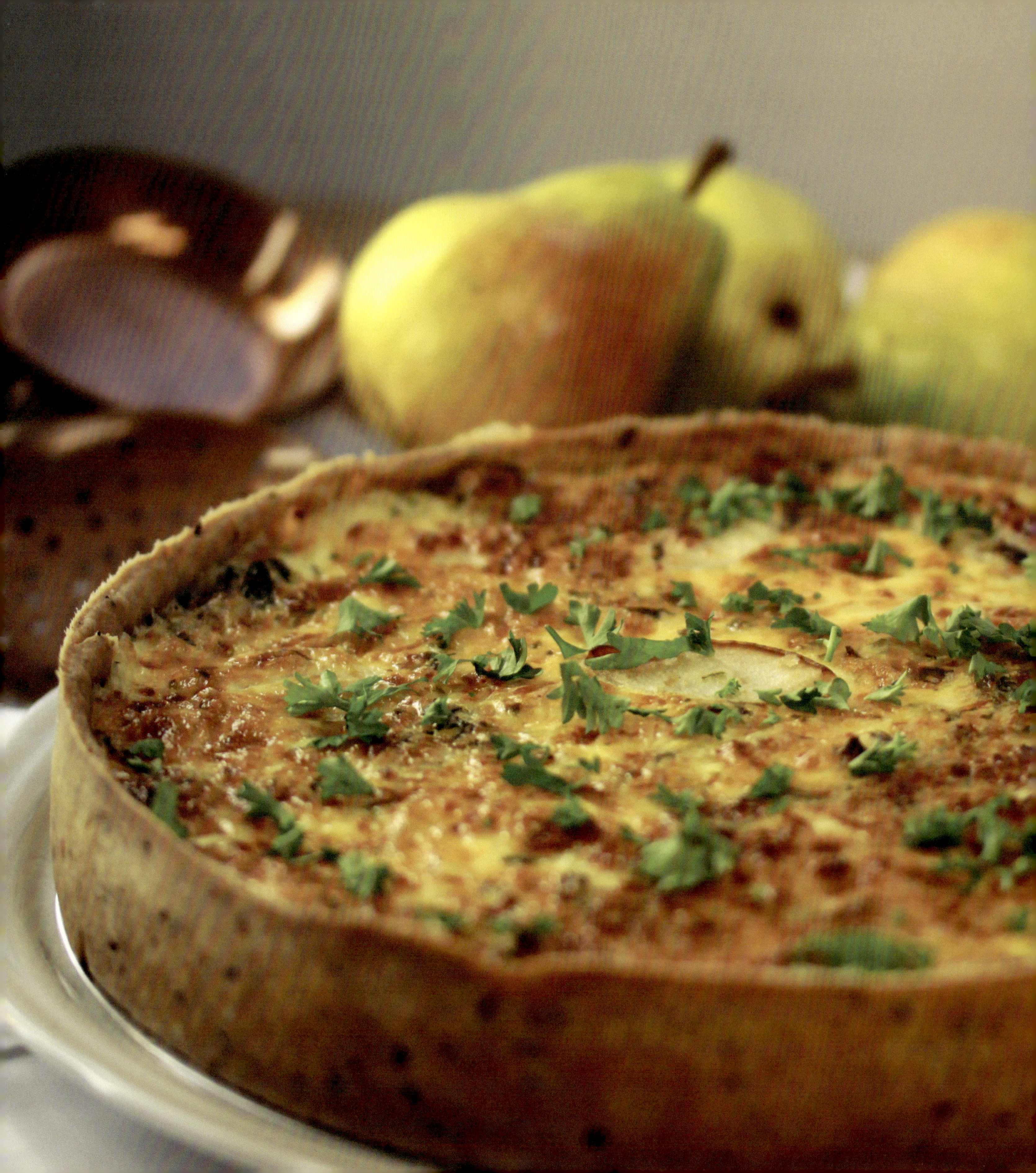

Torta de escarola com pera e queijo fresco

Rendimento: 10 a 12 fatias

MATERIAL

1 fôrma redonda de fundo removível de 28 cm de diâmetro x 5 cm de altura

INGREDIENTES

Massa

¾ de xícara (chá) de farinha de trigo comum
¾ de xícara (chá) de farinha de trigo integral
2 colheres (sopa) de sementes de chia
½ colher (chá) de sal marinho
½ colher (chá) de fermento em pó químico
2 colheres (sopa) de salsinha fresca finamente picada
¼ de xícara (chá) de azeite de oliva extra virgem
água suficiente para dar liga

Recheio

azeite de oliva extra virgem suficiente
½ xícara (chá) de alho-poró (parte branca) finamente picado
½ xícara (chá) de cebolinha finamente picada
3 maços médios de escarola ou 2 grandes, cortados em tiras médias
2 colheres (chá) de sal marinho
½ colher (sopa) de farinha de trigo

Creme

2 ovos caipiras grandes, ou 3 pequenos
1½ xícara (chá) de creme de leite fresco
3 xícaras (chá) de queijo de minas grosseiramente ralado
¼ de colher (chá) de pimenta rosa moída na hora
2 colheres (sopa) de erva fresca à sua escolha, picada

Montagem

2 peras Williams, com a casca e sem as sementes, cortadas em quartos e depois em fatias de 1 cm de espessura

PREPARO

Massa

Em uma vasilha grande, misture todos os ingredientes secos, inclusive a salsinha. Adicione o azeite e, com a ponta dos dedos, misture-o devagar até que se incorpore aos ingredientes secos. Aos poucos, vá acrescentando água, misturando com as mãos até dar liga e obter uma massa lisa.

Forme uma bola com a massa e coloque-a entre duas folhas de filme de PVC. Em uma superfície lisa abra-a com um rolo, dentro das folhas de filme, até obter um círculo de aproximadamente 40 cm de diâmetro.

Forre com a massa o fundo e a borda da fôrma. Reserve.

Recheio

Preaqueça o forno em temperatura média (180 °C).

Em uma frigideira larga, de fundo grosso, coloque um fio generoso de azeite. Leve ao fogo médio e salteie ligeiramente o alho-poró e a cebolinha.

Acrescente a escarola e salteie por mais 7 minutos, mexendo de vez em quando. Adicione o sal marinho, misture, e deixe cozinhar por 2 a 3 minutos.

Retire do fogo e coloque o refogado de escarola em uma peneira para escorrer bem o caldo e esfriar. Depois de frio, polvilhe a farinha de trigo, usando uma peneira fina ou as mãos. Misture e reserve.

Creme

Em uma tigela bata ligeiramente os ovos. Acrescente o creme de leite fresco e torne a bater até encorpar um pouco. Adicione o queijo, a pimenta rosa e a erva fresca picada. Misture e reserve.

Montagem

Espalhe o refogado de escarola sobre a massa aberta dentro da fôrma. Por cima, disponha as fatias de pera por igual.

Cubra com o creme de ovos e queijo, e leve ao forno. Deixe assar por cerca de 1 hora, ou até que a superfície da torta esteja dourada.

Torta de lentilha rosa com legumes

Rendimento: 10 a 12 fatias

MATERIAL

1 fôrma de fundo removível de 28 cm de diâmetro x 5 cm de altura

INGREDIENTES

Massa

1 xícara (chá) de lentilha rosa
2 xícaras (chá) de água filtrada fervente
1¼ xícara (chá) de leite de arroz morno
¼ de xícara (chá) de óleo de girassol, mais um pouco para untar a fôrma
2 ovos caipiras
½ xícara (chá) de farinha sem glúten, mais um pouco para polvilhar a fôrma
1 colher (chá) de sal marinho
1 colher (sopa) rasa de fermento em pó químico
¼ de xícara (chá) de alho-poró finamente cortado
2 colheres (sopa) de azeite de oliva extra virgem
uma pitada de sal marinho

Recheio

¼ de xícara (chá) de azeite de oliva extra virgem
1 colher (chá) de alho finamente picado
½ xícara (chá) de cebola finamente picada
½ colher (chá) de pimenta rosa moída
1 xícara (chá) de alho-poró (parte branca) cortado em rodelas finas
1 xícara (chá) de vagens cortadas em fatias finas
1 xícara (chá) de cenoura cortada em cubinhos
1 xícara (chá) de salsão finamente picado
1 xícara (chá) de ervilhas-tortas cortadas em filetes
1 xícara (chá) de cogumelos-de-paris laminados
1 colher (chá) de sal marinho
1 colher (sopa) de folhas de manjericão
1 colher (sopa) de cebolinha finamente picada
½ xícara (chá) de vinho branco seco

Montagem

2 xícaras (chá) de tomate (sem pele e sementes) cortado em cubos de 1 cm

PREPARO

Massa

Em uma tigela, coloque a lentilha rosa e despeje a água fervente sobre ela. Deixe de molho por 20 minutos.

Escorra a lentilha e ponha metade no liquidificador. Adicione o leite de arroz, o óleo, a farinha sem glúten e o sal marinho. Bata até obter uma mistura homogênea. Acrescente o fermento, bata mais um pouco e deixe a massa descansar por 30 minutos no liquidificador.

Enquanto isso, em uma frigideira, salteie por 1 minuto o restante da lentilha rosa com o alho-poró, o azeite e o sal. Reserve.

Recheio

Em uma panela, leve ao fogo médio o azeite, o alho, a cebola e a pimenta rosa para fritar. Adicione o alho-poró, a vagem, a cenoura, o salsão, a ervilha-torta e os cogumelos e tempere com o sal. Salteie por 5 minutos e acrescente o manjericão e a cebolinha. Adicione o vinho e deixe evaporar. Desligue o fogo e reserve.

Montagem

Preaqueça o forno em temperatura média (180 °C).

Forre o fundo e a lateral da fôrma com metade da massa e despeje sobre ela o recheio de legumes. Por cima, ponha os tomates e o restante da massa. Leve ao forno e deixe assar por 30 minutos.

Retire do forno e deixe esfriar. Desenforme e cubra com as lentilhas salteadas com alho-poró, distribuindo a mistura uniformemente sobre a torta.

Mistura para farinha sem glúten

4 xícaras (chá) de creme de arroz
3 xícaras (chá) de fécula de batata
2 xícaras (chá) de polvilho doce

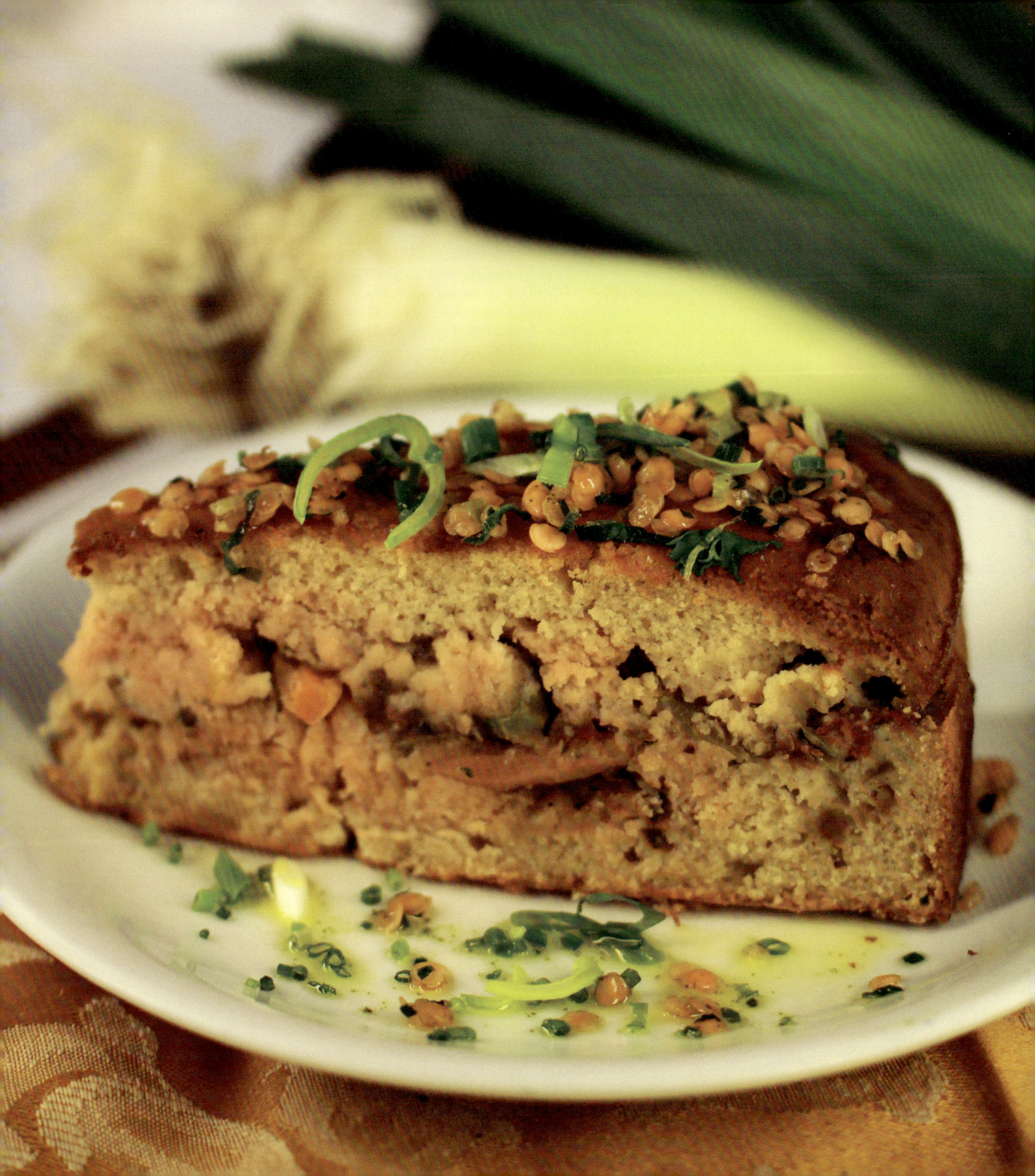

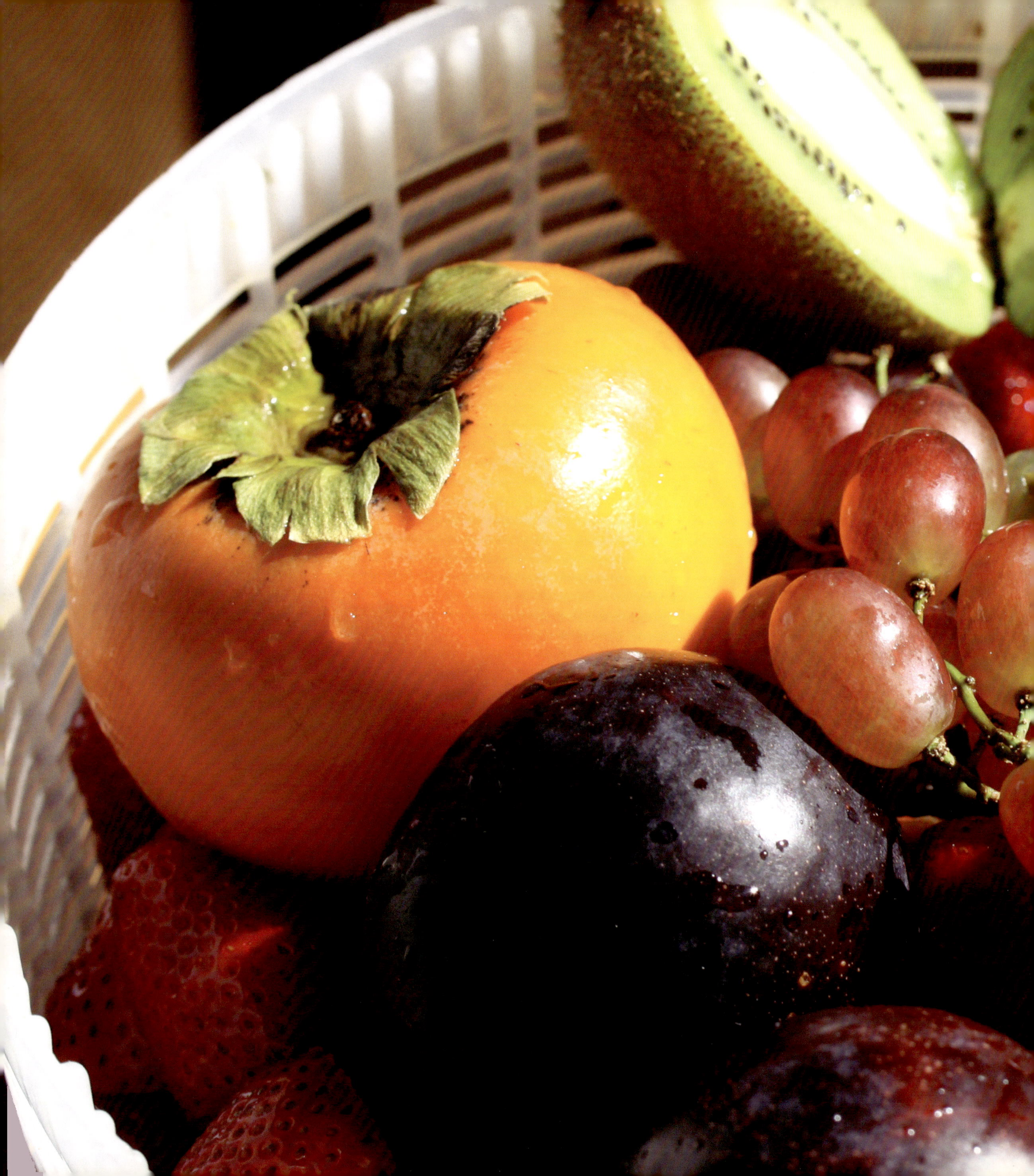

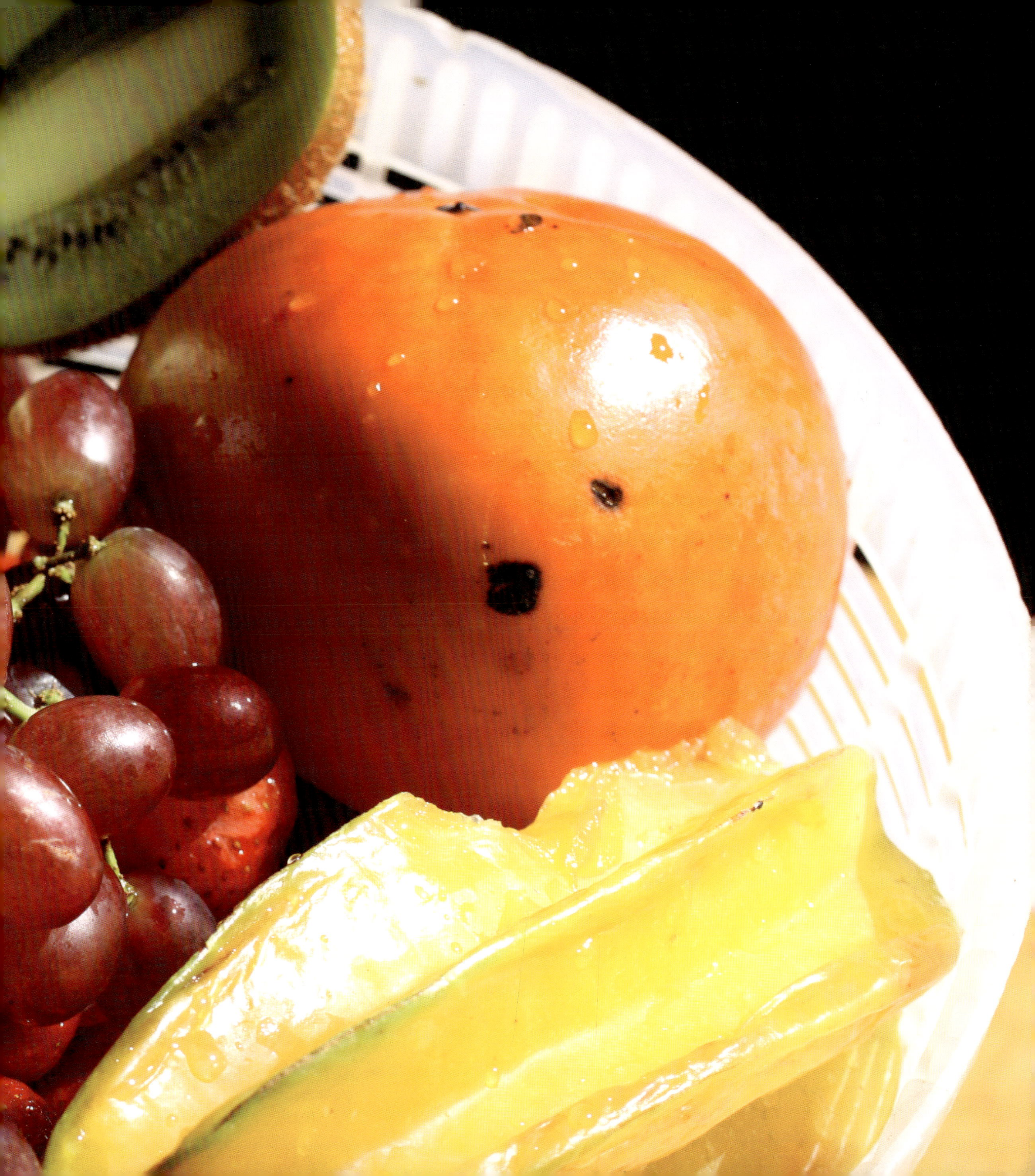

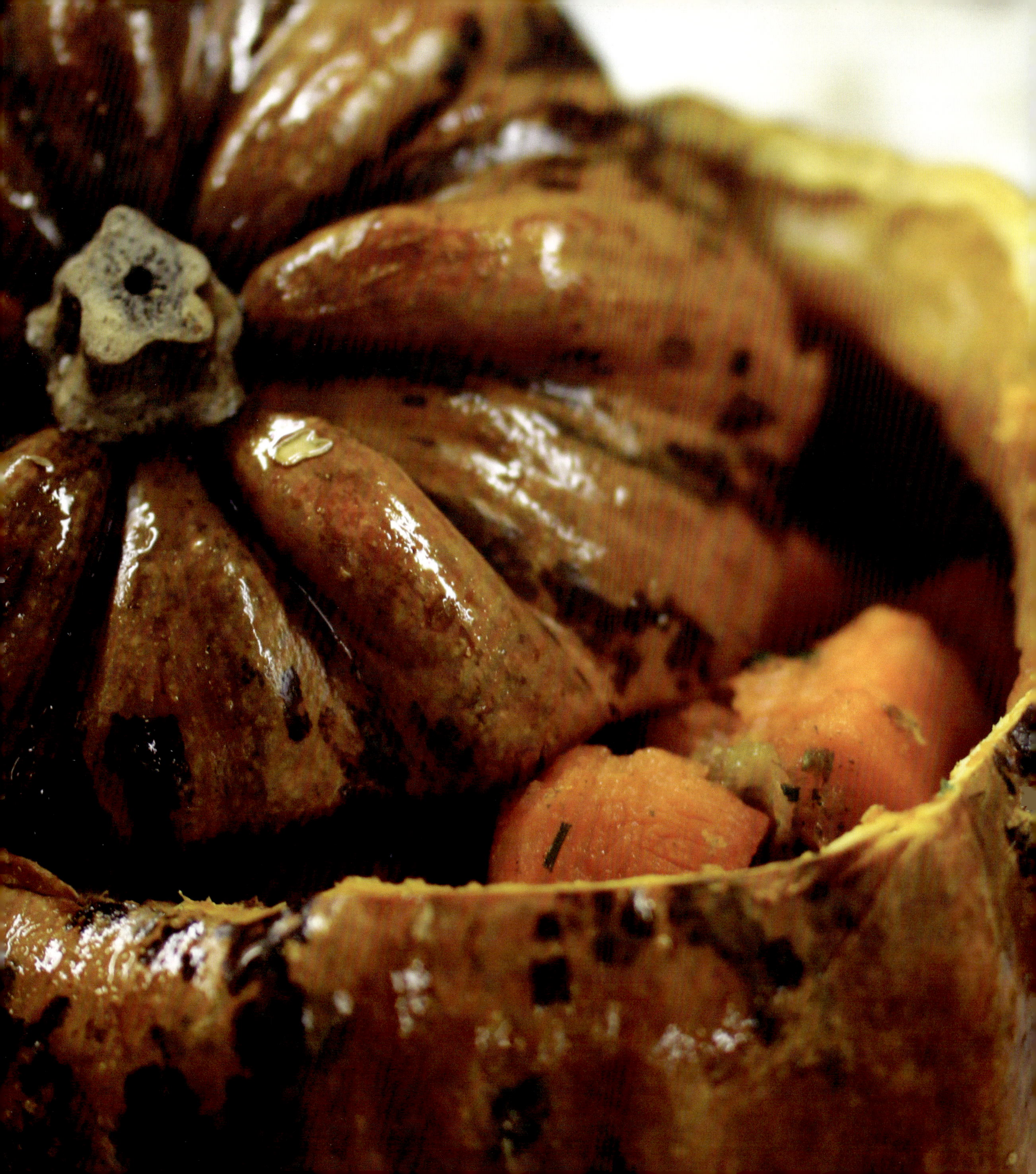

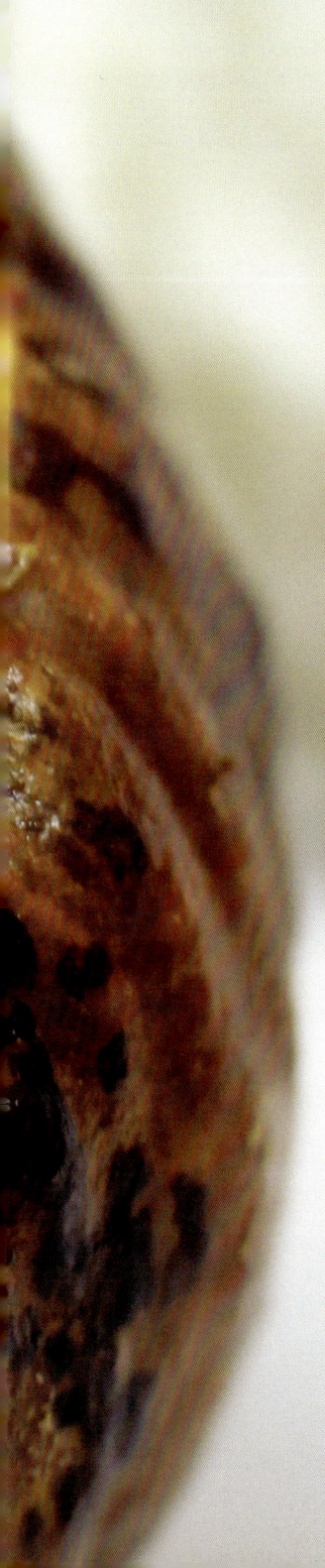

Pratos completos

Panelada de legumes com leite de coco e castanhas	125
Torta de quatro queijos	126
Risoto de arroz basmati com manga	127
Brócolis à oriental	127
Cozido de legumes, feijão-branco e alecrim	129
Empada de palmito e couve-flor	130
Barquinhos de abóbora com shoyu e gengibre	131
Arroz integral com amêndoas tostadas	131
Couve-flor ao molho de iogurte e curry com pimenta biquinho e azeite de coentro	133
Pastel assado de ricota e cenoura ao curry	134
Arroz cateto com açafrão, ervilhas frescas e castanhas de caju	135
Repolho com maçã e sementes de mostarda	135
Ensopado de legumes com grão-de-bico e leite de castanhas de caju	137
Abobrinha gratinada	138
Arroz vermelho com gengibre	139
Mix de verduras salteadas	139
Estrogonofe de vegetais, cogumelos portobello e leite de amêndoas	141
Torta de palmito	142
Arroz cateto com mix de sementes	143
Espinafre agridoce	143

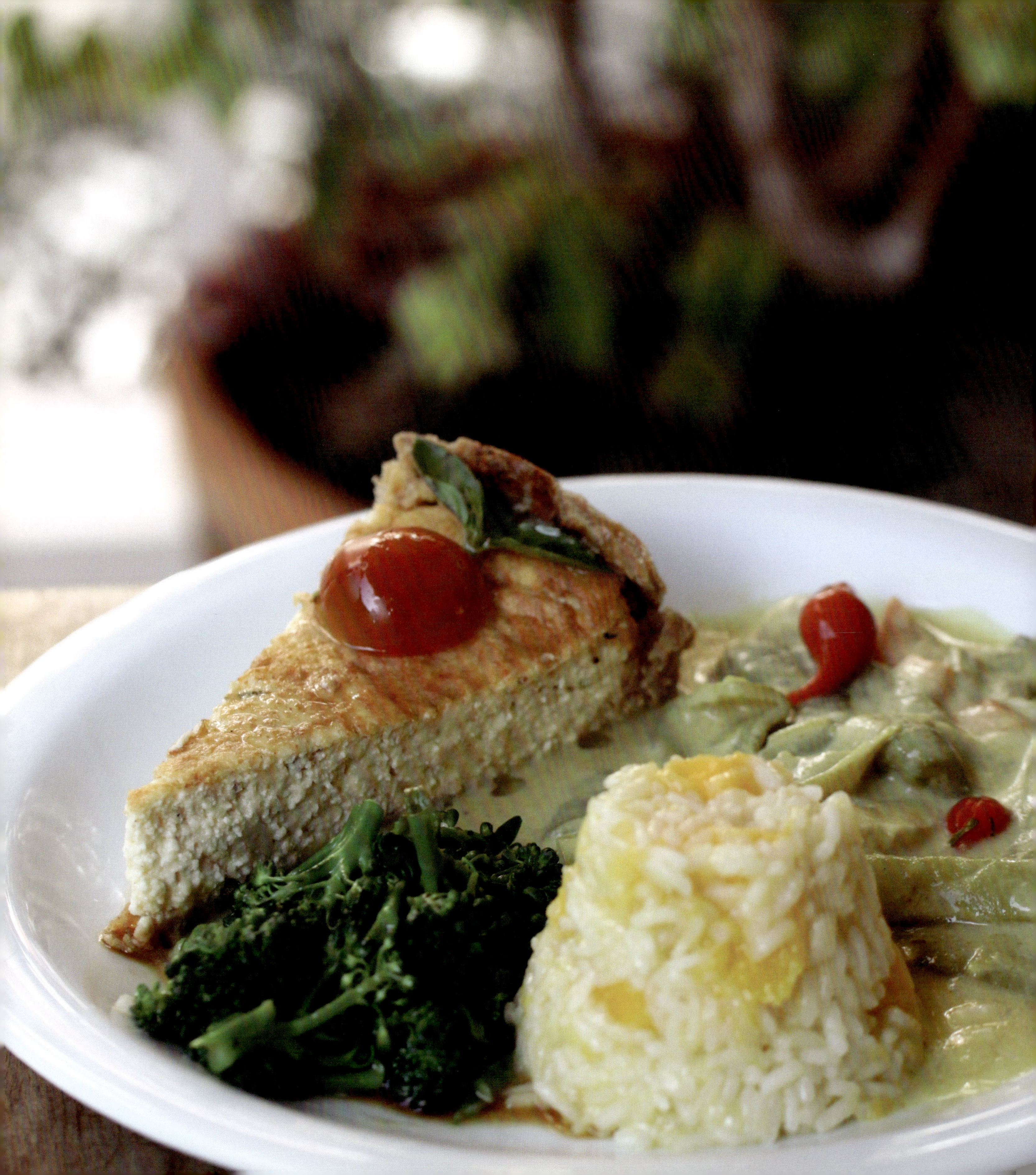

Panelada de legumes com leite de coco e castanhas

Rendimento: 4 a 6 porções

INGREDIENTES

2 colheres (sopa) de azeite de oliva extra virgem
2 colheres (sopa) de óleo de coco
2 colheres (sopa) de talos de coentro finamente picados
2 colheres (sopa) de talos de capim-limão finamente picados
2 colheres (chá) de curry em pó
2 colheres (sopa) de pimenta verde finamente picada
2 colheres (sopa) de cebolinha finamente picada
¾ de xícara (chá) de cebola finamente picada
1 colher (sopa) de gengibre em lâminas finas
½ pimenta dedo-de-moça finamente picada
1 colher (chá) de alho finamente picado
4 xícaras (chá) de leite de coco natural (ver receita na pág. 17)
¼ de xícara (chá) de alho-poró cortado na diagonal, em rodelas de 3 cm
¼ de xícara (chá) de cambuci cortado em quartos
¼ de xícara (chá) de salsão cortado na diagonal, em tiras de 3 cm
¼ de xícara (chá) de cenoura cortada na diagonal, em rodelas de 3 cm
¼ de xícara (chá) de mandioquinha cortada na diagonal, em rodelas de 3 cm
1 colher (chá) de sal marinho
¼ de xícara (chá) de vagem cortada na diagonal, em palitos de 3 cm
½ xícara (chá) de brócolis em pequenos floretes
200 g de cogumelos-de-paris laminados
½ xícara (chá) de favas pré-cozidas por 20 minutos na panela de pressão, bem escorridas
3 folhas de louro
½ colher (chá) de garam massala ou tempero para pão de mel
½ xícara (chá) de castanhas de caju cruas, sem sal, esmagadas
¼ de xícara (chá) de folhas de coentro fresco, para servir

PREPARO

Em uma panela grande, de fundo grosso, coloque metade do azeite e do óleo de coco. Leve ao fogo médio e acrescente os talos de coentro e de capim-limão, metade do curry, a pimenta verde, a cebolinha, a cebola, o gengibre, a pimenta dedo-de-moça e o alho. Salteie, mexendo de vez em quando, até que todos os temperos dourem por igual. Desligue o fogo.

Coloque a mistura de temperos no liquidificador e bata com 1 xícara (chá) de leite de coco. Coe a misture com uma peneira e reserve.

Na mesma panela, coloque o restante do azeite e do óleo de coco. Leve ao fogo médio. Adicione o alho-poró, o cambuci, o salsão, a cenoura, a mandioquinha e o sal marinho, misture bem e deixe saltear por mais 2 minutos. Então, coloque a vagem, os brócolis, os cogumelos e as favas, misture e deixe que dourem por 5 minutos.

Acrescente o restante do leite de coco e as folhas de louro e deixe cozinhar em fogo baixo por 10 minutos. Por fim, adicione o restante do curry, o garam massala e as castanhas de caju. Misture delicadamente, desligue o fogo e mantenha a panela tampada.

Na hora de servir, polvilhe as folhas de coentro fresco sobre os legumes.

Torta de quatro queijos

Rendimento: 12 fatias

MATERIAL

1 fôrma redonda de fundo removível de 28 cm de diâmetro x 5 cm de altura

INGREDIENTES

Massa

1 xícara (chá) de farinha de trigo comum
1 xícara (chá) de farinha de trigo integral
2 colheres (sopa) de sementes de linhaça dourada moídas
½ colher (chá) de sal marinho
¼ de xícara (chá) de manteiga sem sal, em temperatura ambiente
água suficiente para dar liga

Recheio

4 ovos caipiras
1 colher (chá) de fermento em pó químico
1 xícara (chá) de creme de leite fresco
1 colher (chá) de noz-moscada ralada na hora
1 copo de requeijão cremoso
2 xícaras (chá) de queijo prato grosseiramente ralado
2½ xícaras (chá) de ricota passada na peneira
2 xícaras (chá) de queijo parmesão grosseiramente ralado

PREPARO

Massa

Misture todos os ingredientes secos em uma vasilha grande. Adicione a manteiga e, com a ponta dos dedos, amasse devagar até que ela se incorpore aos ingredientes secos.

Aos poucos, vá acrescentando água, misturando com as mãos até dar liga e obter uma massa lisa.

Em uma superfície lisa e enfarinhada, abra-a com um rolo até obter um círculo de cerca de 40 cm de diâmetro. Forre com a massa o fundo e a borda da fôrma. Reserve.

Recheio

Em uma vasilha grande, bata bem o ovos com um fouet (batedor de arame).

Acrescente o fermento, o creme de leite, a noz-moscada e o requeijão e torne a bater até obter um creme homogêneo.

Adicione o queijo prato, a ricota e o parmesão, e apenas misture. Reserve.

Montagem

Preaqueça o forno em temperatura baixa (150 °C).

Espalhe o recheio em cima da massa, dentro da fôrma. Asse por cerca de 45 minutos, retire do forno e sirva.

Risoto de arroz basmati com manga

Rendimento: 4 a 6 porções

INGREDIENTES

½ xícara (chá) de arroz basmati
1 xícara (chá) de água filtrada fervente
1 colher (sopa) de manteiga clarificada (ver receita na pág. 16)
1 xícara (chá) bem cheia de manga madura (sem fio, preferencialmente do tipo Palmer) picada em cubos de 1 cm
uma pitada de sal marinho
1 colher (chá) de pimenta dedo-de-moça fresca, sem as sementes, finamente picada

PREPARO

Lave o arroz em água corrente e escorra. Coloque-o em uma panela, acrescente a água fervente e deixe cozinhar em fogo baixo por 10 minutos.

Enquanto isso, em uma frigideira grande, de fundo grosso, coloque a manteiga clarificada, os cubos de manga, o sal e a pimenta dedo-de-moça. Leve ao fogo médio.

Quando a manga ficar levemente cozida, abaixe o fogo e deixe cozinhar por mais 5 minutos. Se a manga estiver um pouco seca, adicione um pouco de água.

Adicione o arroz basmati cozido, misture delicadamente e sirva.

Brócolis à oriental

Rendimento: 4 porções

INGREDIENTES

1 colher (sopa) de azeite de oliva extra virgem
2 xícaras (chá) de brócolis em floretes de 3 cm
2 colheres (sopa) de shoyu Daimaru
2 colheres (sopa) de vinagre balsâmico
1 colher (sopa) de mel
1 colher (sopa) de gergelim natural

PREPARO

Em uma frigideira, aqueça o azeite e coloque os brócolis. Salteie por 1 minuto e acrescente o shoyu, o vinagre balsâmico e o mel. Deixe cozinhar mais um minuto e desligue a chama. Sirva com gergelim natural.

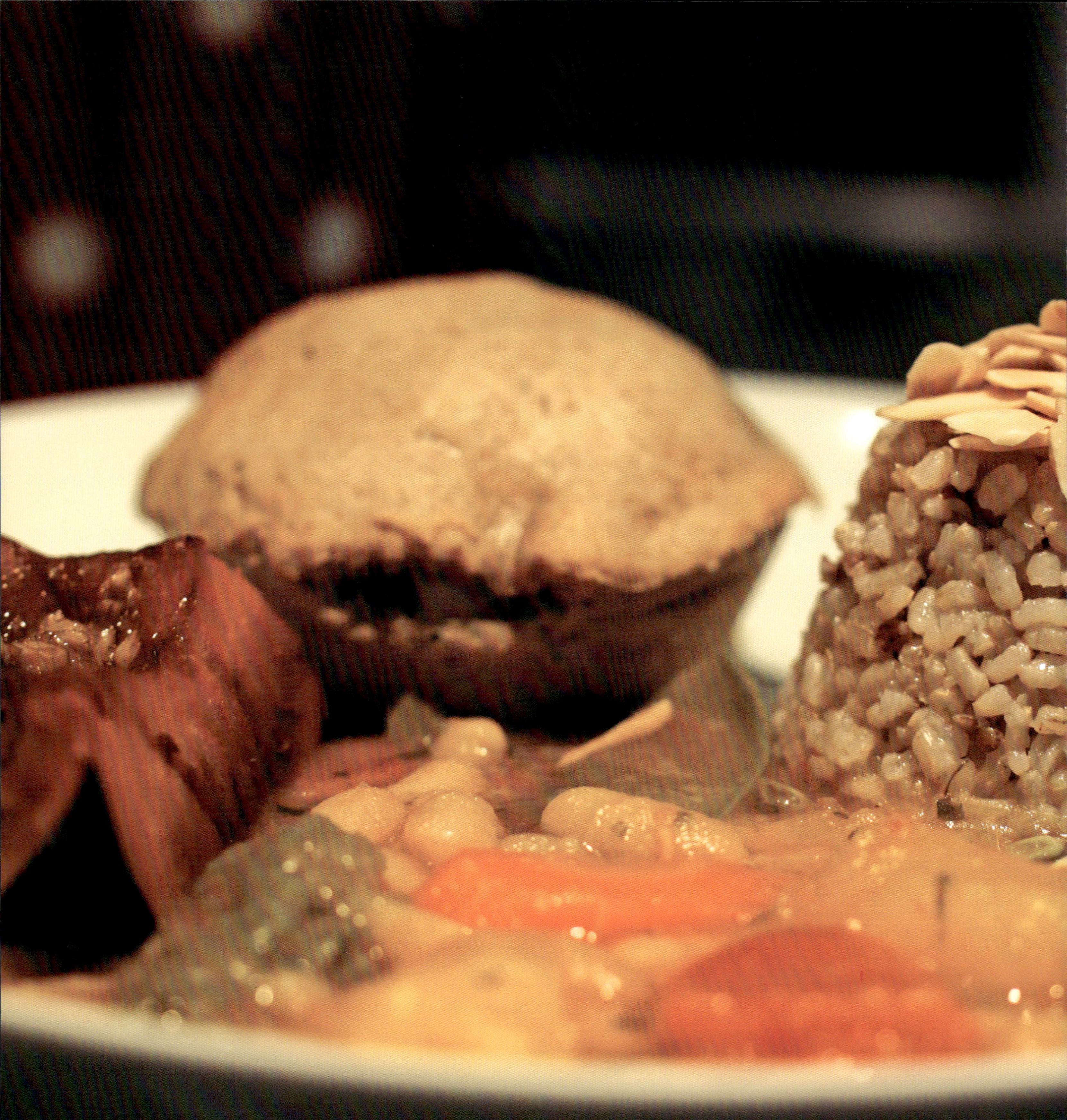

Cozido de legumes, feijão-branco e alecrim

Rendimento: 4 porções

INGREDIENTES

Feijão-branco

- 1 fio de azeite de oliva extra virgem
- 1 xícara (chá) de feijão-branco (de molho desde a véspera)
- 3 xícaras (chá) de caldo de legumes (ver receita na pág. 16)
- 1 ramo de alecrim fresco
- 1 dente de alho inteiro
- ¼ de xícara (chá) de cenoura em cubinhos
- ¼ de xícara (chá) de salsão em cubinhos
- ¼ de xícara (chá) de erva-doce (funcho) em cubinhos
- ½ colher (chá) de sal marinho
- 2 folhas de louro fresco

Cozido de legumes

- 2 colheres (sopa) de azeite de oliva extra virgem
- 1 colher (sopa) de cebolinha (parte branca) finamente picada
- ½ colher (chá) de alho finamente picado
- ½ colher (chá) de pimenta-de-caiena em pó
- ½ xícara (chá) de alho-poró finamente picado
- ½ xícara (chá) de cenoura cortada na diagonal, em rodelas de 2 cm
- ½ xícara (chá) de salsão cortado na diagonal, em talos de 2 cm
- ½ xícara (chá) de vagem cortada na diagonal, em talos de 2 cm
- ½ xícara (chá) de mandioquinha cortada em cubos de 2 cm
- ½ colher (chá) de sal marinho

PREPARO

Feijão-branco

Em uma panela grande, de fundo grosso, coloque todos os ingredientes. Leve ao fogo médio e, assim que levantar fervura, deixe cozinhar por 20 minutos, retirando com uma escumadeira toda a espuma que se formar na superfície. Retire as folhas de louro e reserve.

Cozido de legumes

Em outra panela, também grande e de fundo grosso, coloque o azeite, a cebolinha, o alho e a pimenta-de-caiena. Leve ao fogo médio e deixe dourar ligeiramente.

Acrescente o alho-poró, a cenoura, o salsão, a vagem, a mandioquinha e o sal e salteie até que todos os legumes estejam dourados por igual. Se necessário, adicione um pouco de caldo para que os legumes não queimem.

Para finalizar, junte o feijão-branco cozido com o seu caldo e deixe cozinhar por mais 15 minutos.

Empada de palmito e couve-flor

Rendimento: 12 unidades

MATERIAL

12 fôrmas de empada de 7 cm de diâmetro
1 carretilha

INGREDIENTES

Recheio

1 colher (sopa) de azeite de oliva extra virgem
1 pimenta dedo-de-moça, sem sementes, finamente picada
¼ de xícara (chá) de cebolinha finamente picada
3½ xícaras (chá) de couve-flor em floretes de 2 cm
2 xícaras (chá) de palmito em conserva cortado em rodelas de 2 cm
¼ de xícara (chá) de salsinha finamente picada
¼ de xícara (chá) de azeitonas verdes descaroçadas e cortadas em rodelas
½ colher (chá) de sal marinho
1 colher (sopa) de farinha de trigo comum

Massa

1 xícara (chá) de farinha de trigo comum
1 xícara (chá) de farinha de trigo integral
½ colher (chá) de sal marinho
1 xícara (chá) de manteiga clarificada (ver receita na pág. 16)
água suficiente para dar liga

PREPARO

Recheio

Em uma panela, coloque o azeite, a pimenta dedo-de-moça e a cebolinha e leve ao fogo médio para saltear. Acrescente a couve-flor e misture. Deixe cozinhar durante 5 minutos, mexendo com uma colher.

Adicione o palmito, a salsinha e as azeitonas, tempere com o sal e desligue o fogo. Polvilhe a farinha de trigo, misture e reserve.

Massa

Misture todos os ingredientes secos em uma vasilha grande. Adicione a manteiga e, com a ponta dos dedos, misture devagar até que ela se incorpore aos ingredientes secos.

Aos poucos, vá acrescentando água, misturando com as mãos até dar liga e obter uma massa lisa.

Montagem

Preaqueça o forno em temperatura média (180 °C).

Em uma superfície lisa e enfarinhada, abra a massa com um rolo.

Com uma carretilha, corte um pedaço de massa com o dobro do tamanho da superfície da fôrma de empada.

Forre o fundo e as bordas da fôrma com a massa e cubra-a com o recheio (o recheio deve ultrapassar a borda da fôrma). Feche a empada e reaproveite o excedente da massa.

Repita o procedimento até finalizar todas as empadas. Leve-as ao forno por 30 minutos. Deixe esfriar um pouco, desenforme e sirva.

Barquinhos de abóbora com shoyu e gengibre

Rendimento: 6 a 8 barquinhos

INGREDIENTES

- 1 abóbora-japonesa pequena e madura, com a casca
- 4 colheres (sopa) de shoyu Daimaru
- 4 colheres (sopa) de azeite de oliva extra virgem
- 1 colher (sopa) de gengibre fresco finamente picado

PREPARO

Preaqueça o forno em temperatura média (180 °C).

Lave bem a abóbora com uma escova, para retirar todas as impurezas que ficam impregnadas na casca. Apoie a abóbora sobre uma superfície firme forrada com um pano de prato e, com uma faca grande e afiada, corte em gomos. Retire as sementes e os fios.

Em uma vasilha pequena, misture o shoyu e o azeite e use metade dessa mistura para pincelar os barquinhos de abóbora. Coloque-os em uma assadeira e cubra com papel-alumínio. Leve a assadeira ao forno e deixe assar por 20 minutos.

Retire os barquinhos do forno, pincele-os com o restante da mistura de azeite e shoyu e polvilhe o gengibre.

Leve-os novamente ao forno, sem cobrir, e deixe dourar por 10 minutos.

Arroz integral com amêndoas tostadas

Rendimento: 8 porções

INGREDIENTES

- 1 xícara (chá) de arroz cateto integral biodinâmico
- 2 xícaras (chá) de caldo de legumes (ver receita na pág. 16)
- ½ colher (chá) de sal marinho
- 2 colheres (sopa) de amêndoas laminadas

PREPARO

Preaqueça o forno em temperatura alta (200 °C).

Lave o arroz em água corrente e escorra. Coloque-o na panela de pressão e acrescente o caldo de legumes e o sal marinho. Leve ao fogo alto.

Enquanto isso, disponha as amêndoas em uma assadeira e leve ao forno. Deixe tostar por 10 minutos, retire do forno e reserve.

Assim que o pino da panela de pressão começar a se mexer, abaixe o fogo e deixe cozinhar por 10 minutos. Desligue o fogo e retire a pressão da panela, colocando-a sob água corrente.

Sirva o arroz com as amêndoas tostadas por cima.

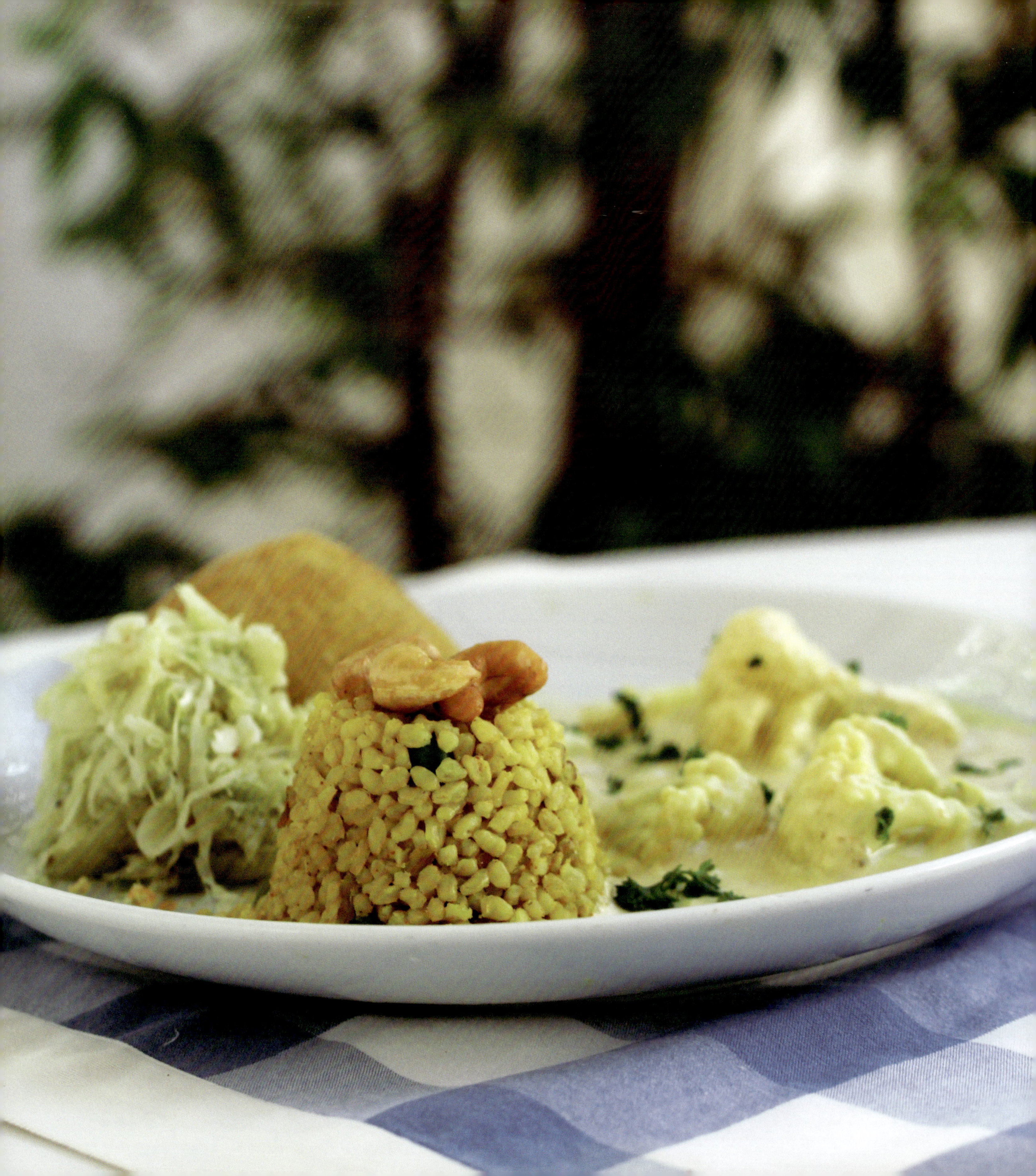

Couve-flor ao molho de iogurte e curry com pimenta biquinho e azeite de coentro

Rendimento: 4 porções

INGREDIENTES

8 xícaras (chá) de couve-flor em buquês graúdos
1 colher (chá) de sal marinho
1 colher (sopa) de manteiga clarificada (ver receita na pág. 16)
½ xícara (chá) de cebola finamente picada
1 litro de iogurte natural integral
3 colheres (sopa) de mel
1½ colher (chá) de curry em pó
1 colher (sopa) de amido de milho
2 colheres (sopa) de pimenta biquinho, para servir

Azeite de coentro

½ xícara (chá) de azeite de oliva extra virgem
2 colheres (sopa) de folhas de coentro fresco
uma pitada de sal marinho

PREPARO

Coloque os buquês de couve-flor numa panela a vapor, polvilhados com metade do sal marinho. Leve ao fogo alto e, assim que a água ferver, deixe cozinhar por 5 minutos. Retire os buquês do vapor, para interromper o cozimento, e reserve.

Em outra panela, coloque a manteiga clarificada e a cebola. Leve ao fogo médio e deixe dourar ligeiramente por 2 minutos. Desligue o fogo e reserve.

Separadamente, em uma tigela, coloque o iogurte, o mel, o curry, o amido de milho e o restante do sal marinho. Bata vigorosamente com um fouet (batedor de arame) até emulsificar bem todos os ingredientes e junte à panela com a cebola cozida. Leve ao fogo e cozinhe por 2 minutos. Desligue o fogo, transfira a mistura para o copo do liquidificador e bata. Ponha a mistura de volta na panela, junte a couve-flor e leve ao fogo baixo. Deixe cozinhar por mais 5 minutos.

Sirva este prato salpicado com pimenta biquinho e regue com um fio de azeite de coentro.

Azeite de coentro

Coloque todos os ingredientes no liquidificador e bata até obter uma emulsão bem homogênea.

Pastel assado de ricota e cenoura ao curry

Rendimento: 10 unidades de tamanho médio

MATERIAL
1 cortador circular de 15 cm de diâmetro ou 1 carretilha

INGREDIENTES

Massa
¾ de xícara (chá) de iogurte natural integral
3 colheres (sopa) de manteiga clarificada (ver receita na pág. 16)
1¼ xícara (chá) de farinha de trigo comum
¾ de xícara (chá) de farinha de trigo integral
1½ colher (chá) de curry em pó
½ colher (chá) de sal marinho

Recheio
4 xícaras (chá) de cenoura grosseiramente ralada
5 xícaras (chá) de ricota passada na peneira
1 colher (chá) de curry em pó
½ xícara (chá) de cebolinha finamente picada
2 colheres (chá) de sal marinho
1 colher (sopa) de coentro fresco finamente picado
1 pimenta dedo-de-moça finamente picada
1 colher (sopa) de sementes de mostarda tostadas
¼ de xícara (chá) de azeite de oliva extra virgem

PREPARO

Massa
Em uma tigela, misture o iogurte e a manteiga clarificada.

Em uma bacia, misture 1 xícara de farinha de trigo comum aos demais ingredientes secos. Faça uma cavidade no centro do monte e, aos poucos, adicione a mistura de iogurte e manteiga clarificada, mexendo com a ponta dos dedos em movimentos circulares até que todos os ingredientes estejam bem incorporados. Trabalhe a massa levemente, sem sovar.

Abra a massa com um rolo sobre um superfície lisa, seca e enfarinhada. Ela deve ficar fina, mas não a ponto de se romper quando receber o recheio.

Recheio
Coloque todos os ingredientes em uma vasilha. Misture com uma colher até obter um creme homogêneo.

Montagem
Preaqueça o forno em temperatura média (180 °C).

Corte a massa com o cortador ou com uma carretilha. Coloque 2 colheres (sopa) rasas do recheio no centro de cada circulo, feche a massa e pressione as bordas, para que não se abram. Passe a carretilha em volta para dar acabamento.

Acomode os pastéis em uma assadeira e leve ao forno para assar por cerca de 25 minutos.

Arroz cateto com açafrão, ervilhas frescas e castanhas de caju

Rendimento: 8 porções

INGREDIENTES

- ½ xícara (chá) de ervilhas frescas
- 1 xícara (chá) de arroz cateto integral biodinâmico
- 2 xícaras (chá) de caldo de legumes (ver receita na pág. 16)
- 1 colher (sopa) de manteiga clarificada (ver receita na pág. 16)
- ¼ de colher (chá) de açafrão-da-terra (cúrcuma)
- ½ colher (chá) de sal marinho
- ¼ de xícara (chá) de castanhas de caju quebradas, para servir

PREPARO

Cozinhe a ervilha em água por 10 minutos, escorra e reserve.

Lave o arroz, passando-o duas vezes por água corrente, esfregando com as mãos para retirar as impurezas, e escorra. Coloque-o na panela de pressão e acrescente o caldo de legumes. Leve ao fogo alto. Assim que o pino começar a mexer, abaixe o fogo e deixe cozinhar por 10 minutos. Passado esse tempo, desligue o fogo e espere a panela perder a pressão naturalmente. O arroz deverá estar cozido al dente.

À parte, numa frigideira de fundo grosso, aqueça a manteiga clarificada. Adicione a ervilha, o açafrão e o sal marinho, misture e deixe saltear por 1 minuto. Acrescente o arroz cozido, misture, e torne a saltear por mais 1 minuto.

Sirva polvilhado com as castanhas de caju.

Repolho com maçã e sementes de mostarda

Rendimento: 8 porções

INGREDIENTES

- 1 colher (chá) de sementes de mostarda
- 1 colher (sopa) de óleo de girassol
- 4 xícaras (chá) de repolho branco cortado em tirinhas finas
- ½ colher (chá) de sal marinho
- ½ xícara (chá) de água filtrada
- 1 xícara (chá) de maçã com casca, preferencialmente do tipo Fuji, cortada em cubinhos de 1 cm

PREPARO

Coloque as sementes de mostarda em uma panela e leve para tostar em fogo alto. Assim que as sementes começarem a estalar, acrescente o óleo, o repolho e o sal e misture.

Abaixe o fogo e cozinhe por 10 minutos, mexendo continuamente. Acrescente a água, misture e deixe cozinhar por mais 10 minutos, com a panela tampada. Quando a água secar, adicione a maçã e deixe cozinhar por mais 5 minutos. Desligue o fogo e sirva quente.

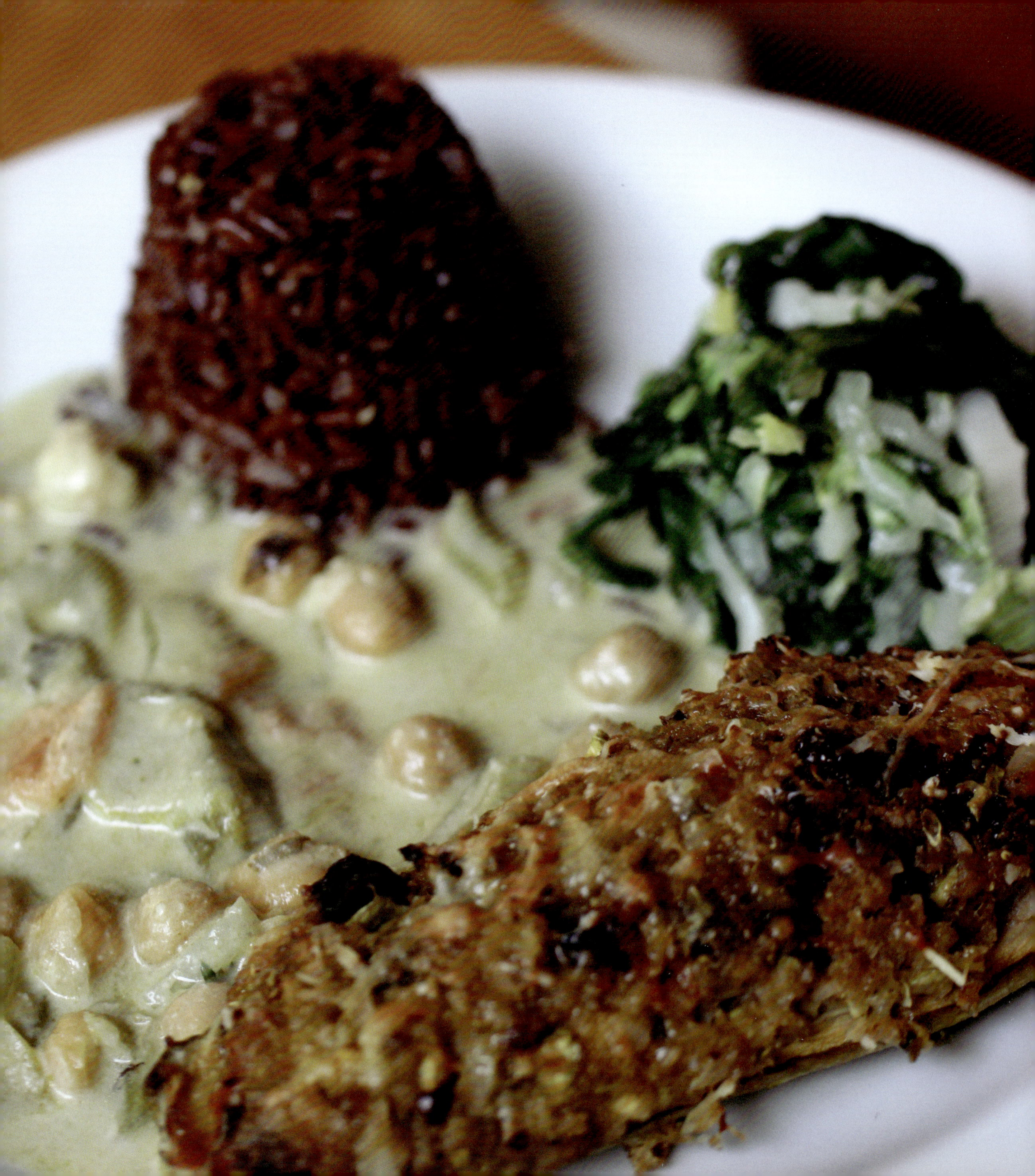

Ensopado de legumes com grão-de-bico e leite de castanhas de caju

Rendimento: 8 porções

INGREDIENTES

Ensopado

1 colher (sopa) de azeite de oliva extra virgem
½ colher (chá) de alho finamente picado
¼ de xícara (chá) de alho-poró cortado na diagonal em rodelas de 3 cm
¼ de xícara (chá) de salsão cortado na diagonal em tiras de 3 cm
¼ de xícara (chá) de cambuci cortado em quartos
¼ de xícara (chá) de couve-flor dividida em buquezinhos
¼ de xícara (chá) de ervilhas-tortas cortadas na diagonal, em pedaços de 3 cm
¼ de xícara (chá) de cenoura cortada na diagonal, em rodelas de 3 cm
½ xícara (chá) de grão-de-bico cozido na panela de pressão por 20 minutos, escorrido
1 litro de leite de castanhas de caju

Leite de castanhas de caju

1 xícara (chá) de castanhas de caju cruas, sem sal, de molho em água mineral fria por 8 horas
1 xícara (chá) de água de coco fresco
1 colher (chá) de suco de limão
¼ de colher (chá) de alho picado
1 colher (chá) de salsinha picada
uma pitada de sal marinho
2 xícaras (chá) de caldo de legumes (ver receita na pág. 16)

PREPARO

Ensopado

Em uma panela, coloque o azeite de oliva e o alho. Leve ao fogo baixo até dourar levemente. Acrescente o alho-poró e deixe dourar um pouco, misturando continuamente. Adicione o salsão e, sempre mexendo, salteie por mais alguns minutos.

Vá colocando o restante dos legumes um a um, seguindo a ordem em que estão listados, salteando-os ligeiramente a cada adição. Por fim, acrescente o grão-de-bico escorrido e o leite de castanhas de caju e deixe cozinhar até que a cenoura esteja macia. Sirva quente.

Leite de castanhas de caju

Escorra a água das castanhas de caju e descarte-a. Coloque-as no liquidificador e adicione a água de coco, o suco de limão, o alho, a salsinha e o sal. Moa até obter um creme bem homogêneo. Junte o caldo de legumes e misture. Reserve.

Abobrinha gratinada

Rendimento: 6 porções

INGREDIENTES

6 abobrinhas italianas pequenas
¼ de xícara (chá) de azeite de oliva extra virgem
½ xícara (chá) de cebola finamente picada
1 colher (chá) de pimenta rosa moída na hora
1½ colher (chá) de alho finamente picado
4 xícaras (chá) de abobrinha italiana cortada em cubos de 1 cm
3 tomates com a pele e sem sementes cortados em cubos de 1 cm
½ xícara (chá) de salsinha finamente picada
½ xícara (chá) de cebolinha finamente picada
½ xícara (chá) de hortelã finamente picada
1 colher (chá) de sal marinho
¼ de xícara (chá) de uvas-passas brancas sem sementes, escaldadas previamente e escorridas
½ colher (chá) de alho finamente picado
¼ de xícara (chá) de farinha de rosca, ou o suficiente para dar liga
½ xícara (chá) de castanhas-do-pará finamente picadas
½ xícara (chá) de queijo parmesão ralado

PREPARO

Preaqueça o forno em temperatura alta (200 °C).

Corte as abobrinhas inteiras ao meio no sentido do comprimento.

Com a ponta de uma faca, risque a polpa delas, formando vários losangos até quase alcançar a casca, sem furá-la. Pincele a polpa com um fio de azeite e polvilhe um pouquinho de sal.

Coloque essas abobrinhas em uma assadeira, cubra com papel-alumínio e leve ao forno para assar durante 40 minutos. Retire-as do forno, deixe amornar e retire a polpa delicadamente com uma colher, deixando cerca de 0,5 cm de polpa junto à casca. Reserve a polpa retirada em uma travessa e acomode as cascas em uma assadeira.

Em uma panela coloque o azeite, a cebola, a pimenta rosa moída e o alho. Leve ao fogo médio até que dourem levemente. Acrescente os cubos de abobrinha e deixe que cozinhem até que estejam macios ao toque. Adicione os cubinhos de tomate, a salsinha, a cebolinha, a hortelã e o sal e deixe cozinhar mais um pouco.

Junte a polpa das abobrinhas assadas bem picada, deixe cozinhar ligeiramente para incorporar os sabores e desligue o fogo. Transfira a mistura para uma tigela, acrescente as passas, o alho picadinho e misture farinha de rosca somente até dar liga.

Divida a mistura igualmente pelas cascas de abobrinha reservadas na assadeira. Polvilhe as castanhas-do-pará picadas e o parmesão ralado. Leve ao forno e para gratinar por cerca de 15 minutos.

Dica: Esta receita pode ser feita com berinjelas pequenas no lugar das abobrinhas.

Arroz vermelho com gengibre

Rendimento: 8 porções

INGREDIENTES

1 xícara (chá) de arroz vermelho
2 xícaras (chá) de caldo de legumes (ver receita na pág. 16)
1 colher (sopa) de azeite de oliva extra virgem
1 colher (sopa) de gengibre finamente picado
uma pitada de sal marinho

PREPARO

Preaqueça o forno em temperatura média (180 °C).

Lave o arroz, passando-o duas vezes por água corrente, esfregando com as mãos para retirar as impurezas, e escorra. Coloque-o na panela de pressão e acrescente o caldo de legumes. Leve ao fogo alto. Assim que o pino começar a mexer, abaixe o fogo e deixe cozinhar por 15 minutos. Passado esse tempo, desligue o fogo e espere a panela perder a pressão naturalmente. O arroz deverá estar cozido al dente.

Em uma frigideira antiaderente, esquente o azeite em fogo médio. Doure o gengibre por 5 minutos e desligue.

Misture delicadamente o arroz cozido com o gengibre, tempere com o sal e sirva.

Mix de verduras salteadas

Rendimento: 8 porções

INGREDIENTES

1 colher (sopa) de óleo de girassol
½ colher (chá) de alho finamente picado
1 xícara (chá) de acelga lavada, seca e cortada em tiras de 0,5 cm
1 xícara (chá) de mostarda lavada, seca e cortada em tiras de 0,5 cm
1 xícara (chá) de couve lavada, seca e cortada em tiras de 0,5 cm
1 xícara (chá) de repolho lavado e cortado em tiras de 0,5 cm
½ colher (chá) de sal marinho

PREPARO

Em uma frigideira grande, coloque o óleo de girassol e o alho. Leve ao fogo médio. Doure o alho por 1 ou 2 minutos. Acrescente as verduras picadas e salteie por 1 minuto. Tempere com o sal e mexa continuamente, até as verduras murcharem e estarem cozidas. Desligue o fogo. Sirva com um fio de azeite de oliva.

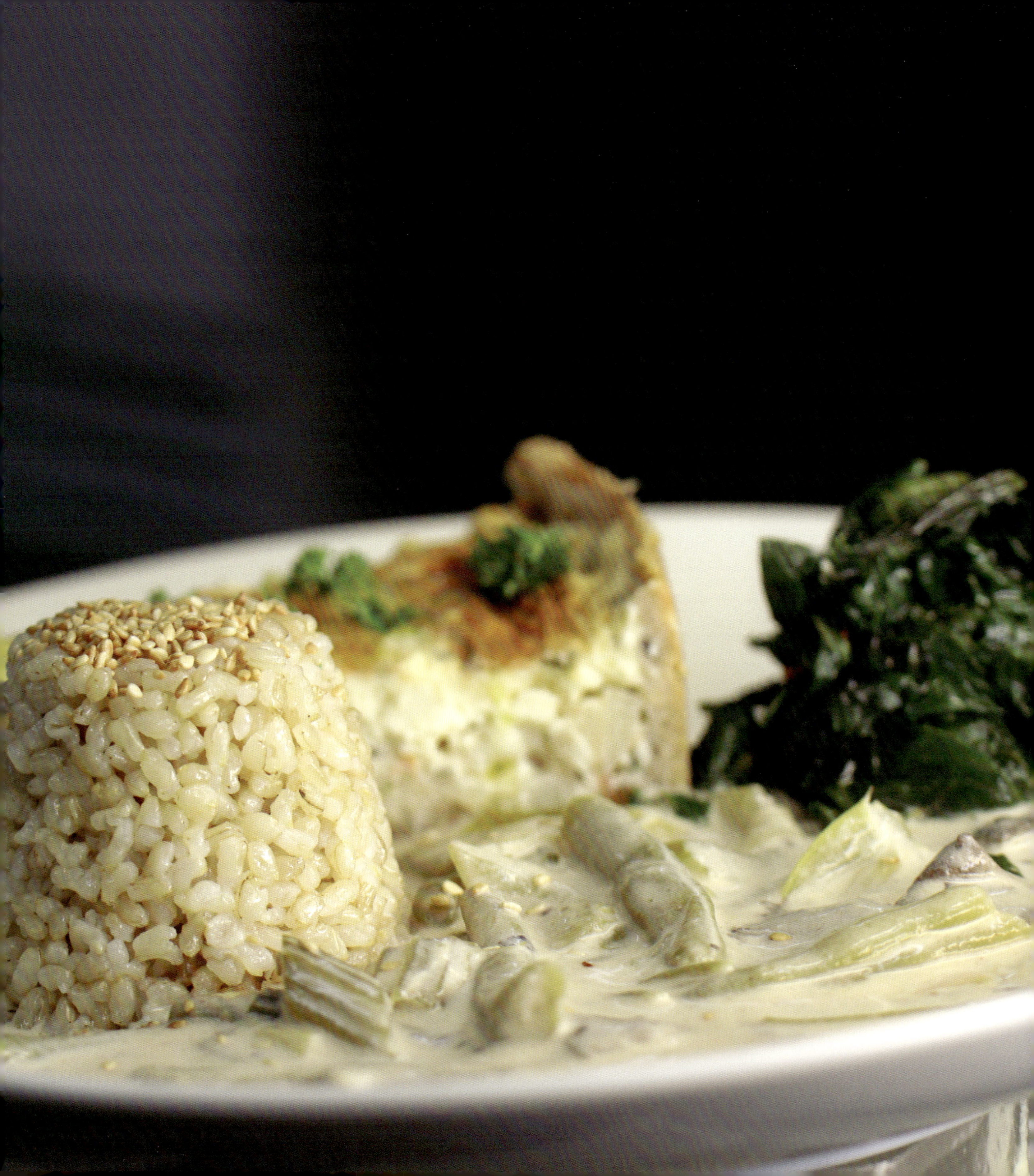

Estrogonofe de vegetais, cogumelos portobello e leite de amêndoas

Rendimento: 4 porções

INGREDIENTES

¼ de colher (chá) de páprica picante
¼ de colher (chá) de páprica doce
¼ de colher (chá) de pimenta rosa
¼ de colher (chá) de sal marinho
½ xícara (chá) de vinho branco orgânico seco
1½ xícara (chá) de caldo de legumes (ver receita na pág. 16)
azeite de oliva extra virgem quanto baste
½ colher (chá) de alho finamente picado
2 colheres (sopa) de cebola finamente picada
¼ de xícara (chá) de alho-poró (parte branca) cortado em rodelas de 3 cm
1 xícara (chá) mal cheia de salsão cortado na diagonal em rodelas de 3 cm
1 xícara (chá) mal cheia de aspargos cortados na diagonal em pedaços de 3 cm
2 xícaras (chá) de cogumelos portobello laminados
¼ de xícara (chá) de cebolinha finamente picada
2 colheres (sopa) de molho de tomate (ver receita na pág. 16)
1 xícara (chá) mal cheia de ervilhas-tortas cortadas na diagonal em pedaços de 3 cm
1 xícara (chá) de leite de amêndoas (ver receita na pág. 17)
1 colher (sopa) de açúcar demerara
½ colher (chá) de sal marinho, para finalizar

PREPARO

Em um recipiente pequeno, misture as pápricas com a pimenta rosa e o sal e reserve.

Ponha o vinho e o caldo de legumes em uma panela, leve ao fogo e deixe cozinhar por 15 minutos, para que o álcool evapore. Reserve.

Enquanto isso, ponha um fio de azeite em um panela de fundo grosso e leve-a ao fogo. Adicione uma pitada da mistura de pápricas e pimenta rosa, o alho, a cebola e o alho-poró. Misture.

Acrescente agora mais um fio de azeite, o salsão, os aspargos, os cogumelos, a cebolinha e mais uma pitada da mistura de pápricas e pimenta rosa. Junte o caldo reservado, misture e deixe cozinhar por mais 10 minutos.

Passado esse tempo, adicione o molho de tomate e as ervilhas-tortas e cozinhe por mais 3 minutos. Por fim, junte o leite de amêndoas e o açúcar, tempere com o restante do sal e cozinhe por mais 1 minuto. Sirva imediatamente.

Torta de palmito

Rendimento: 10 a 12 fatias

MATERIAL

1 fôrma redonda de fundo removível de 28 cm de diâmetro e 5 cm de altura

INGREDIENTES

Massa

¾ de xícara (chá) de farinha de trigo comum
¾ de xícara (chá) de farinha de trigo integral
2 colheres (sopa) de linhaça dourada moída
½ colher (chá) de sal marinho
¼ de xícara (chá) de manteiga sem sal, em temperatura ambiente
água suficiente para dar liga

Recheio

3 colheres (sopa) de azeite de oliva extra virgem
½ xícara (chá) de cebolinha finamente picada
3 xícaras (chá) de palmito em conserva cortado em rodelas de 2 cm
½ xícara (chá) de tomate com a pele e sem as sementes cortado em cubos de 2 cm
¼ de xícara (chá) de azeitonas verdes descaroçadas e cortadas em pedaços de 2 cm
1 colher (chá) de sal marinho
½ colher (chá) de pimenta rosa moída
¼ de xícara (chá) de farinha de trigo comum

Creme

1 copo de requeijão cremoso
½ xícara (chá) de ricota amassada
¼ de xícara (chá) de queijo prato ralado
3 ovos caipiras
1½ xícara (chá) de creme de leite fresco
½ colher (chá) de sal marinho
1 colher (sopa) de manjericão
1 colher (sopa) de ciboulette

PREPARO

Massa

Primeiramente, misture todos os ingredientes secos em uma vasilha grande. Adicione a manteiga e, com a ponta dos dedos, amasse devagar até que ela se incorpore aos ingredientes secos.

Aos poucos, vá acrescentando água, misturando com as mãos até dar liga e obter uma massa lisa.

Em uma superfície lisa e enfarinhada, abra a massa com um rolo até obter um círculo de cerca de 40 cm de diâmetro. Forre com a massa o fundo e a borda da fôrma. Reserve.

Recheio

Em uma frigideira, salteie rapidamente o azeite e a cebolinha.

Acrescente o palmito e salteie por 5 minutos. Adicione o tomate, as azeitonas, o sal e a pimenta rosa. Por fim, adicione a farinha de trigo e misture bem.

Desligue o fogo e transfira a mistura para uma assadeira, espalhando-a bem para esfriar.

Creme

Em uma tigela, misture todos os ingredientes. Reserve.

Montagem

Preaqueça o forno em temperatura média (180 °C).

Coloque o recheio de palmito frio na fôrma forrada com a massa. Cubra com o creme de queijos e leve ao forno por 1 hora, ou até dourar.

Arroz cateto com mix de sementes

Rendimento: 8 porções

INGREDIENTES

Arroz

1 xícara (chá) de arroz cateto integral biodinâmico
2 xícaras (chá) de caldo de legumes (ver receita na pág. 16)
uma pitada de sal marinho

Mix de sementes

1 colher (sopa) de gergelim cru
1 colher (sopa) de sementes de girassol cruas
1 colher (sopa) de sementes de linhaça dourada
1 colher (sopa) de sementes de abóbora cruas e sem sal

PREPARO

Arroz

Lave o arroz, passando-o duas vezes por água corrente, esfregando com as mãos para retirar as impurezas, e escorra. Coloque-o na panela de pressão e acrescente o caldo de legumes. Leve ao fogo alto. Assim que o pino começar a se mexer, abaixe o fogo e deixe cozinhar por 10 minutos. Passado esse tempo, desligue o fogo e espere a panela perder a pressão naturalmente. O arroz deverá estar cozido al dente.

Sirva o arroz polvilhado com o mix de sementes

Mix de sementes

Preaqueça o forno em temperatura média (180 °C).

Coloque todas as sementes em uma assadeira e leve ao forno por 10 minutos. Retire do forno e deixe esfriar. Se sobrar, guarde-as em um pote bem seco e tampado.

Espinafre agridoce

Rendimento: 4 porções

INGREDIENTES

1 colher (sopa) de óleo de girassol
½ xícara (chá) de cebola roxa picada
4 xícaras (chá) de espinafre grosseiramente picado
1 colher (chá) de açúcar cristal
1 colher (sopa) de vinagre balsâmico
azeite de oliva extra virgem, para servir

PREPARO

Em uma frigideira, coloque o óleo e leve ao fogo alto. Quando estiver bem quente, acrescente a cebola e salteie por 1 minuto. Acrescente o espinafre, o açúcar e o vinagre e continue salteando até que o espinafre esteja cozido. Regue com um fio de azeite de oliva e sirva.

Sobremesas

147	Bolo de cacau e alfarroba com laranja e damasco
148	Cheesecake de ricota e iogurte com calda de mirtilo e vinho do Porto
150	Mousse de iogurte natural
153	Bolo de chocolate com frutas vermelhas
154	Bolo de nozes com ameixa e doce de leite
156	Torta de banana, fibra e linhaça
159	Arroz-doce integral

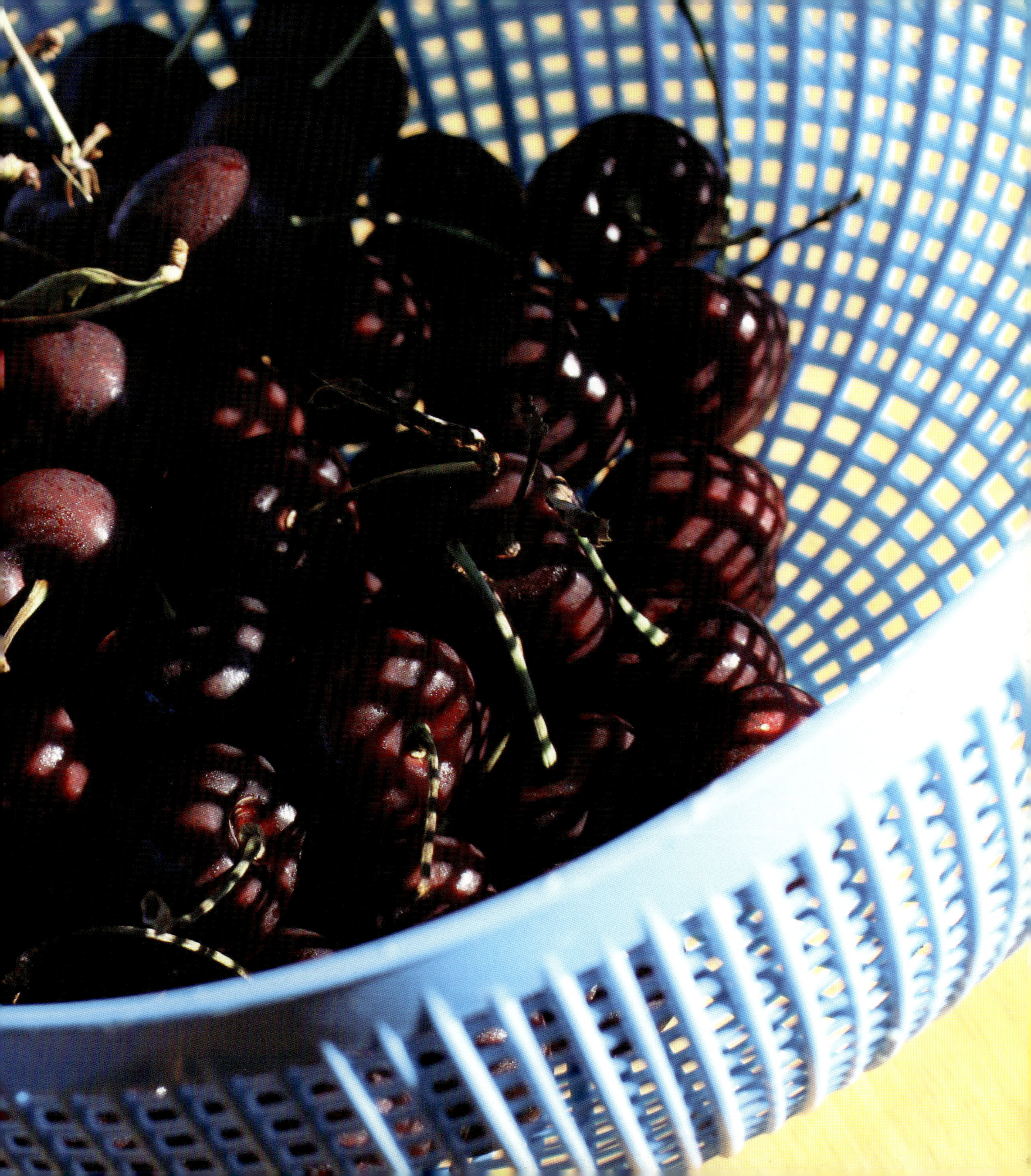

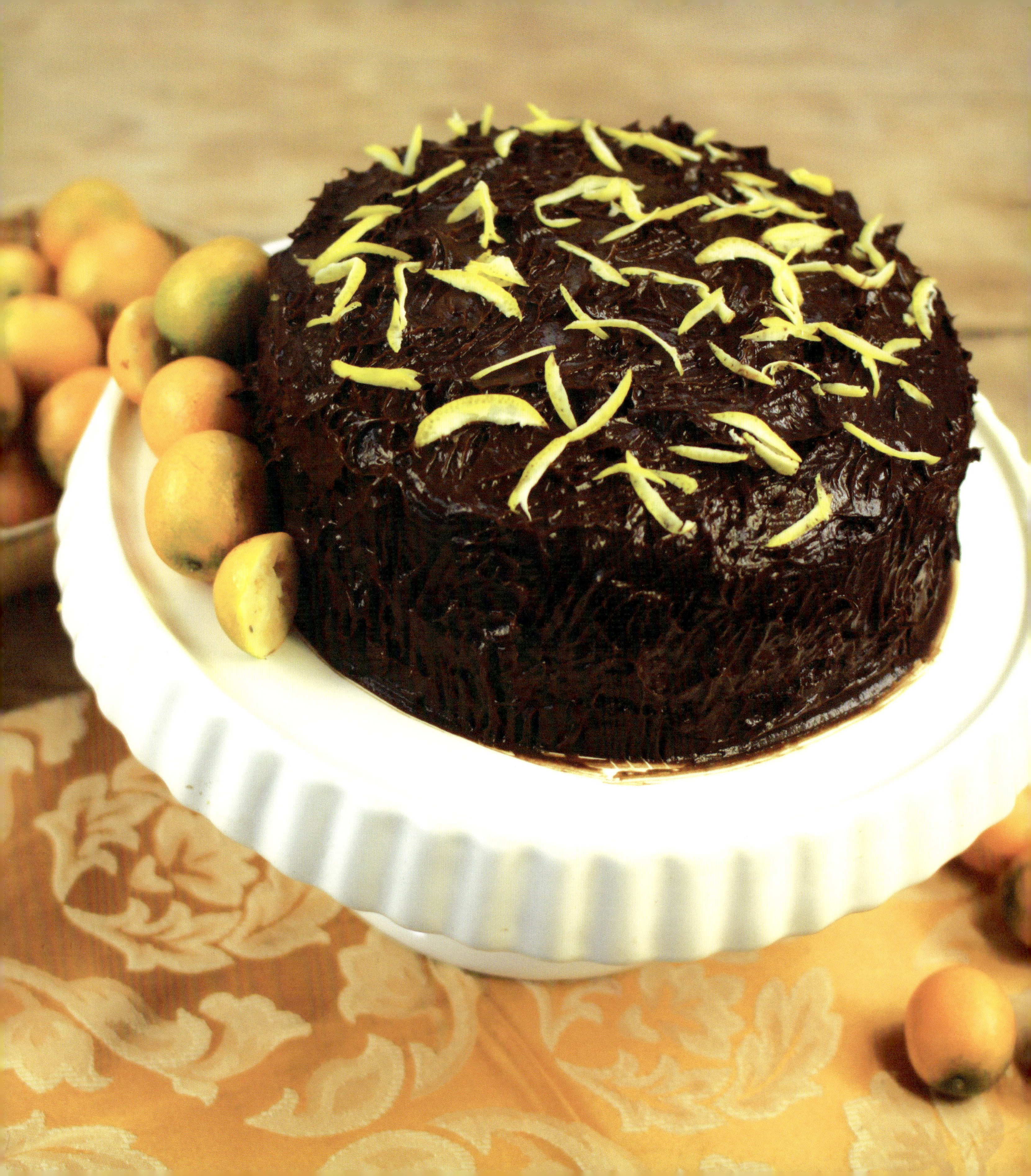

Bolo de cacau e alfarroba com laranja e damasco

Rendimento: 12 a 15 fatias

MATERIAL

1 fôrma redonda de fundo removível de 26 cm de diâmetro e 5 cm de altura

INGREDIENTES

Massa

1¼ xícara (chá) de farinha de trigo comum
½ xícara (chá) de farinha de trigo integral
1½ colher (chá) de bicarbonato de sódio
1½ colher (chá) de fermento em pó químico
¼ de colher (chá) de sal marinho
¾ de xícara (chá) de cacau em pó
¾ de xícara (chá) de alfarroba em pó
1½ xícara (chá) de leite de arroz
1 colher (sopa) de essência de baunilha
¾ de xícara (chá) de óleo de girassol

Recheio

11 laranjas-baía
2 xícaras (chá) de damasco seco picado
1 xícara (chá) de água filtrada

Cobertura

4 xícaras (chá) de avocado maduro picado, ou abacate
¼ de xícara (chá) de cacau em pó
½ xícara (chá) de alfarroba em pó
¾ de xícara (chá) de xarope de agave

Montagem

¼ de xícara (chá) de licor de laranja
¼ de xícara (chá) de xarope de agave
½ xícara (chá) de suco de maçã
raspas de 1 laranja-baía

PREPARO

Massa

Preaqueça o forno em temperatura média (180 ºC). Unte a fôrma com óleo e polvilhe a farinha.

Em uma tigela, peneire e misture todos os ingredientes secos. Em outra tigela, misture o leite de arroz, a baunilha e o óleo de girassol. Junte os ingredientes líquidos aos secos e bata bem com um fouet (batedor de arame). Despeje a massa na fôrma e leve ao forno por 30 a 40 minutos.

Recheio

Com uma faca bem afiada, descasque as laranjas, retirando também a pele branca. Para recolher todo o suco, corte os gomos das laranjas em cima de uma tigela, separando-os das fibras.

Em uma panela, coloque os damascos e a água e leve ao fogo médio, cozinhando até a água secar (cerca de 10 minutos). Acrescente os gomos de laranja com o caldo, abaixe o fogo e cozinhe por mais 15 minutos. Desligue o fogo e deixe esfriar.

Cobertura

Bata todos os ingredientes no liquidificador até obter um creme liso e homogêneo. Leve para gelar até o momento de ser utilizado.

Montagem

Misture o licor de laranja e o xarope de agave ao recheio de laranja com damasco.

Quando o bolo estiver completamente frio, desenforme-o em um prato de servir. Corte-o com uma faca de serra comprida em três camadas de espessura igual, para receber duas camadas de recheio. Umedeça as três camadas do bolo com o suco de maçã.

Primeiro, distribua metade do recheio de laranja e damasco sobre a base. Por cima, espalhe 3 colheres (sopa) da cobertura e cubra com outra camada de bolo. Repita o procedimento.

Para finalizar, coloque a última camada do bolo no lugar e, com uma espátula, espalhe uniformemente a cobertura em cima e nas laterais.

Salpique com as raspas de laranja e leve à geladeira. Sirva bem gelado.

Cheesecake de ricota e iogurte com calda de mirtilo e vinho do Porto

Rendimento: 12 fatias

MATERIAL

1 fôrma redonda de fundo removível de 23,5 cm de diâmetro x 5 cm de altura

INGREDIENTES

Massa

½ xícara (chá) de farinha de trigo comum
½ xícara (chá) de farinha de trigo integral
2 colheres (sopa) de sementes de linhaça dourada moída
¼ de xícara (chá) de açúcar demerara
¼ de colher (chá) de sal marinho
1 colher (chá) de raspas de limão
¼ de xícara (chá) de manteiga clarificada (ver receita na pág. 16)
água suficiente para dar liga

Recheio

2 xícaras de iogurte natural escorrido (ver receita na pág. 150)
1 xícara (chá) de ricota
¾ de xícara (chá) de açúcar demerara
2 ovos caipiras inteiros
1 gema de ovo caipira
2 colheres (sopa) de farinha de trigo comum
1 colher (sopa) de raspas de limão

Calda

½ xícara (chá) de açúcar demerara
1 xícara (chá) de suco de mirtilo
1 xícara (chá) de mirtilo congelado
1 colher (sopa) de amido de milho
¼ de xícara (chá) de água filtrada
1 colher (sopa) de vinho do Porto
folhas de hortelã, para guarnecer

PREPARO

Massa

Preaqueça o forno em temperatura baixa (150 °C).

Primeiramente, misture todos os ingredientes secos em uma vasilha grande. Adicione a manteiga e, com a ponta dos dedos, amasse devagar até que ela se incorpore aos ingredientes secos. Aos poucos, vá acrescentando água, misturando com as mãos até dar liga e obter uma massa lisa.

Em uma superfície lisa e enfarinhada, abra a massa com um rolo e forre o fundo e as laterais da fôrma. Reserve.

Recheio

Bata o iogurte, a ricota e o açúcar na batedeira até formar um creme fofo e homogêneo. Acrescente os ovos inteiros um a um, a gema, a farinha de trigo peneirada e bata por mais 1 minuto. Adicione as raspas de limão e desligue a batedeira.

Despeje na fôrma forrada com a massa e leve ao forno por 1 hora. Retire do forno, deixe esfriar e leve à geladeira por no mínimo 2 horas.

Calda

Em uma panela, coloque o açúcar, o suco e o mirtilo e leve ao fogo baixo por 10 minutos. Em um recipiente à parte, dissolva o amido de milho na água e transfira para a panela. Cozinhe por mais 2 minutos, mexendo constantemente com uma colher de pau.

Acrescente o vinho do Porto e desligue o fogo. Deixe esfriar e leve à geladeira.

Desenforme o bolo, espalhe a calda de vinho do Porto e mirtilos por cima e guarneça com folhinhas de hortelã no centro.

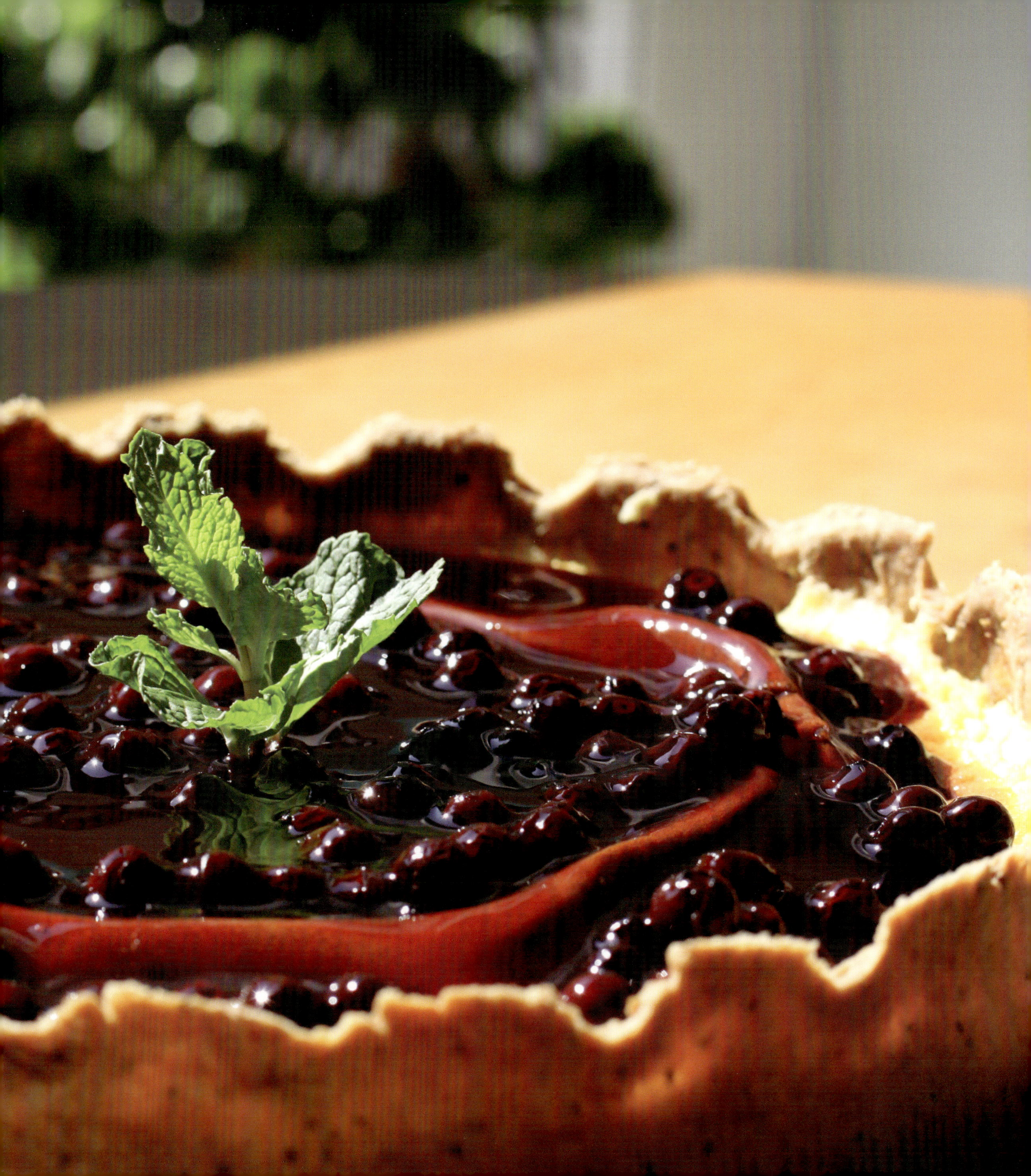

Mousse de iogurte natural

Rendimento: 12 fatias

MATERIAL

1 fôrma de silicone para pudim ou mousse com furo no meio
1 panela funda para escorrer o soro
1 chinois de aço inox (23 cm de diâmetro)
1 fralda de algodão

INGREDIENTES

Mousse

2½ xícaras (chá) de iogurte natural escorrido
1 xícara (chá) de açúcar demerara
2 envelopes de gelatina incolor
1 xícara (chá) de água filtrada
1½ xícara (chá) de creme de leite fresco

Iogurte natural escorrido

1 litro de leite tipo A fresco (não use leite de caixinha e nem desnatado)
2 colheres (sopa) bem cheias de iogurte natural integral

PREPARO

Mousse

Em uma tigela, coloque o iogurte escorrido e o açúcar, misture bem e reserve.

Dissolva a gelatina na água em banho-maria (a água não precisa ferver) e junte-a ao iogurte, misturando bem.

A seguir, bata o creme de leite fresco até o ponto de chantili mole e acrescente-o delicadamente ao iogurte. Coloque na fôrma de silicone previamente umedecida com água e leve à geladeira.

No dia seguinte, retire da geladeira e deixe em temperatura ambiente por 2 horas antes de servir.

Iogurte natural escorrido

Preaqueça o forno em temperatura alta (200 °C).

Ferva o leite e deixe esfriar até 40 °C (um pouco mais quente que a temperatura do seu dedo).

Em um recipiente pequeno, misture o iogurte com uma pequena porção do leite fervido e dissolva-o totalmente. Junte ao leite na panela e distribua a mistura em uma tigela.

Desligue o forno e coloque a tigela dentro dele. Mantenha por 8-12 horas com a luz acesa. Passado esse tempo, retire o iogurte do forno e leve à geladeira. Consuma somente após 24 horas.

Para escorrer o iogurte e deixá-lo mais consistente, forre o chinois com a fralda. Coloque-o sobre uma panela funda e despeje o iogurte dentro.

Deixe escorrer por 24 horas dentro da geladeira, com a fralda amarrada para facilitar o escoamento do soro. Passado esse tempo, verifique o ponto: ele deve ficar bem espesso. Atenção: jamais cubra o iogurte dentro do forno, pois ele formará soro e ficará muito ácido.

Dica: A mousse pode ser congelada por até 3 meses.

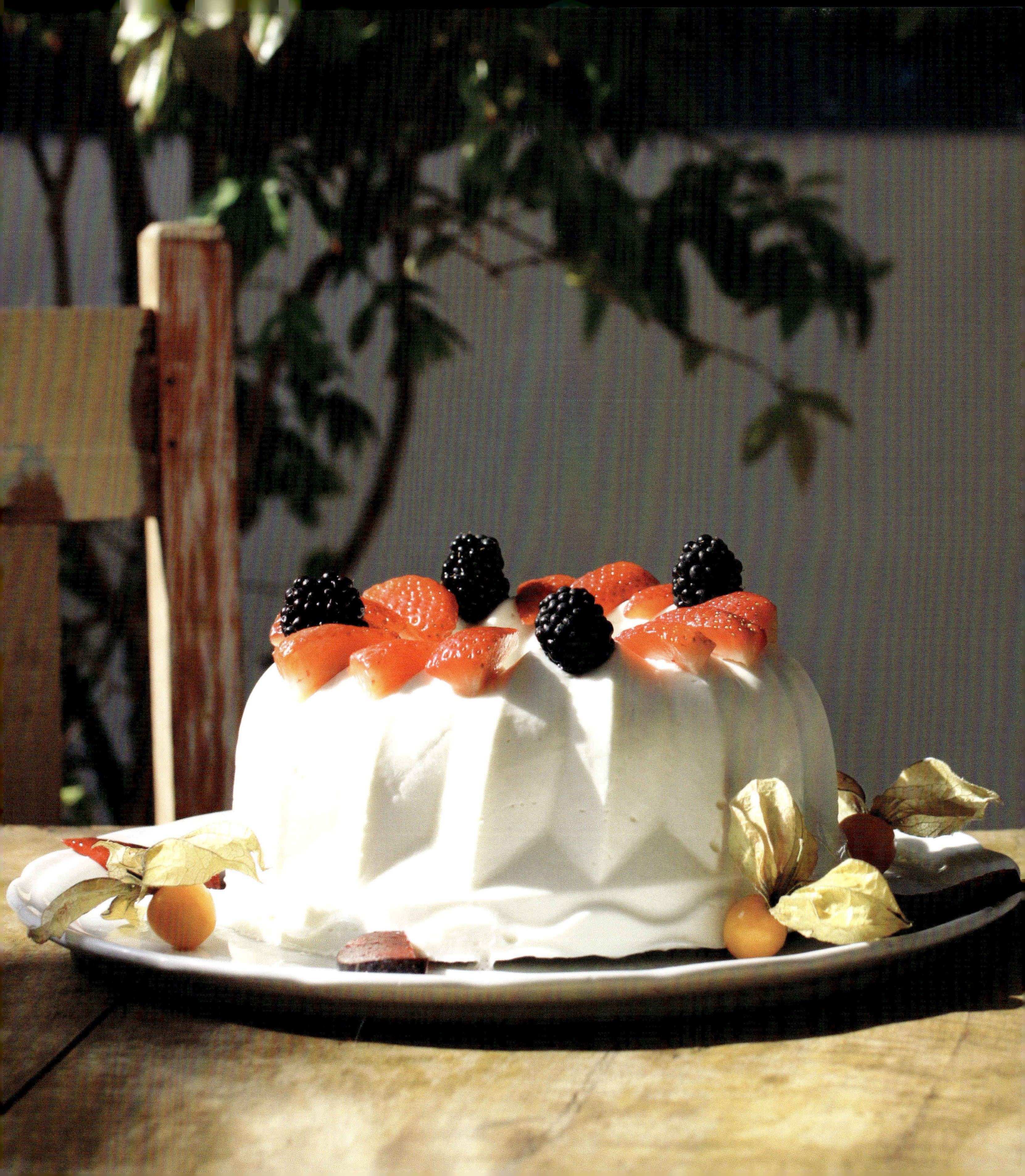

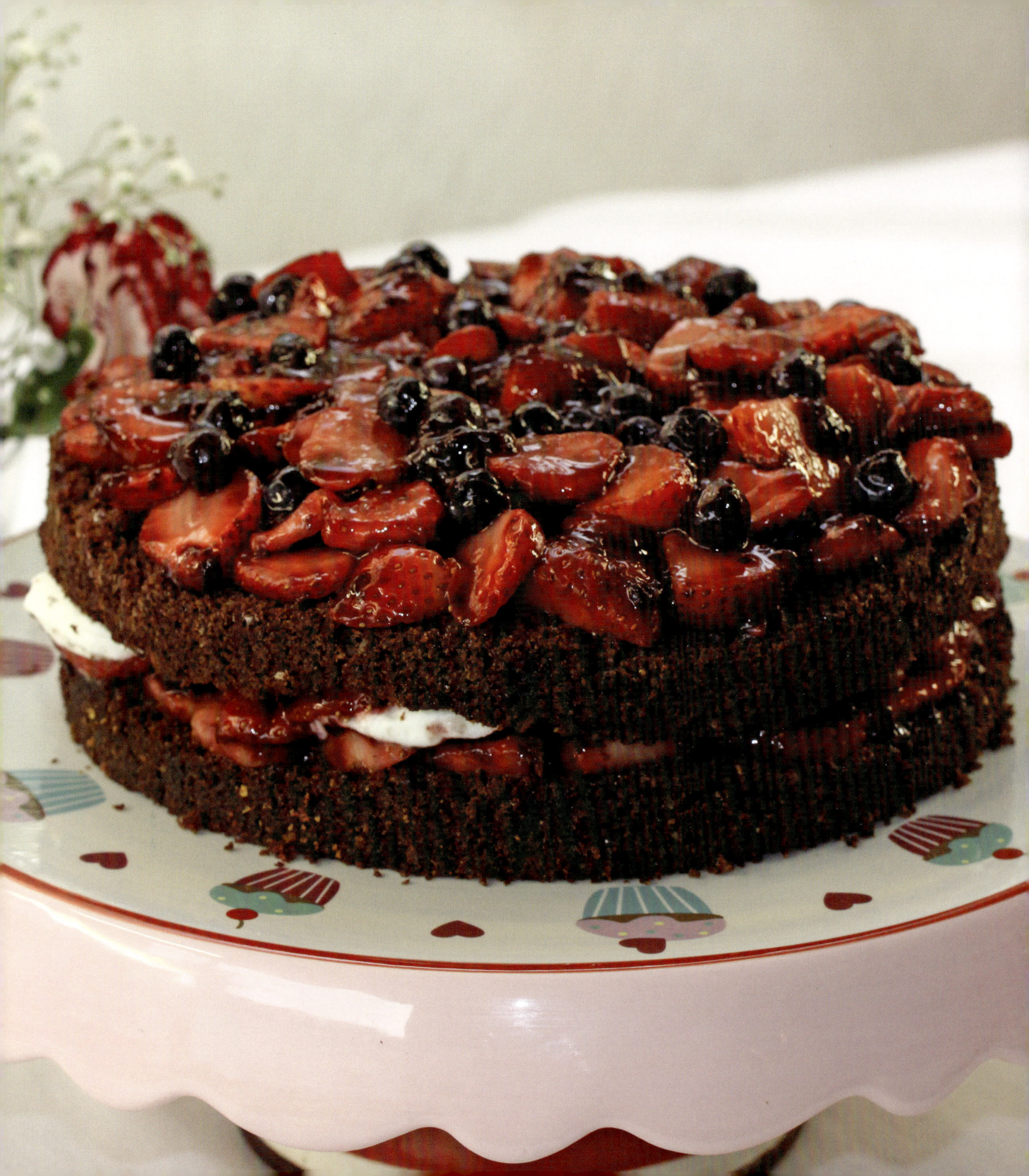

Bolo de chocolate com frutas vermelhas

Rendimento: 12 a 15 fatias

MATERIAL

1 fôrma redonda de fundo removível de 27 cm de diâmetro x 7 cm de altura
ou 2 fôrmas redondas de 20,5 cm de diâmetro x 5 cm de altura

INGREDIENTES

Bolo

- 1 xícara (chá) de chocolate em pó
- 1 xícara (chá) de água filtrada
- ¼ de colher (chá) de bicarbonato de sódio
- 6 ovos caipiras (claras e gemas separadas)
- ¾ de xícara (chá) de óleo de girassol
- 2 xícaras (chá) de açúcar demerara
- 1 xícara (chá) de farinha de trigo comum
- 1 xícara (chá) de farinha de trigo integral
- 1 colher (sopa) de fermento em pó químico

Recheio

- 1 xícara (chá) de framboesas congeladas
- 1 xícara (chá) de mirtilos congelados
- ½ xícara (chá) de açúcar demerara
- 2 xícaras (chá) de morangos lavados, secos e finamente fatiados

Chantili

- 2 xícaras (chá) de creme de leite fresco
- 2 colheres (sopa) de açúcar baunilhado

Montagem

- ¼ de xícara (chá) de licor kirsch, para decorar
- 6 morangos inteiros lavados, com os cabinhos, para decorar
- ½ xícara (chá) bem cheia de chocolate meio amargo em lascas, para decorar

PREPARO

Bolo

Preaqueça o forno em temperatura média (180 °C). Unte a fôrma com óleo e farinha de trigo.

Leve uma panela ou frigideira funda ao fogo baixo e dissolva bem o chocolate na água, junto com o bicarbonato. Reserve.

Bata as gemas na batedeira, em velocidade alta, e acrescente o óleo em fio até formar um creme com a consistência de maionese. Diminua a velocidade, adicione o açúcar e bata por mais 2 minutos. Junte o chocolate dissolvido e as duas farinhas. Continue batendo até formar uma massa homogênea.

Separadamente, bata as claras em neve. Desligue a batedeira, adicione o fermento às claras em neve e misture com uma espátula.

Transfira as claras batidas à massa de chocolate aos poucos e mexa com uma espátula, revolvendo para que a massa fique completamente homogênea. Despeje na fôrma e leve ao forno por 40 minutos.

Recheio

Em uma panela, coloque as frutas e o açúcar e leve ao fogo médio por 10 a 15 minutos (as frutas devem secar como se fosse uma compota). Desligue o fogo e reserve. Quando as frutas estiverem frias, acrescente as lascas de morango e misture. Reserve.

Chantili

Bata o creme de leite até o ponto de chantili. Acrescente o açúcar baunilhado e continue batendo até ficar firme. Reserve.

Montagem

Assim que o bolo esfriar, corte-o em duas camadas na horizontal. Umedeça a base com metade do licor. Espalhe o recheio e, por cima, um pouco de chantili. Umedeça a outra camada do bolo com o restante do licor e coloque-a sobre o recheio. Cubra o bolo com o chantili e enfeite com as raspas de chocolate meio amargo e os morangos inteiros.

Bolo de nozes com ameixa e doce de leite

Rendimento: 12 a 15 fatias

MATERIAL

1 fôrma redonda de fundo removível de 26 cm de diâmetro x 5 cm de altura

INGREDIENTES

Bolo

5 ovos caipiras (claras e gemas separadas)
2 xícaras (chá) rasas de açúcar demerara
½ xícara (chá) de manteiga sem sal em temperatura ambiente
½ xícara (chá) de leite integral
1 xícara (chá) de farinha de trigo integral
1 xícara (chá) de farinha de trigo comum, mais um pouco para polvilhar
1 xícara (chá) de nozes moídas
1 colher (sopa) de fermento em pó químico
óleo de girassol para untar

Recheio

2½ xícaras (chá) de ameixas secas
2½ xícaras (chá) de água filtrada
2 colheres (sopa) de rum
½ xícara (chá) de doce de leite orgânico

Cobertura de baunilha

2 ½ xícaras (chá) de leite integral
1 xícara (chá) de creme de leite fresco
3 colheres (sopa) de leite em pó
¼ de xícara (chá) de açúcar demerara
½ fava de baunilha cortada ao meio no sentido do comprimento
6 colheres (sopa) de amido de milho

Montagem

¼ de xícara (chá) de nozes finamente picadas
6 ameixas secas inteiras

PREPARO

Bolo

Preaqueça o forno em temperatura baixa (150 °C).

Na batedeira, bata as gemas, o açúcar e a manteiga até obter um creme fofo e cremoso. Ainda com a batedeira ligada, acrescente o leite aos poucos. Vá adicionando as farinhas e por fim as nozes.

Separadamente, bata as claras em neve. Desligue a batedeira e adicione o fermento, misturando com uma espátula. Junte as claras à massa e misture bem.

Unte a fôrma com o óleo de girassol e a farinha de trigo.

Despeje a massa na fôrma untada e leve ao forno por 35 minutos.

Recheio

Cozinhe as ameixas secas em uma panela com a água por 10 minutos. Deixe esfriar e escorra em uma peneira sobre uma tigela, reservando todo o caldo. Adicione o rum ao caldo reservado.

Reserve em outra tigela.

Cobertura de baunilha

Em uma panela média, coloque 2 xícaras de leite, o creme de leite, o leite em pó, o açúcar demerara. Raspe a fava de baunilha e acrescente as raspas e a fava à mistura. Leve ao fogo alto para ferver.

Dissolva o amido de milho no restante do leite e adicione à mistura na panela. Abaixe o fogo e, com um fouet (batedor de arame), mexa continuamente por 5 minutos.

Desligue o fogo e coloque o creme em uma tigela para esfriar. Rende 4 xícaras (chá). Quando estiver completamente frio, utilize-o para confeitar o bolo.

Montagem

Desenforme o bolo em um prato de servir e faça um corte horizontal, dividindo-o em duas camadas. Regue-as com a calda de ameixas ao rum.

Sobre a base, distribua uniformemente todo o recheio. Por cima, espalhe o doce de leite com a ajuda de um garfo e cubra com a outra metade do bolo.

Espalhe a cobertura com a ajuda de uma espátula, percorrendo toda a lateral.

Salpique com as nozes e, por fim, enfeite com as ameixas inteiras. Sirva frio.

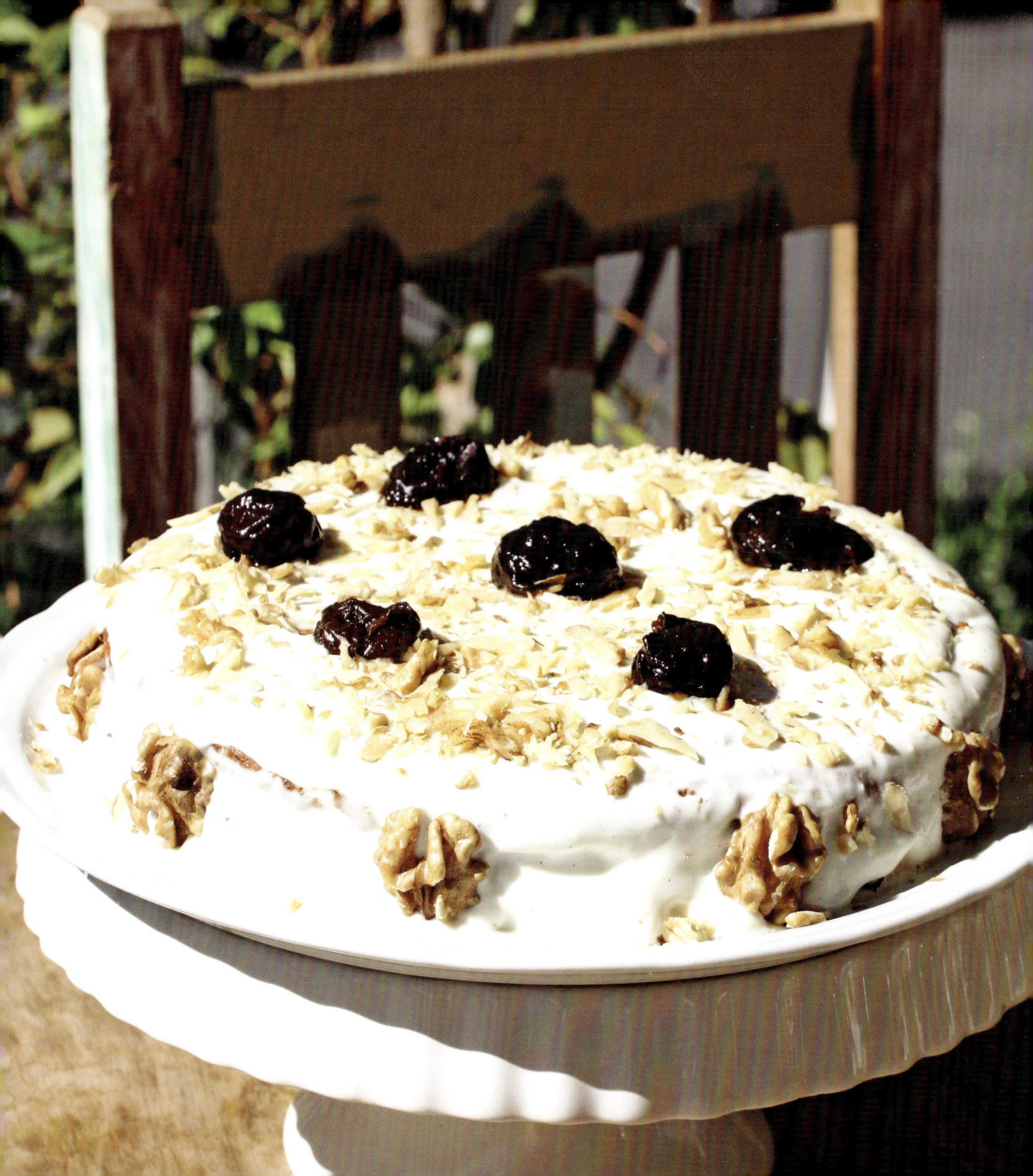

Torta de banana, fibra e linhaça

Rendimento: 12 fatias

MATERIAL

1 fôrma redonda de fundo removível de 26 cm de diâmetro x 5 cm de altura

INGREDIENTES

Torta

1 xícara (chá) de farinha de trigo comum
1 xícara (chá) de farinha de trigo integral
1 xícara (chá) de germe de trigo
1 xícara (chá) de semente de linhaça dourada
1 xícara (chá) de farelo de trigo
¼ de xícara (chá) de gergelim natural
½ colher (chá) de canela em pó
¼ de colher (chá) de cravo-da-índia em pó
½ xícara (chá) de óleo de girassol
1 kg de banana-nanica madura cortada em rodelas

Calda

¼ de xícara (chá) de xarope de agave
¼ de xícara (chá) de rum
4 bananas fatiadas no sentido do comprimento
1 xícara (chá) de suco de maçã

PREPARO

Torta

Preaqueça o forno em temperatura baixa (150 °C).

Em uma tigela, misture todos os ingredientes, com exceção da banana.

Forre o fundo da fôrma com essa farofa e disponha as rodelas de banana por cima. Distribua mais uma camada de farofa e alterne novamente com a banana. Repita o procedimento até preencher por completo a fôrma, terminando com a farofa.

Leve ao forno por 40 minutos.

Calda

Em uma frigideira, coloque o xarope de agave e leve ao fogo baixo, mexendo até o agave começar a caramelar. Adicione o rum e deixe ferver por 1 minuto, até o álcool evaporar. Acrescente a banana e o suco de maçã e deixe apurar, até o caldo reduzir um pouco. Desligue o fogo e reserve.

Quando a torta estiver fria, desenforme-a em um prato de servir e cubra uniformemente com a calda.

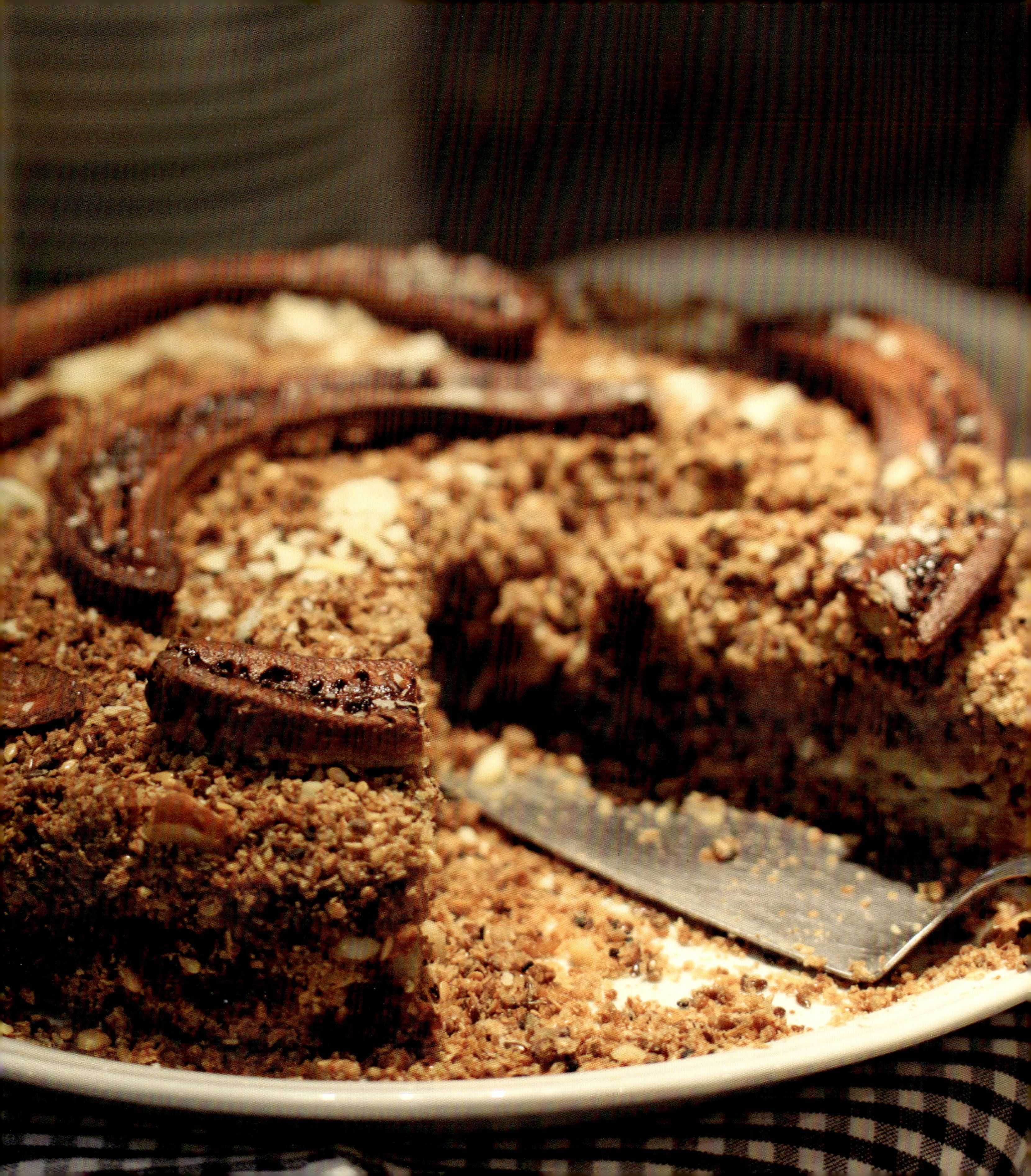

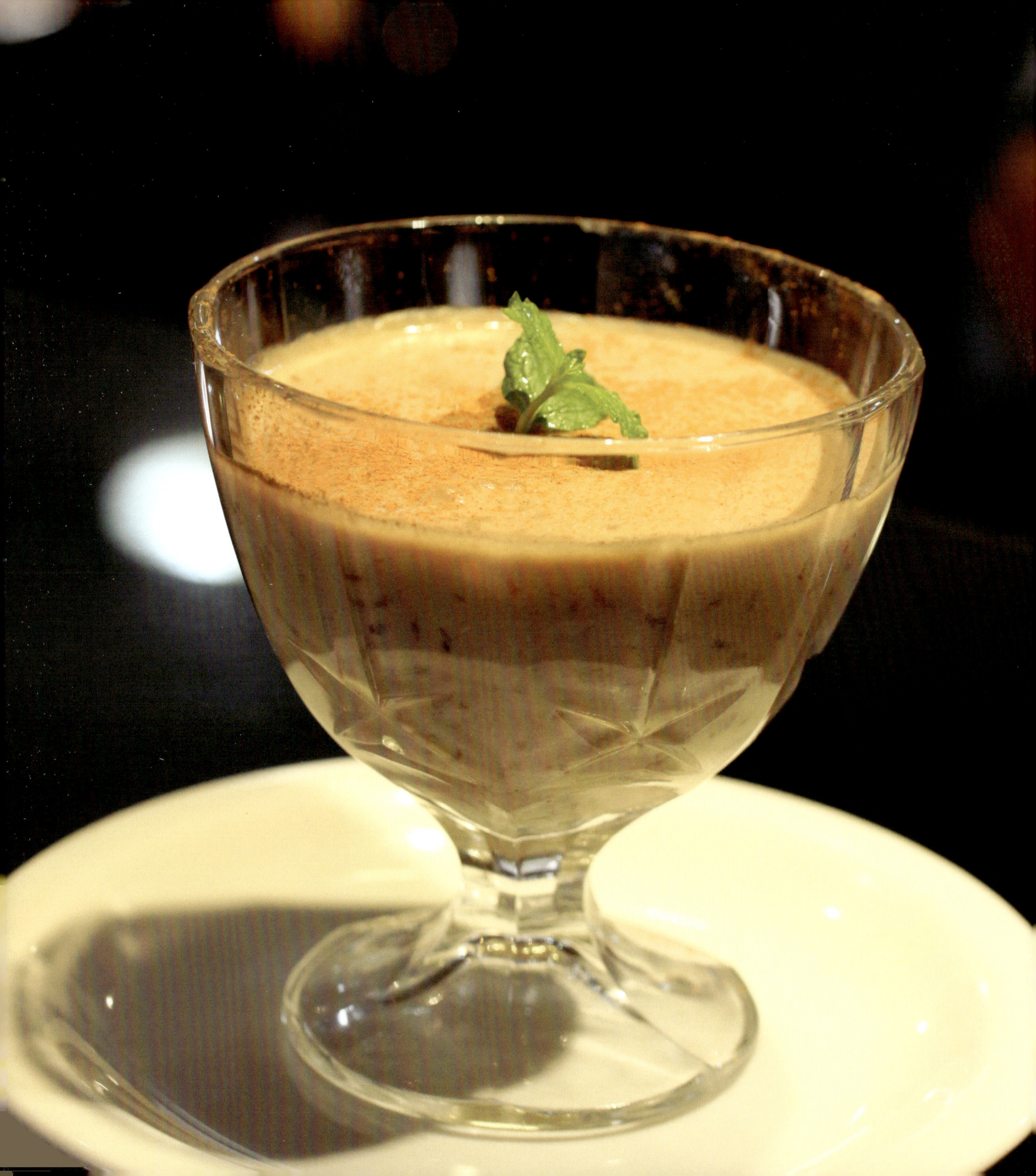

Arroz-doce integral

Rendimento: 12 a 15 porções

INGREDIENTES

1 xícara (chá) de arroz integral cateto biodinâmico
2½ xícaras (chá) de água filtrada
2 litros de leite integral tipo A
6 colheres (sopa) de leite em pó
1¼ xícara (chá) de açúcar mascavo
1 pedaço de canela em pau
canela em pó a gosto

PREPARO

Ponha o arroz e a água em uma panela de pressão pequena, tampe e leve ao fogo médio. Quando o pino começar a se mexer, abaixe o fogo e cozinhe por mais 20 minutos.

Desligue o fogo, espere a panela perder a pressão naturalmente, destampe-a com cuidado, adicione o restante dos ingredientes. Leve ao fogo baixo, sem tampar, por 20 a 30 minutos, mexendo sempre com uma colher de pau, até obter uma consistência cremosa. Retire o pedaço de canela. Na hora de servir, polvilhe a canela em pó.

Conserve em recipiente com tampa na geladeira por até 5 dias.

152℃

Bolos e biscoitinhos

Bolo de frutas secas com cenoura e especiarias   162
Biscoitos de castanha-do-pará e açúcar mascavo   165
Cookies de amêndoas e aveia com geleia   167
Biscoitos de Natal   168

Bolo de frutas secas com cenoura e especiarias

Rendimento: 8 a 10 fatias

MATERIAL

1 fôrma de pão retangular de 26 cm de comprimento x 13 cm de altura x 5 cm de largura

INGREDIENTES

1 xícara (chá) de água filtrada
1⅓ de xícara (chá) de cenoura ralada
½ xícara (chá) de uvas-passas pretas sem sementes
½ xícara (chá) de tâmaras picadas
½ xícara (chá) de ameixas-pretas picadas
½ xícara (chá) de bananas-passas picadas
½ colher (chá) de cravo em pó
½ colher (chá) de canela em pó
½ colher (chá) de noz-moscada ralada na hora
2 colheres (sopa) de melado de cana (opcional)
4 colheres (sopa) de óleo de girassol
1 xícara (chá) de farinha de arroz integral
4 colheres (chá) de fermento em pó químico
¾ de xícara (chá) de quinoa em flocos
¼ de xícara (chá) de amaranto em flocos
óleo de girassol suficiente para untar
farinha de trigo comum suficiente para polvilhar

PREPARO

Preaqueça o forno em temperatura média (180 °C).

Ponha a água em uma panela média e leve-a ao fogo. Adicione a cenoura ralada, as frutas secas e as especiarias. Assim que levantar fervura, abaixe o fogo e deixe cozinhar por 5 minutos. Retire a panela do fogo e adicione o melado e o óleo. Misture e deixe esfriar.

Em uma tigela grande, peneire a farinha e o fermento. Acrescente os flocos de quinoa e os de amaranto. Adicione a mistura de frutas já fria e bata com uma colher de pau até obter uma massa bem homogênea.

Despeje a massa em uma fôrma untada e polvilhada. Leve ao forno por cerca de 40 minutos, ou até que, ao enfiar um palito no centro do bolo, ele saia seco. Deixe esfriar por 15 minutos antes de desenformar.

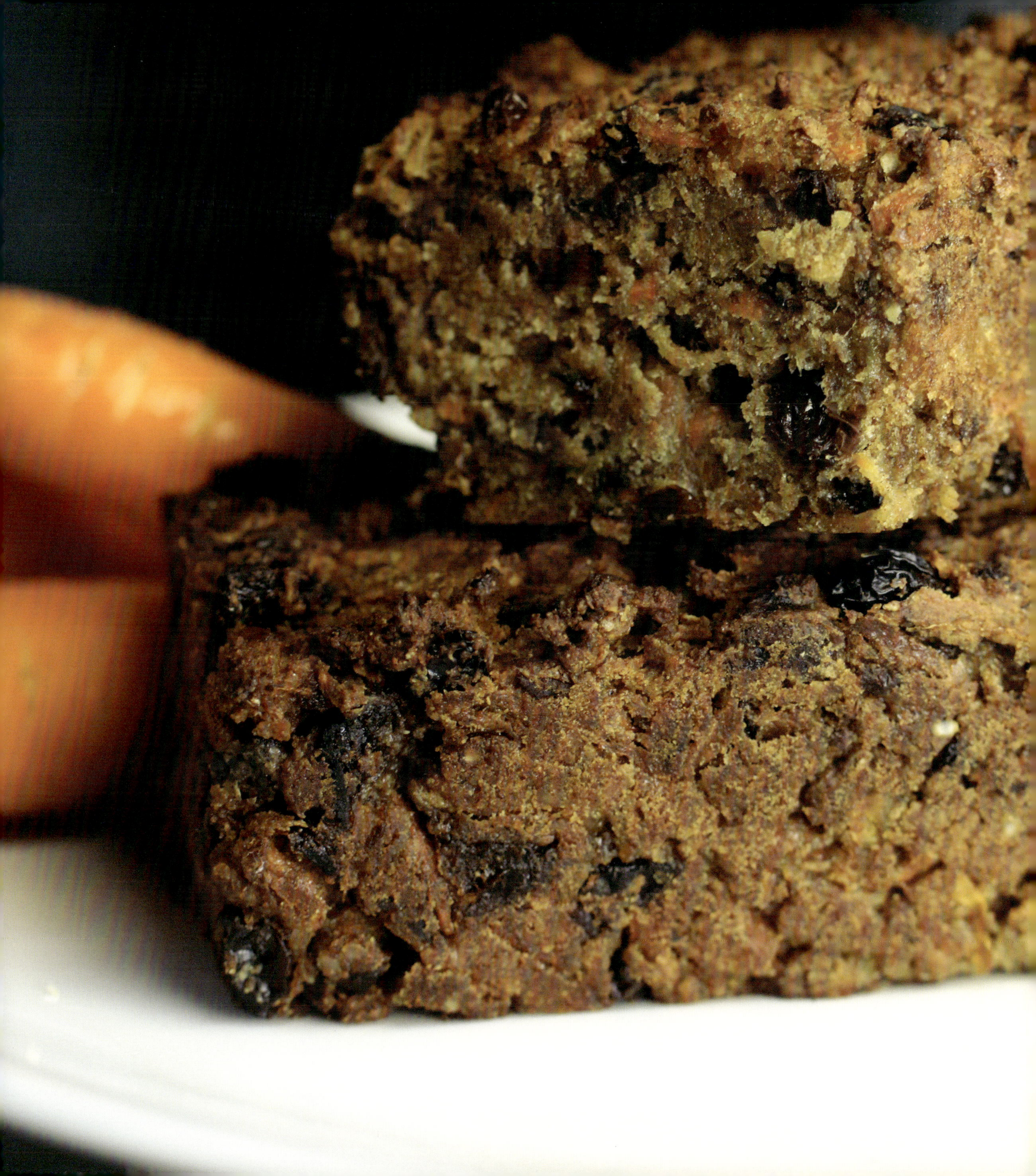

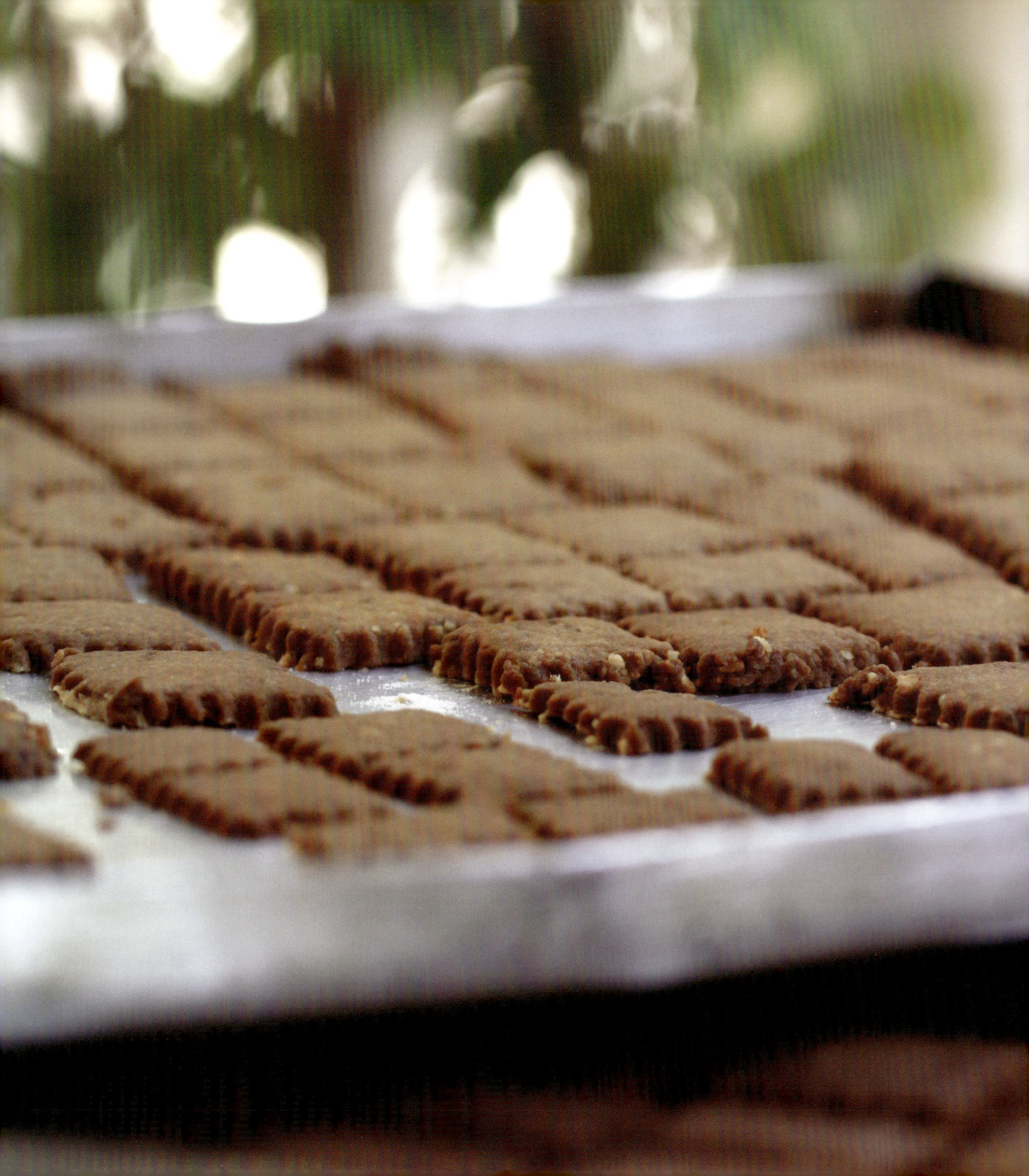

Biscoitos de castanha-do-pará e açúcar mascavo

Rendimento: cerca de 110 unidades de 5 cm x 5 cm

MATERIAL

2 assadeiras e 1 carretilha

INGREDIENTES

1 xícara (chá) de castanhas-do-pará
1 xícara (chá) de açúcar mascavo peneirado
1½ xícara (chá) de manteiga sem sal em temperatura ambiente
½ colher (sopa) de essência de baunilha
uma pitada de sal marinho
2 xícaras (chá) de farinha de trigo comum
1 xícara (chá) de farinha de trigo integral
farinha de trigo comum suficiente para abrir a massa
manteiga suficiente para untar

PREPARO

Preaqueça o forno em temperatura baixa (150 °C).

Passe as castanhas e o açúcar pelo processador até obter uma farinha grossa.

Transfira a mistura para uma tigela grande e adicione a manteiga, a baunilha, o sal e as duas farinhas. Misture e trabalhe a massa com as mãos até que ela fique bem uniforme.

Ponha a massa em uma superfície de trabalho lisa e enfarinhada e abra-a com um rolo de macarrão também polvilhado de farinha até que fique com 0,5 cm de espessura.

Corte a massa com carretilha, percorrendo-a na vertical e na horizontal para fazer quadrados de 5 cm.

Disponha os biscoitos nas assadeiras untadas e leve ao forno por 15 ou 20 minutos, ou até que a parte de baixo dos biscoitos esteja ligeiramente dourada.

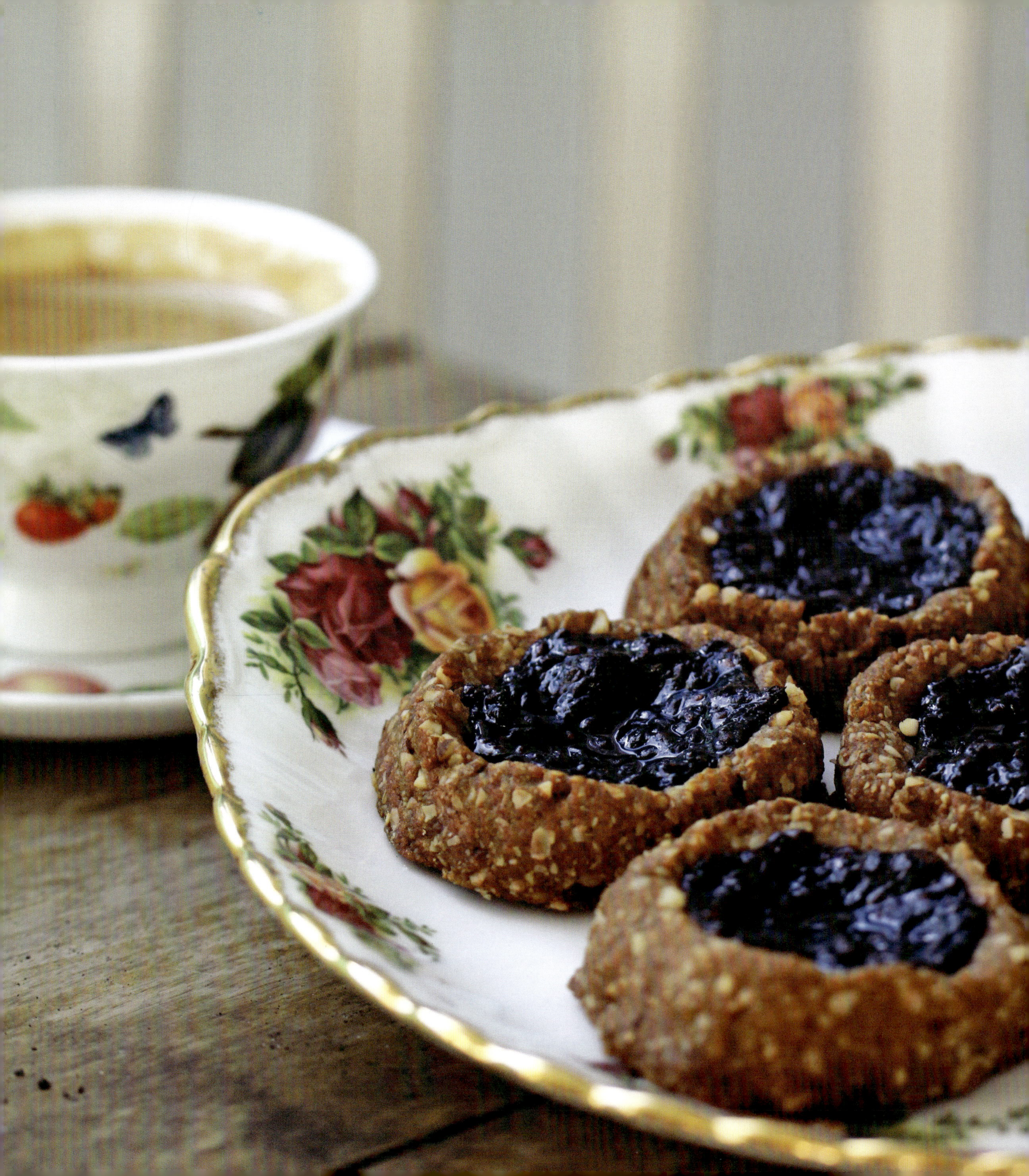

Cookies de amêndoas e aveia com geleia

Rendimento: 15 a 20 unidades

INGREDIENTES

Cookies

1 xícara (chá) de amêndoas
1 xícara (chá) de aveia em flocos
1 xícara (chá) de farinha de trigo integral
¼ de colher (chá) de canela em pó
1 colher (chá) de tempero em pó para pão de mel (cravo, canela, noz-moscada, gengibre, anis-estrelado, casca de laranja desidratada)
uma pitada de sal marinho
½ xícara (chá) de mel
½ xícara (chá) de óleo de canola
manteiga suficiente para untar
farinha de trigo integral suficiente para polvilhar

Geleia de framboesa

2 xícaras (chá) de framboesas congeladas
½ colher (chá) de pectina em pó
¼ de xícara (chá) de xarope de agave

PREPARO

Cookies

Preaqueça o forno em temperatura baixa (150 °C).

Coloque as amêndoas no processador e triture-as até que fiquem em pedaços pequenos. Adicione o restante dos ingredientes e processe até obter uma massa homogênea (se necessário, acrescente um pouquinho de água filtrada para dar mais liga à massa e facilitar na hora de enrolar).

Transfira a massa para uma tigela e enrole pequenas porções, formando bolinhas um pouco maiores que as de gude. Achate-as entre a palma das mãos, formando cookies. A seguir, pressione o centro de cada um com o dedo médio, formando uma cavidade onde vai ser colocada a geleia.

Disponha os cookies em assadeiras untadas e polvilhadas. Com cuidado, preencha cada cavidade com a geleia de framboesa.

Leve ao forno e asse por cerca de 20 minutos, ou até que fiquem com um tom dourado.

Deixe os cookies esfriarem por completo e guarde-as em potes hermeticamente fechados ou em vidros com tampa de rosquear.

Geleia de framboesa

Coloque as framboesas congeladas e a pectina em uma panela.

Leve ao fogo alto e deixe levantar fervura. Abaixe o fogo e cozinhe até que o líquido das framboesas reduza um pouco e a pectina tenha engrossado (aproximadamente 15 minutos).

Misture o agave e verifique o ponto. Se necessário, deixe cozinhar até que adquira consistência de geleia.

Deixe esfriar um pouco e coloque a geleia nos cookies, ou guarde-a na geladeira, em vidros esterilizados, para outros usos.

Biscoitos de Natal

Rendimento: cerca de 100 unidades de 5 cm

MATERIAL

2 assadeiras e cortadores de biscoito de formatos variados (de estrela, urso, esquilo, cachorro, bota, árvore de Natal)

INGREDIENTES

½ xícara de amêndoas sem casca e com a pele
¼ de xícara (chá) de açúcar demerara (100 g)
¼ de xícara (chá) de açúcar de baunilha (100 g)
1 xícara (chá) de manteiga em temperatura ambiente
2 ovos caipiras
2½ xícaras (chá) de farinha de trigo comum
½ xícara (chá) de farinha de trigo integral
1½ colher (chá) de fermento em pó químico
uma pitada de sal marinho
manteiga suficiente para untar
farinha de trigo comum suficiente para polvilhar

PREPARO

Preaqueça o forno em temperatura baixa (150 °C).

Coloque as amêndoas no processador (ou liquidificador) e triture-as até que fiquem em pedaços bem pequenos.

Transfira-as para uma tigela grande e acrescente os demais ingredientes. Misture com uma colher de pau até obter uma massa e depois trabalhe-a com as mãos até que fique uniforme.

Transfira a massa para uma superfície lisa e enfarinhada e abra-a com o auxílio de um rolo polvilhado com farinha até que fique com 0,5 cm de espessura.

Corte a massa com os cortadores e acomode os biscoitos nas assadeiras untadas. Junte as aparas e repita o processo até que toda a massa acabe.

Leve ao forno e asse por cerca de 20 minutos, ou até que dourem um pouco.

Depois que os biscoitos esfriarem por completo, guarde-os em recipientes hermeticamente fechados ou em vidros com tampa de rosquear.

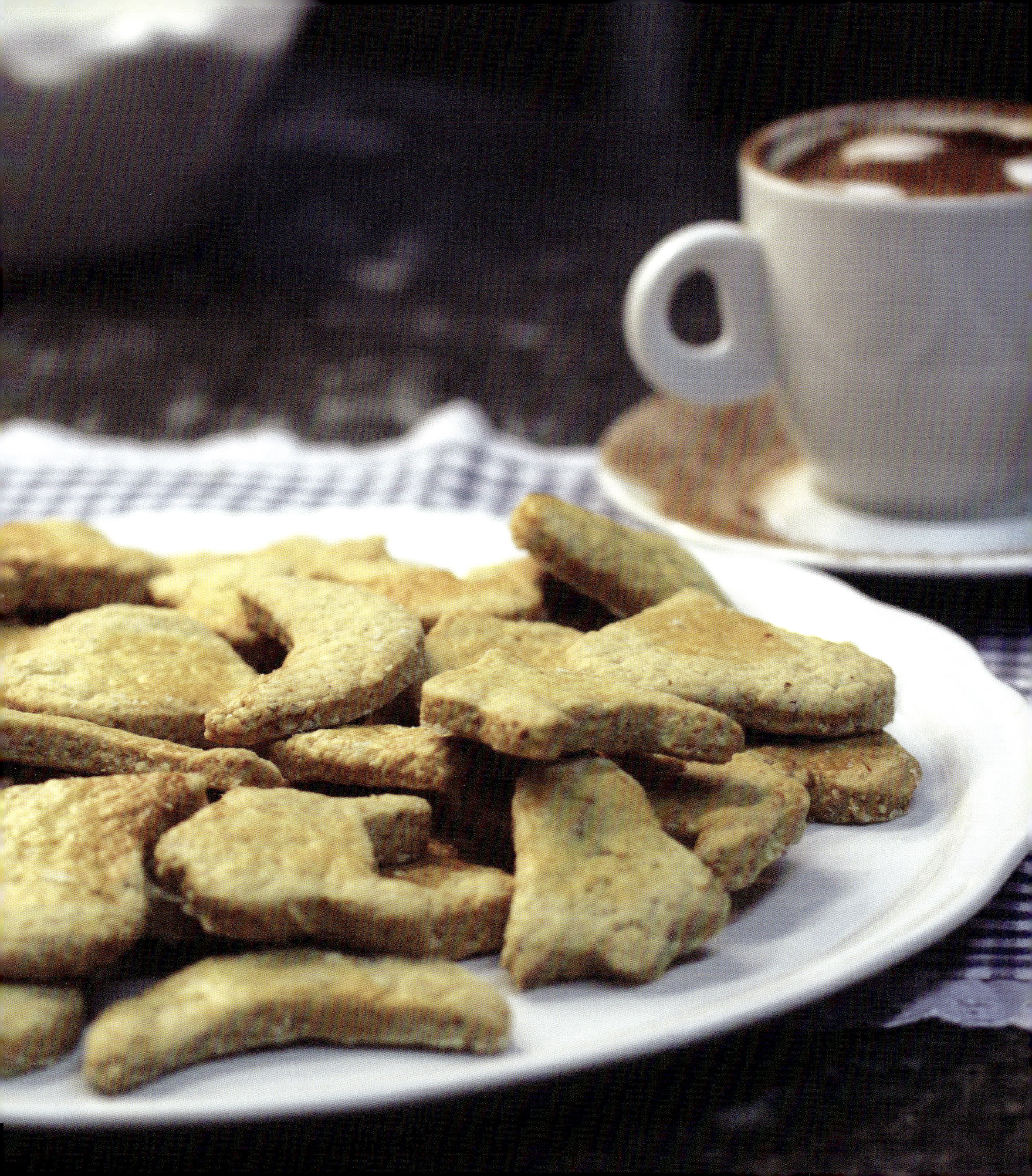

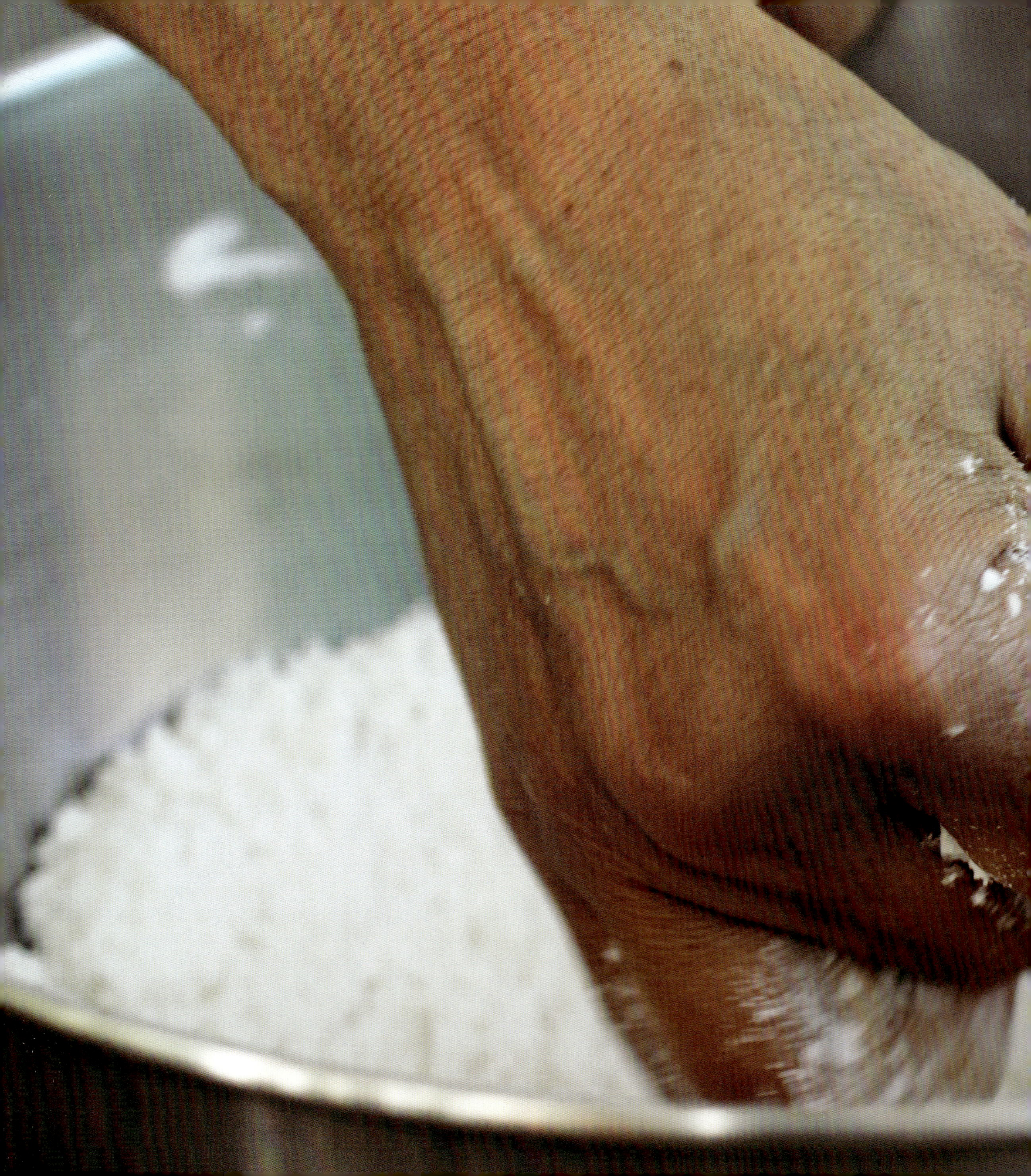

Sem glúten

Tapioca	172
Pão de tâmaras e flocos de quinoa	174
Cuscuz de milho com leite de coco, banana e canela	177
Pão de arroz e azeite de oliva	178

Tapioca

Rendimento: 4 a 6 porções

INGREDIENTES

1 xícara (chá) de polvilho doce
½ colher (chá) de sal marinho
5-6 colheres (sopa) de água filtrada
manteiga clarificada a gosto, para servir (ver receita na pág. 16)
coco fresco finamente ralado a gosto, para servir

PREPARO

Em uma tigela, misture o polvilho e o sal. Vá acrescentando a água aos poucos, misturando com as mãos até obter uma farofa sem grumos.

Leve para aquecer em fogo médio uma frigideira antiaderente. Com uma das mãos segure uma peneira média sobre a boca da frigideira quente. Passe a farofa de polvilho pela peneira, batendo com a outra mão na borda, para que ela cubra o fundo da frigideira por igual.

Depois de menos de 1 minuto, espalhe por cima da tapioca um pouco de manteiga clarificada e de coco fresco ralado.

Desligue o fogo e enrole como uma panqueca. Sirva imediatamente.

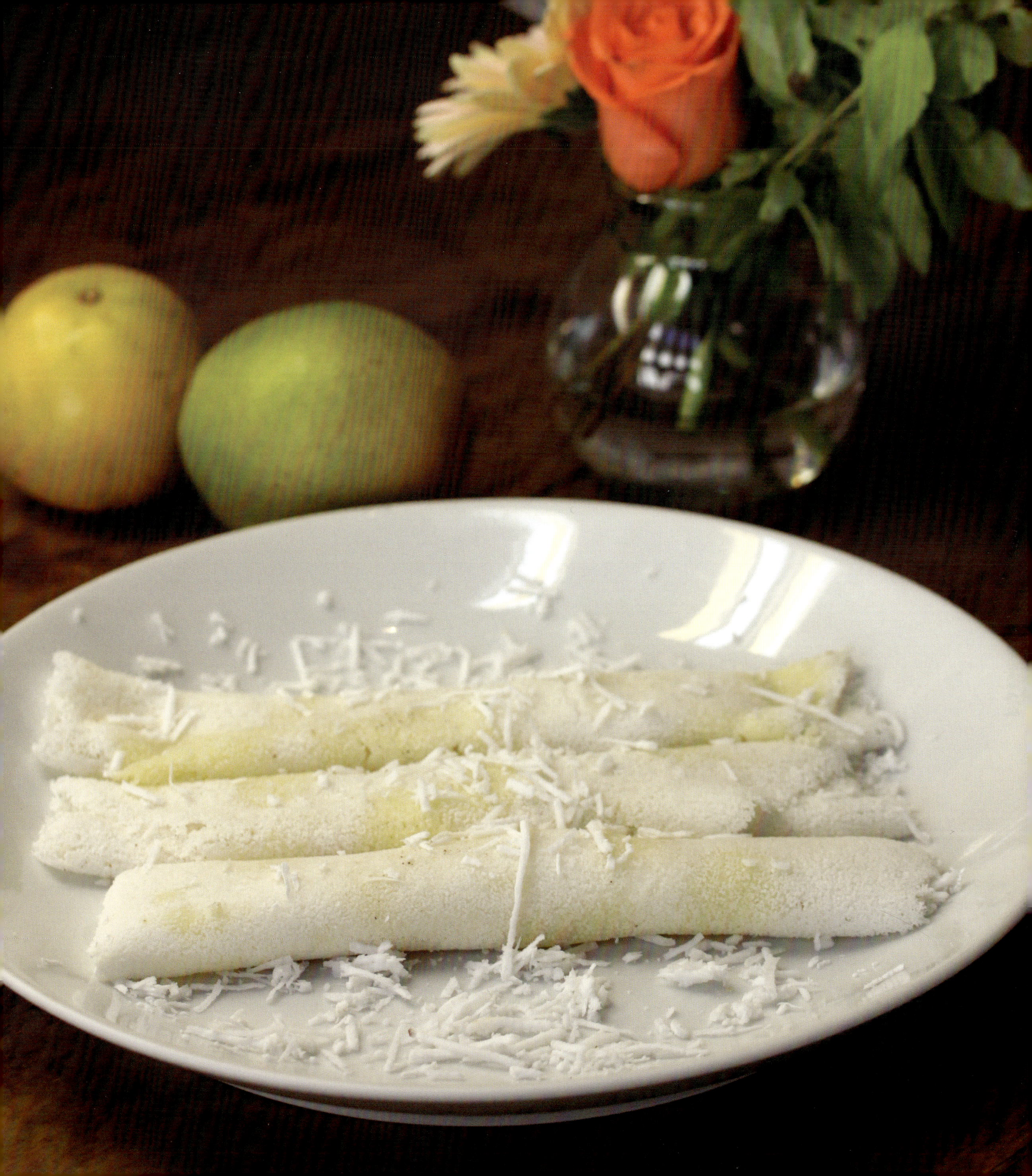

Pão de tâmaras e flocos de quinoa

Rendimento: 8 a 10 fatias

MATERIAL

1 fôrma de pão retangular de 26 cm de comprimento x 13 cm de largura x 5 cm de altura

INGREDIENTES

1 xícara (chá) de flocos de quinoa
1½ xícara (chá) de tâmaras picadas
1½ xícara (chá) de água filtrada fervente
1 xícara (chá) de farinha sem glúten
½ colher (chá) de bicarbonato de sódio
1 colher (chá) de fermento em pó químico
½ colher (chá) de sal marinho
1 ovo caipira
¼ de xícara (chá) de melado (pode-se dispensá-lo em uma versão dietética)

PREPARO

Preaqueça o forno em temperatura média (180 °C).

Em uma tigela, coloque os flocos de quinoa, as tâmaras e a água fervente. Deixe de molho por 30 minutos.

Em outra tigela, peneire a farinha, o bicarbonato, o fermento e o sal. Reserve.

Em uma terceira tigela, coloque o ovo (passado por uma peneira fina, para retirar a película) e bata-o bem. Acrescente o melado e torne a bater até que engrosse.

Gradualmente, vá adicionando os ingredientes secos ao ovo com melado, alternando-os com a mistura de quinoa e tâmaras. Bata com uma colher de pau até obter uma massa homogênea.

Despeje a massa na fôrma untada com óleo.

Leve ao forno e asse por 50 a 60 minutos. Retire do forno e deixe esfriar levemente. Desenforme e sirva.

Mistura para farinha sem glúten

4 xícaras (chá) de creme de arroz
3 xícaras (chá) de fécula de batata
2 xícaras (chá) de polvilho doce

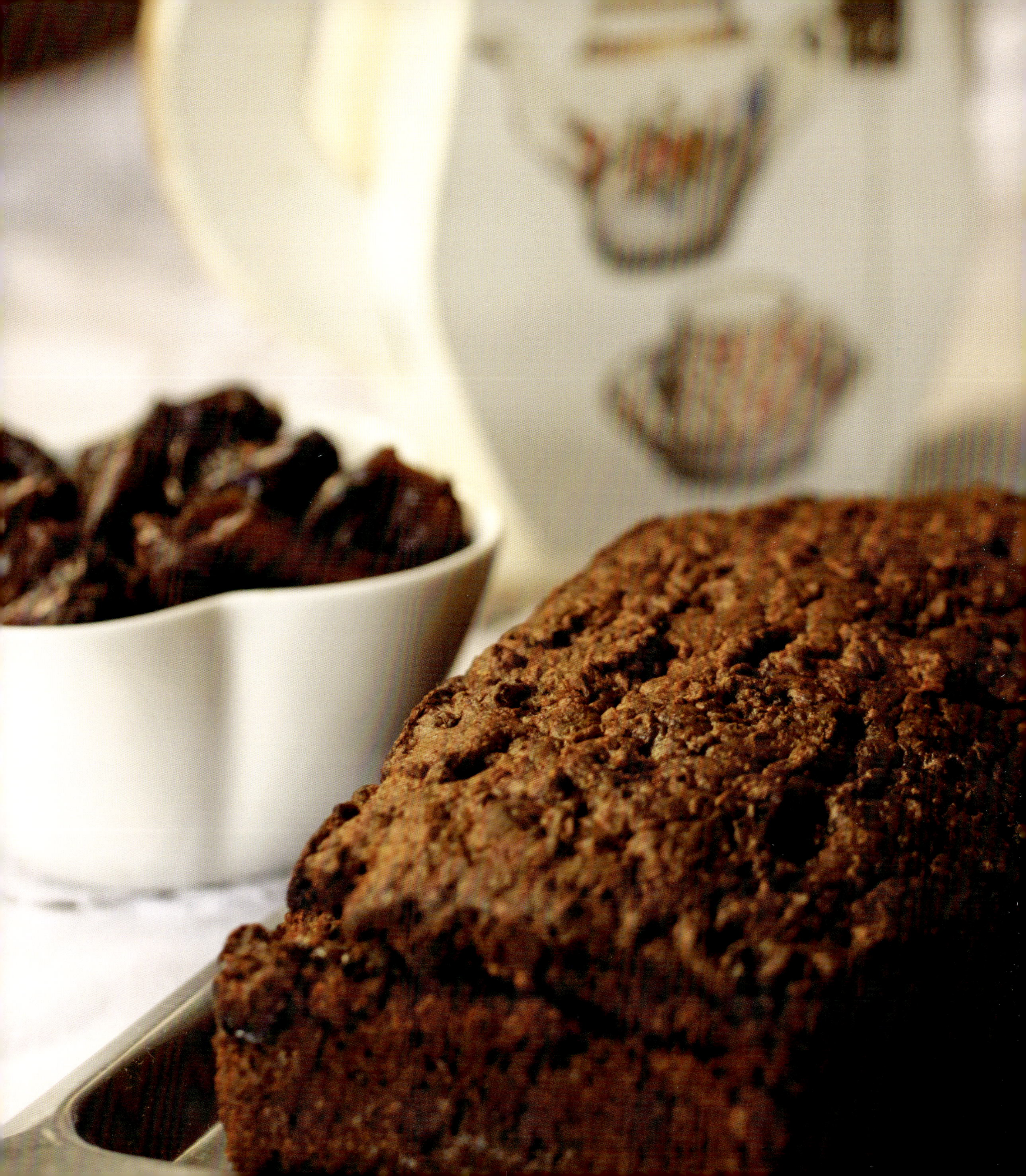

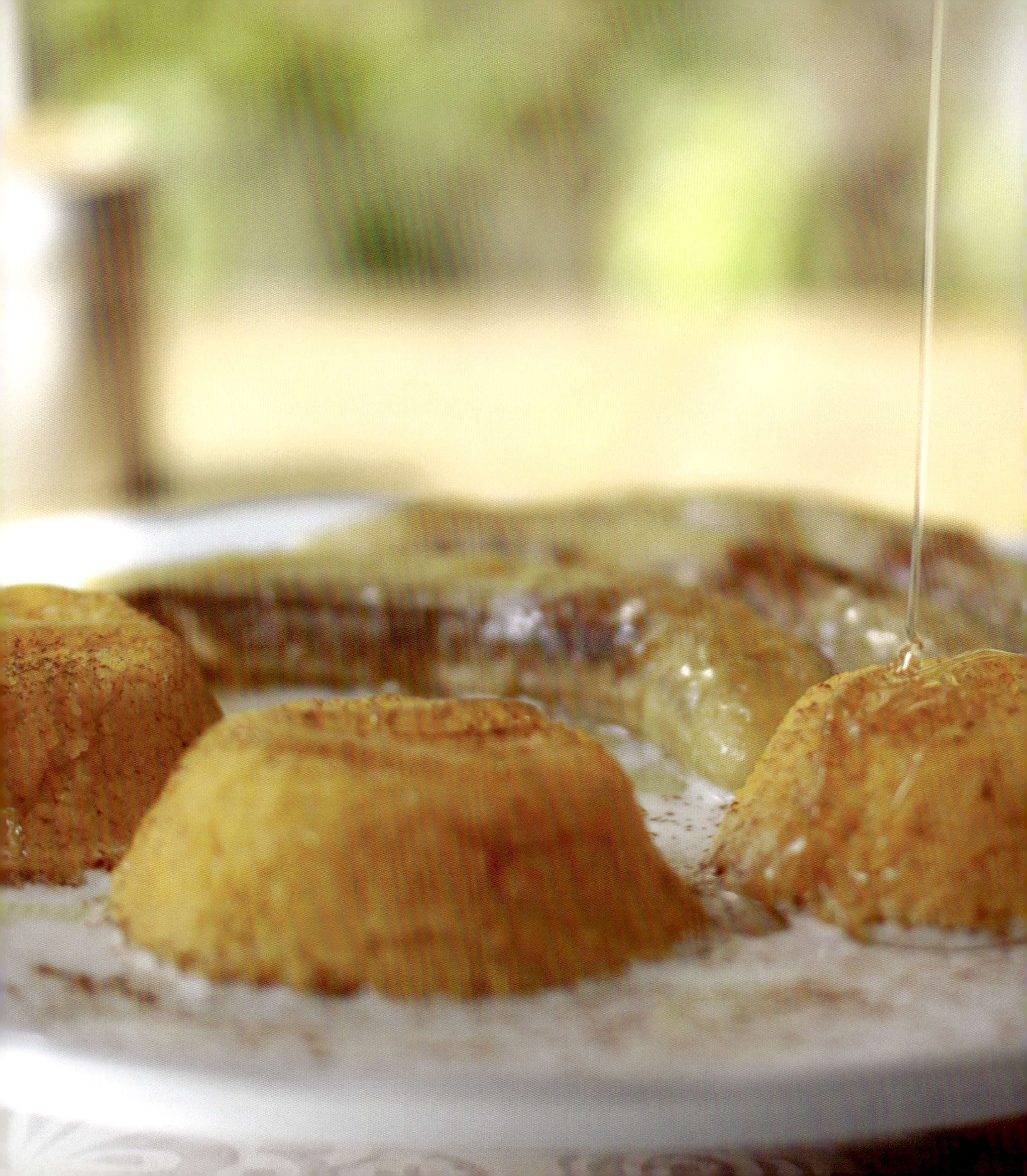

Cuscuz de milho com leite de coco, banana e canela

Rendimento: 4 porções

MATERIAL

1 fôrma de empada pequena

INGREDIENTES

1¼ xícara (chá) de flocos de milho
2½ xícaras (chá) de leite de coco natural (ver receita na pág. 17)
1 xícara (chá) de suco de maçã
uma pitada de sal marinho
4 bananas-nanicas maduras, com a casca
canela em pó, para polvilhar
mel a gosto

PREPARO

Preaqueça o forno em temperatura média (180 °C).

Em uma panela, coloque os flocos de milho, 1 xícara do leite de coco, o suco de maçã e o sal. Leve para cozinhar em fogo médio por 5 minutos, ou até o líquido secar e os flocos de milho se tornarem uma massa. Desligue o fogo.

Transfira a massa para um prato raso e, com fôrma de empada, monte 4 porções individuais. Reserve.

Faça um corte longitudinal raso na casca de cada banana. Embrulhe cada uma em papel-alumínio e leve para assar durante 20 minutos.

Retire a casca das bananas e coloque cada uma em um prato, ao lado do cuscuz quente. Polvilhe a canela e regue o cuscuz com o restante do leite de coco.

Pão de arroz e azeite de oliva

Rendimento: 8 a 10 fatias

MATERIAL

1 fôrma retangular de pão de 26 cm de comprimento x 13 cm de largura x 5 cm de altura

INGREDIENTES

Goma

100 ml de água filtrada
1 colher (sopa) de polvilho azedo

Pão de arroz

1½ xícara (chá) de creme de arroz
½ xícara (chá) de farinha de arroz integral
⅓ de xícara (chá) de polvilho doce
1 colher (sopa) de açúcar demerara
1 colher (chá) de sal marinho
1½ colher (chá) de fermento biológico seco instantâneo
1¼ xícara (chá) de água filtrada morna
2 ovos caipiras
2 colheres (sopa) de azeite de oliva extra virgem

PREPARO

Goma

Em uma panela pequena, coloque a água e dissolva bem o polvilho azedo. Leve ao fogo médio e deixe ferver, mexendo sempre, até obter uma goma transparente (se ficar grossa demais, acrescente um pouco mais de água). Reserve.

Pão de arroz

Preaqueça o forno em temperatura alta (200 °C).

Em uma tigela grande, coloque todos os ingredientes secos e o fermento. Adicione a água morna e misture bem. Depois ponha os ovos e o azeite de oliva, e misture até obter uma massa homogênea. Acrescente a goma reservada e misture até incorporá-la bem à massa. Cubra com um pano de prato limpo e deixe descansar por 20 a 30 minutos.

Coloque a massa na fôrma untada com óleo. Leve ao forno e asse por 20 minutos. Abaixe a temperatura do forno e asse por mais 10 minutos, ou até que fique dourado.

Depois de assado, se quiser, corte o pão em fatias e congele imediatamente. Isso impede que ele fique seco.

Dica: Os ovos podem ser substituídos por ½ xícara (chá) de leite de arroz.

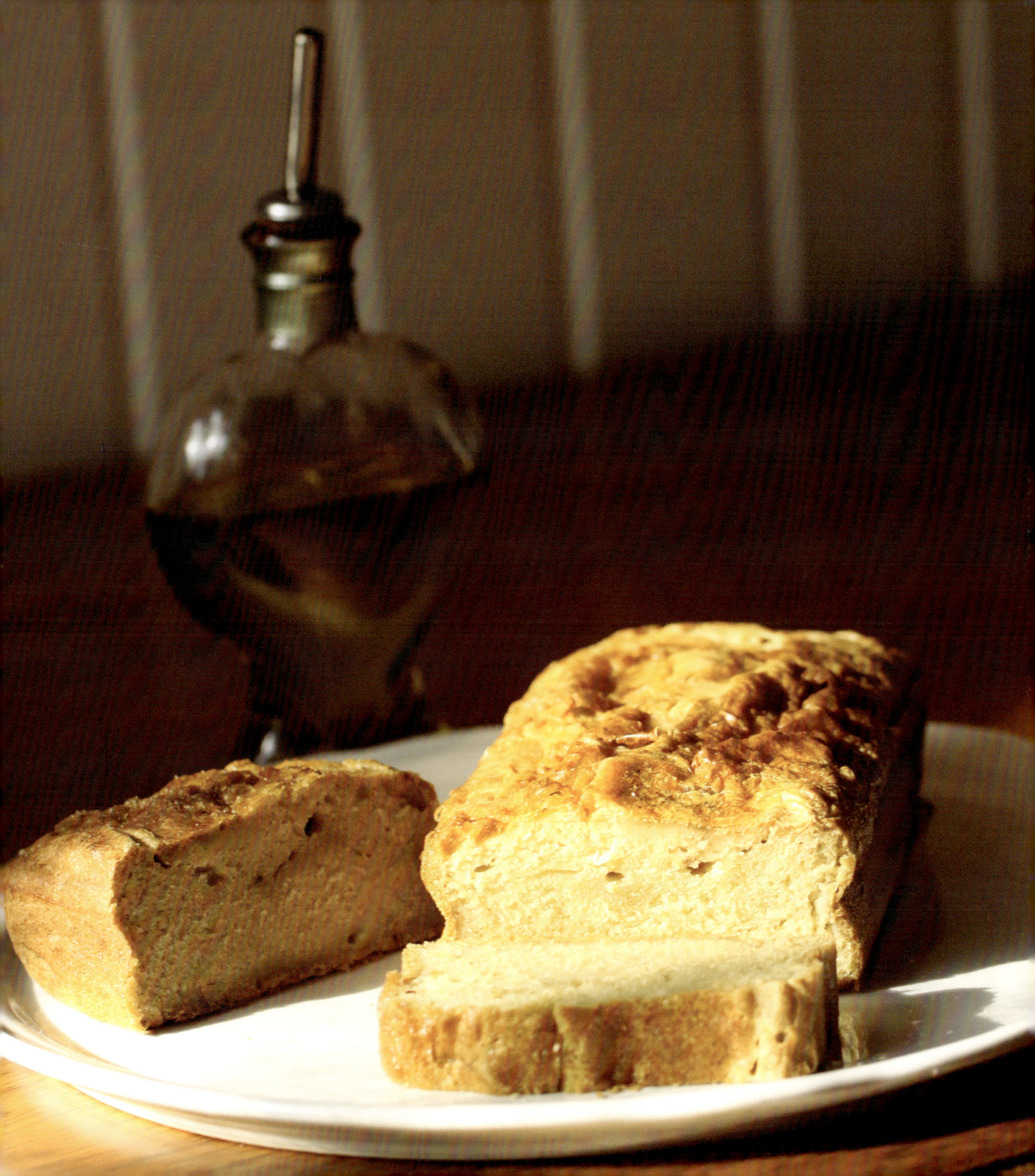

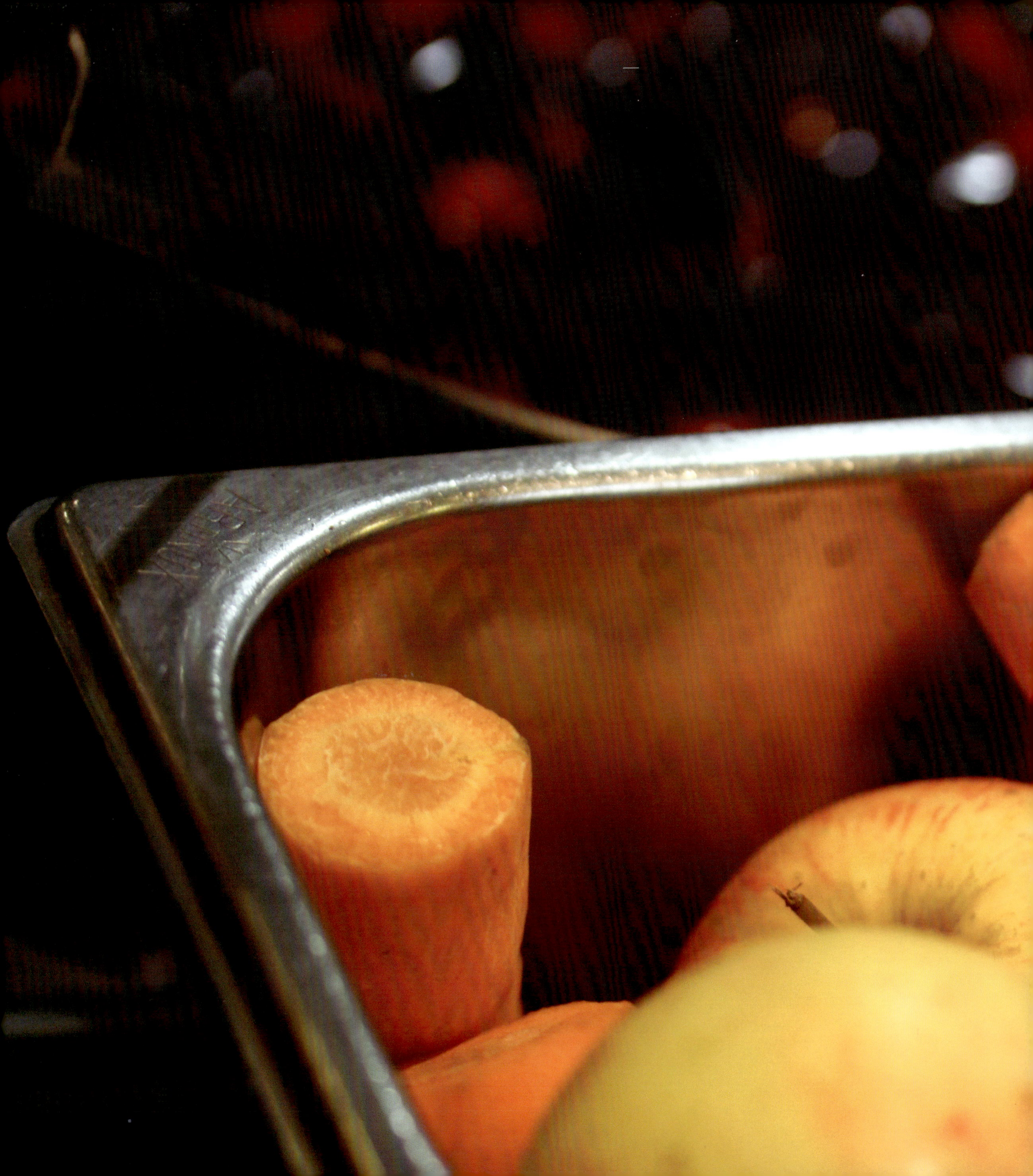

Sucos

Supercálcio	182
Adeus, diabetes	182
Elixir betacaroteno	183
Uva rosada	183
Manga chic	185
Mamão tropical	185

Supercálcio

Rendimento: 2 copos

INGREDIENTES

2 maçãs tipo Fuji com a casca e as sementes cortadas em quartos
1 folha de couve
2 folhas de brócolis
10 folhas de hortelã
2 galhos de salsinha
½ copo de água de coco

PREPARO

Centrifugue as maçãs. Transfira esse suco para o liquidificador e acrescente os demais ingredientes. Bata, coe e sirva gelado.

Adeus, diabetes

Rendimento: 2 copos

INGREDIENTES

½ xícara (chá) de pepino cortado em rodelas grandes
3 maçãs tipo Fuji com a casca e as sementes cortadas em quartos
1 xícara de yacon sem a casca cortada em cubos
2 colheres (sopa) de capim-santo finamente picado
2 folhas de couve
2 lâminas de gengibre

PREPARO

Centrifugue o pepino, as maçãs e a yacon. Transfira esse suco para o liquidificador e acrescente os demais ingredientes. Bata, coe e sirva gelado.

Elixir betacaroteno

Rendimento: 2 copos

INGREDIENTES

4 maçãs tipo Fuji com a casca e as sementes cortadas em quartos
3 rodelas de cenoura
1 rodela de beterraba
¼ de colher (chá) de grãos de pimenta rosa

PREPARO

Centrifugue as maçãs. Transfira esse suco para o liquidificador e acrescente os demais ingredientes. Bata, coe e sirva gelado

Uva rosada

Rendimento: 2 copos

INGREDIENTES

1½ xícara (chá) de suco de uva
⅓ de xícara (chá) de abacaxi picado
¼ de colher (chá) de grãos de pimenta rosa

PREPARO

Bata todos os ingredientes no liquidificador, coe e sirva gelado.

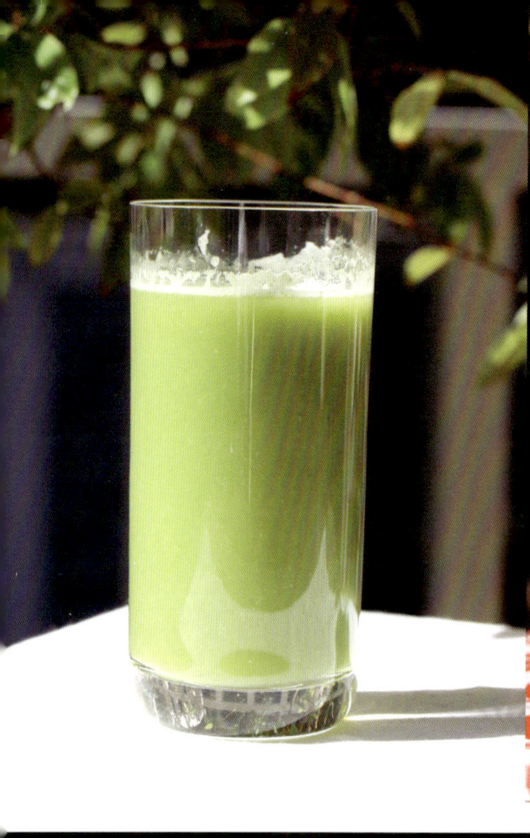
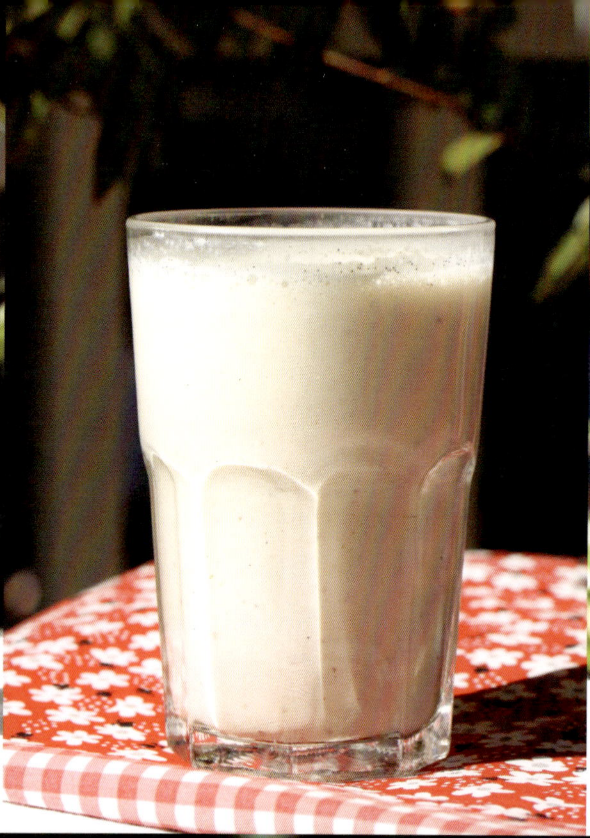
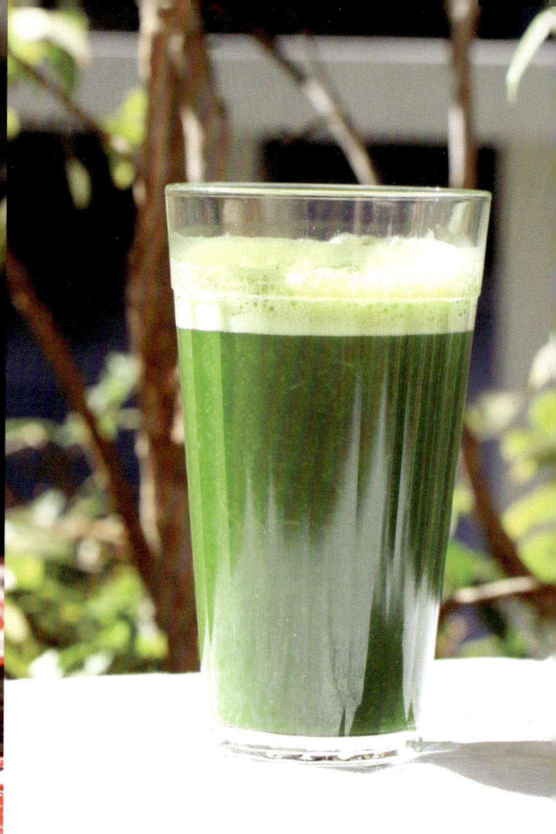
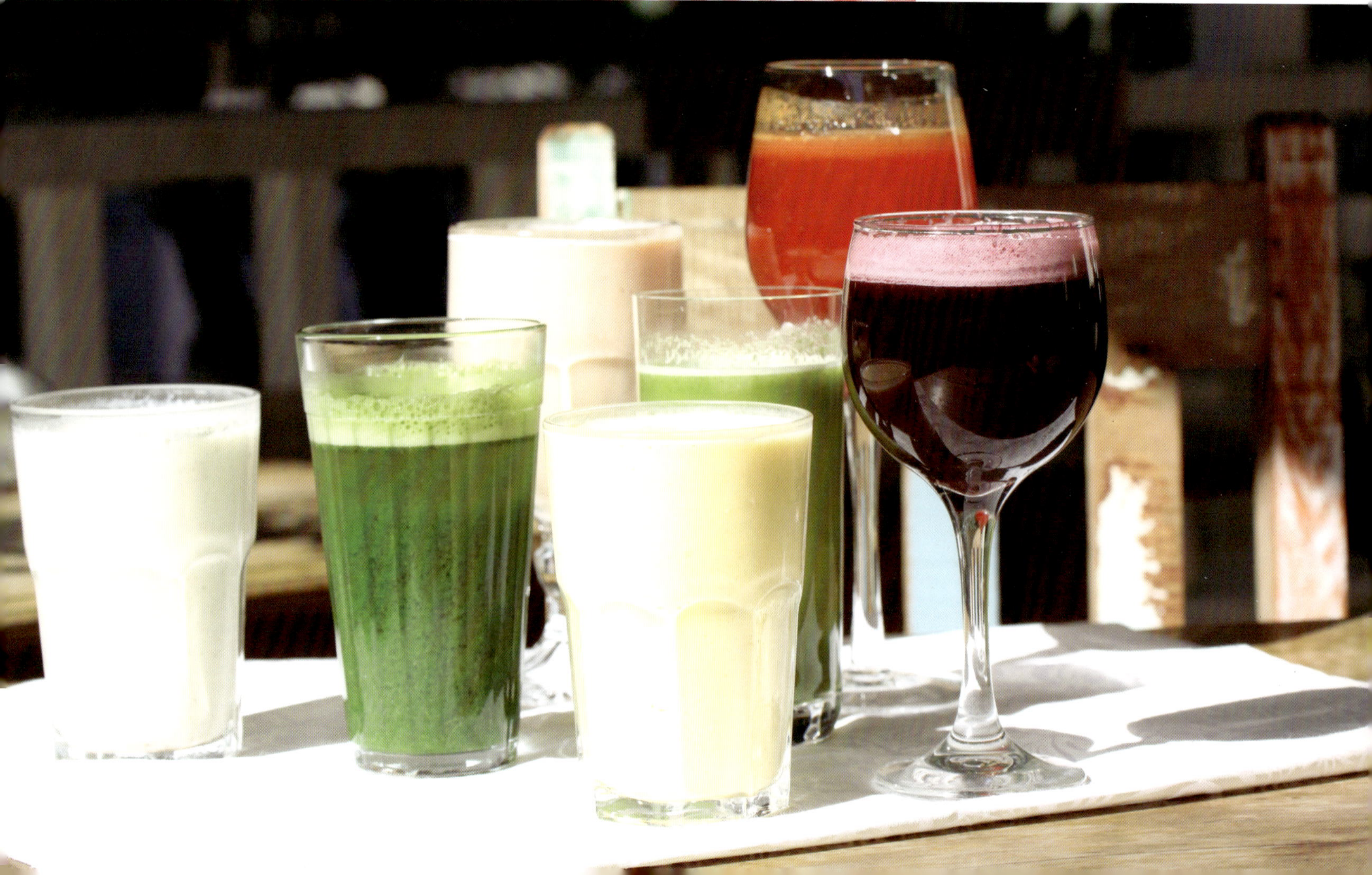

Manga chic

Rendimento: 2 copos

INGREDIENTES

1 xícara (chá) de leite de amêndoas (ver receita na pág. 17)
1 xícara (chá) de manga congelada
1 colher (sopa) de mel
4 sementes de cardamomo
4 rodelas finas de pimenta dedo-de-moça sem sementes

PREPARO

Bata todos os ingredientes no liquidificador, coe e sirva gelado.

Mamão tropical

Rendimento: 2 copos

INGREDIENTES

½ xícara (chá) de água de coco
1 xícara (chá) de mamão congelado
⅓ de xícara (chá) de abacaxi picado
1 colher (sopa) de mel

PREPARO

Bata todos os ingredientes no liquidificador, coe e sirva gelado.

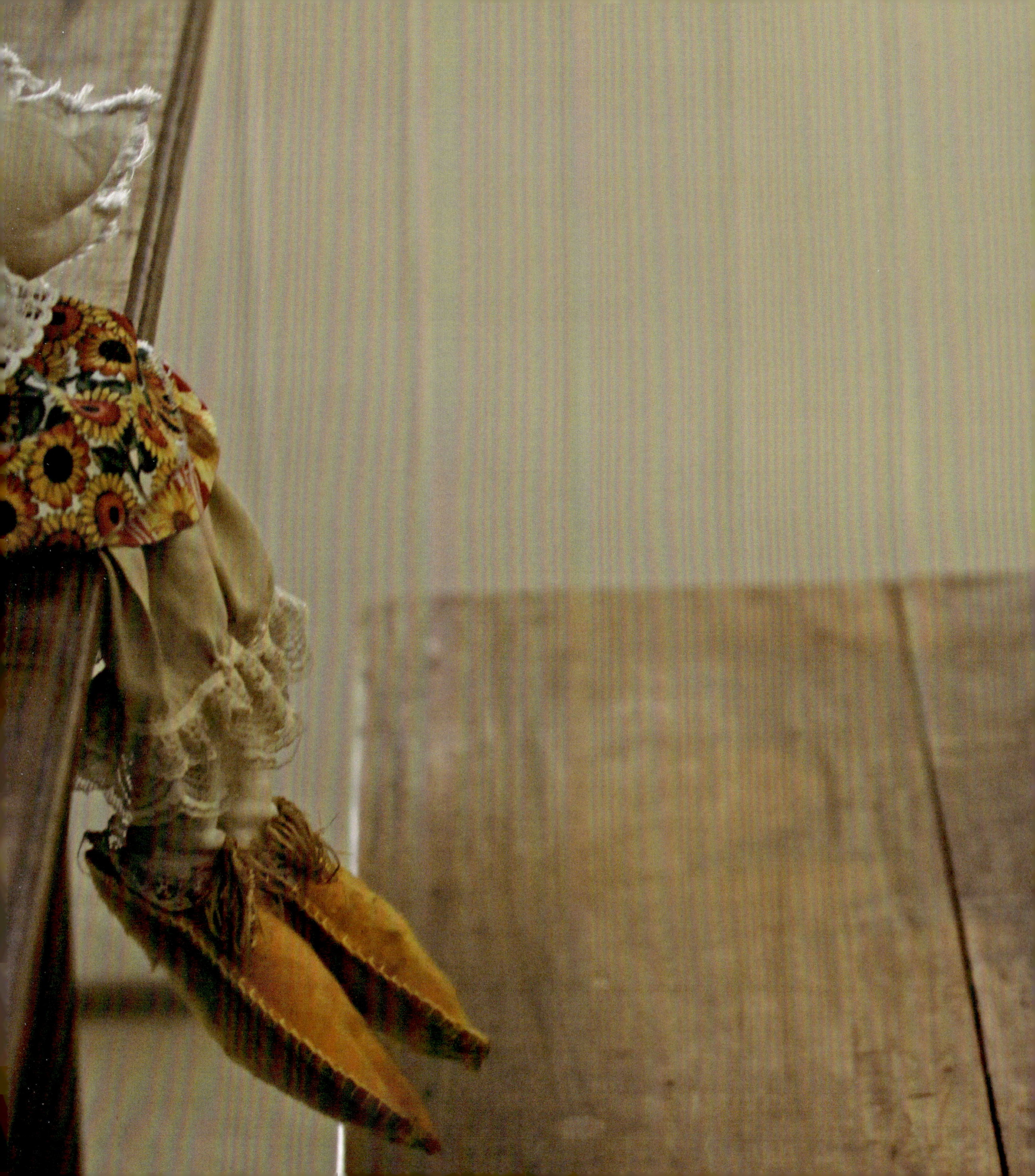

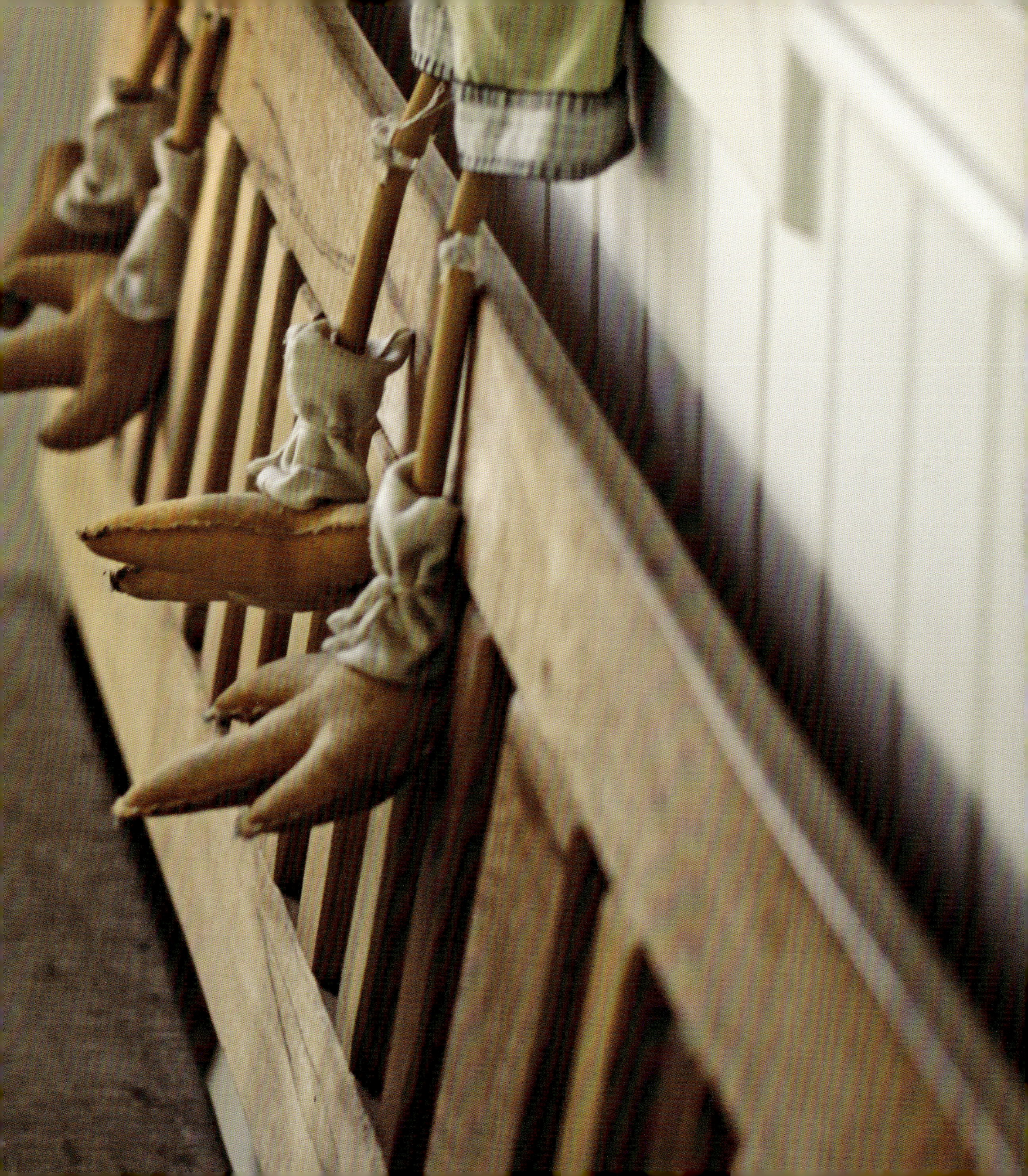

Índice alfabético das receitas

A

Abobrinha gratinada 138
Adeus, diabetes 182
Arroz cateto com açafrão, ervilhas frescas e castanhas de caju 135
Arroz cateto com mix de sementes 143
Arroz vermelho com gengibre 139
Arroz-doce integral 159
Arroz integral com amêndoas tostadas 131
Arroz jasmine ao leite de coco, abóbora, algas e azeite de coentro 104
Arroz negro com couve-flor ao leite de amêndoas aromático 106

B

Barquinhos de abóbora com shoyu e gengibre 131
Biscoitos de castanha-do-pará e açúcar mascavo 165
Biscoitos de Natal 168
Bolo de cacau e alfarroba com laranja e damasco 147
Bolo de chocolate com frutas vermelhas 153
Bolo de frutas secas com cenoura e especiarias 162
Bolo de nozes com ameixa e doce de leite 154
Brócolis à oriental 127

C

Canelone de palmito e banana com molho branco e salsa de tomate e pimenta biquinho 83
Canelone de verduras com tomate concassé 84
Charutinho de folha de uva recheado de abobrinha e molho cítrico de laranja 46
Cheesecake de ricota e iogurte com calda de mirtilo e vinho do Porto 148
Cookies de amêndoas e aveia com geleia 167
Couve-flor ao molho de iogurte e curry com pimenta biquinho e azeite de coentro 133
Cozido de legumes, feijão-branco e alecrim 129

Creme de abóbora com agrião 60
Creme de aspargos com leite de amêndoas 54
Creme de cenoura com maracujá 59
Creme de duas abóboras, laranja-lima e manjericão 50
Creme de vegetais verdes e leite de coco 55
Cuscuz de milho com leite de coco, banana e canela 177
Cuscuz marroquino com berinjela, pera e tomate 89

E

Elixir betacaroteno 183
Empada de palmito e couve-flor 130
Ensopado de legumes com grão-de-bico e leite de castanhas de caju 137
Espaguete ao molho cremoso de abobrinha com tomates marinados e manjericão 66
Espinafre agridoce 143
Estrogonofe de vegetais, cogumelos portobello e leite de amêndoas 141

F

Frittata de batata e espinafre acompanhada de salada de tomate ao molho de alecrim e mel 32

G

Granola com amêndoas, raspas de laranja e gengibre 27
Grigliata de legumes ao molho de alcaparras 31

L

Lasanha de berinjela, manjericão, mozarela e molho de tomate 79
Lasanha de legumes com dois molhos 80

M

Mamão tropical 185
Manga chic 185

Mingau de aveia com maçã, pera e leite de castanhas-do--pará 22
Mix de folhas com legumes, broto de alfafa e molho de cogumelos marinados 42
Mix de folhas com vegetais marinados, manga, sementes tostadas e molho cremoso de manjericão 38
Mix de verduras salteadas 139
Mousse de iogurte natural 150

N

Nhoque de arroz integral com manteiga clarificada e ervas 72

P

Panelada de legumes com leite de coco e castanhas 125
Panquecas integrais de banana com óleo de coco 24
Pão de arroz e azeite de oliva 178
Pão de tâmaras e flocos de quinoa 174
Pão integral com sementes 28
Pastel assado de ricota e cenoura ao curry 134
Penne de milho ao molho de castanhas de caju com cogumelos marinados 74
Polenta cremosa com cogumelos ao vinho Madeira 71
Pudim de pão de cinco grãos com tomate e manjericão 114

Q

Quinoa com brócolis, tofu assado e cogumelos shimeji 95

R

Repolho com maçã e sementes de mostarda 135
Risoto de arroz basmati com manga 127
Risoto oriental com trio de cogumelos, gengibre e alho assado 103
Risoto de arroz basmati, abobrinha e nozes 109
Rúcula, queijo chancliche, hortelã e grão-de-bico tostado aos dois molhos 41

S

Salada de lentilha libanesa germinada, uvas, azeitonas e manjericão 90
Salada de vegetais com feijão-vermelho ao molho de raiz--forte e especiarias 92
Salada morna de berinjela e banana-da-terra grelhadas com molho oriental e pimenta biquinho 35
Salada rápida de avocado, tomate, queijo de cabra e manjericão 45
Sopa de banana ao curry 57
Sopa de mandioquinha com tomates e manjericão 62
Supercálcio 182

T

Talharim integral com abóbora e ricota 69
Tapioca 172
Terrine de quinoa negra com abacate, yacon, tomate e manjericão 96
Torta de banana, fibra e linhaça 156
Torta de escarola com pera e queijo fresco 117
Torta de lentilha rosa com legumes 118
Torta de palmito 142
Torta de quatro queijos 126
Torta suflê de milho verde 113

U

Uva rosada 183

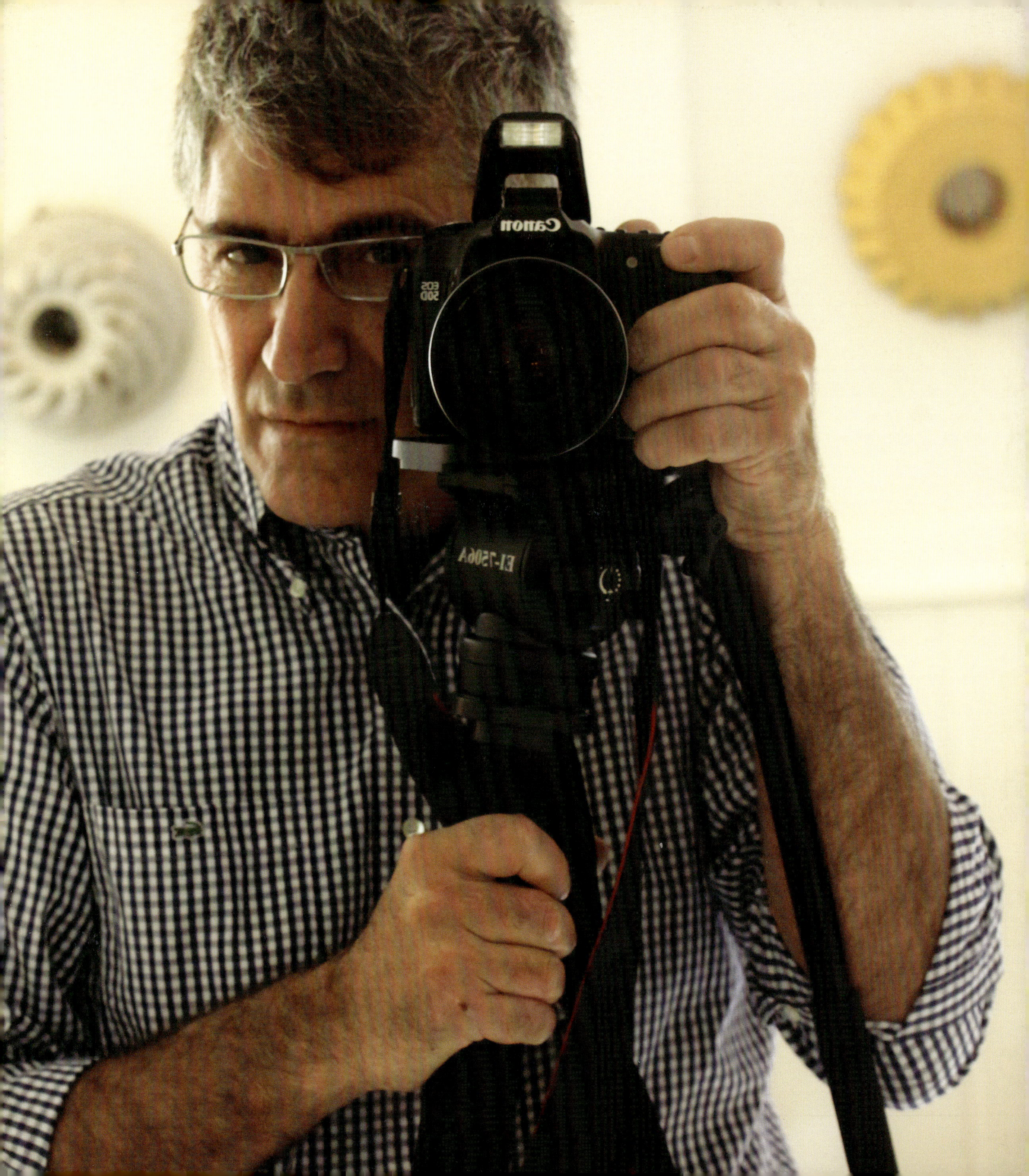

Copyright © 2012 Tatiana Cardoso
Copyright desta edição © 2012 Alaúde Editorial Ltda.

Todos os direitos reservados. Nenhuma parte desta edição pode ser utilizada ou reproduzida – em qualquer meio ou forma, seja mecânico ou eletrônico –, nem apropriada ou estocada em sistema de banco de dados sem a expressa autorização da editora.

O texto deste livro foi fixado conforme o acordo ortográfico vigente no Brasil desde 1º de janeiro de 2009.

EDIÇÃO DAS RECEITAS:
Graça Couto e Valéria Braga Sanalios

REVISÃO:
Olga Sérvulo

CAPA:
Rodrigo Frazão

FOTO DE CAPA:
Felipe Senatore

IMPRESSÃO E ACABAMENTO:
Ipsis Gráfica e Editora S/A

1ª edição, 2012 (3 reimpressões)

Dados Internacionais de Catalogação na Publicação (CIP)
(Câmara Brasileira do Livro, SP, Brasil)

Cardoso, Tatiana

Naturalíssima: a premiada culinária da chef do restaurante Moinho de Pedra / Tatiana Cardoso; fotos de Felipe Senatore. São Paulo: Alaúde Editorial, 2012.

ISBN 978-85-7881-142-6

1. Culinária vegetariana 2. Receitas 3. Vegetarianos I. Senatore, Felipe. II. Título.

12-12549   CDD-641.5636

Índices para catálogo sistemático:
1. Receitas vegetarianas: Culinária 641.5636

2015
Alaúde Editorial Ltda.
Rua Hildebrando Thomaz de Carvalho, 60
04012-120, São Paulo, SP
Tel.: (11) 5572-9474 e 5579-6757
www.alaude.com.br